Karl Twesten, Moritz Lazarus

Die religiösen, politischen und sozialen Ideen der asiatischen Culturvölker

und der Aegypter

Karl Twesten, Moritz Lazarus

Die religiösen, politischen und sozialen Ideen der asiatischen Culturvölker und der Aegypter

ISBN/EAN: 9783743396432

Hergestellt in Europa, USA, Kanada, Australien, Japan

Cover: Foto ©ninafisch / pixelio.de

Manufactured and distributed by brebook publishing software (www.brebook.com)

Karl Twesten, Moritz Lazarus

Die religiösen, politischen und sozialen Ideen der asiatischen Culturvölker und der Aegypter

DIE
RELIGIÖSEN, POLITISCHEN
UND
SOCIALEN IDEEN

DER

ASIATISCHEN CULTURVÖLKER UND DER AEGYPTER

IN IHRER HISTORISCHEN ENTWICKELUNG

DARGESTELLT

VON

CARL TWESTEN

HERAUSGEGEBEN

VON

PROF. DR. M. LAZARUS

ZWEITER BAND

BERLIN
FERD. DÜMMLERS VERLAGSBUCHHANDLUNG
(HARRWITZ UND GOSSMANN)
1872.

I.

Die westasiatische Ländermasse, welche sich vom Indus bis zum Mittelmeer und vom Persischen Golf bis zum Kaspischen See erstreckt, bietet die verschiedenartigsten Formationen dar, welche auf die erste Entwicklung der Völker beschleunigend oder retardirend einwirken. Dem entsprechend haben sich hier eine Menge von Nationen selbständig bis zu gewissen Culturstufen herangebildet, und dann in verschiedenen Stadien wechselseitig auf einander eingewirkt. In Aegypten gab es nur ein Volk und ein Reich, auch das weite Indien ward von einer durchaus homogenen, von einem ursprünglichen Centralpunkte ausgegangenen und gleichmässig verbreiteten Civilisation beherrscht. Im vorderen Asien berührten sich fortdauernd getrennte, eigenthümlich geartete Nationalitäten. Dies ist das entscheidende Moment in dem Contraste gegen die Kastenländer. Die nothgedrungene Berührung mit anderen Völkern gab dem Geiste der Feindseligkeit und der Verachtung, welche die religiöse Gesittung des Alterthums charakterisirt, eine andere Richtung. Die Aegypter und Inder konnten durch Absperren und Ignoriren lange Zeiten hindurch fremden Einfluss ausschliessen. So trat nach der Consolidirung der Staaten mit periodischen Ausnahmen die kriegerische Thätigkeit zurück, und überliess in der Regel dem Priesterthum den überwiegenden Einfluss auf die sociale und politische Gestaltung. Aber aus dem Völkerleben der Syrischen und Persischen Lande konnte sich Niemand zurückziehen. Wer nicht Andere suchte, der ward gesucht. Jede selbstständige Existenz musste sich kämpfend behaupten. Es galt „Amboss oder Hammer sein". Die Religiosität dieser Völker, die ausgebildete Herrschaft religiöser Anschauungen und Gebräuche über alle Handlungen des öffentlichen und häuslichen Lebens war kaum geringer. Aber der Einfluss priesterlicher Theorien auf die Praxis des Lebens musste vor der dauernden Nothwendigkeit kriegerischer Anstrengungen zurücktreten. Nur sich selbst vermochten die Priesterschaften kastenartig zu organisiren, nicht die Völker. Die Concentration der Kräfte für die politischen Zwecke der weltlichen Gewalt, welchen rücksichtslos Alles untergeordnet ward, liess es nicht zur consequenten Ausbildung socialer Scheidungen kommen, welche für die Staatszwecke unwesentlich, oder sogar hinderlich waren. Wenn auch nicht der anfänglichste Wirkungskreis der contemplativen Classe, die Ausbildung und Handhabung der theologischen Systeme, so blieb doch ihre culturhistorische Wirksamkeit verhältnissmässig beschränkt; Industrie, Kunst und Wissenschaft erreichten durchgängig nicht dieselbe Stufe wie bei den Kastenvölkern. Dagegen gewinnt hier der internationale Verkehr eine stetige und hervorragende Bedeutung; die Bewegungen der Staaten entscheiden wesentlich über die Geschicke der Völker; die politische Geschichte tritt maassgebend in den Vordergrund. Die überall wiederkehrende, unwandelbare Ueberzeugung jeder alten Nation das auserwählte Volk der Gottheit, allen anderen überlegen, ja eigentlich allein berechtigt zu sein trieb im feindlichen Zusammentreffen dahin die göttliche Bevorzugung durch ausgedehnte Unterwerfung anderer, wo möglich durch Herstellung eines Universalreiches praktisch zu bethätigen. Die Assyrier und später die Perser haben diesen Gedanken kräftig verfolgt. Aber selbst die Juden glaubten sich mit ihren schwachen Mitteln zur Weltherrschaft berufen. Die Verfassung dieser Staaten, welchen Krieg und Eroberung nicht als gelegentliche, äusserlich hinzutretende Aufgaben, sondern als der wesentlichste Lebensberuf, die allein anerkennungswerthe Beschäftigung des Volkes, zumal seiner besseren Classen galten, war die reine Kriegsverfassung, das absolute Königthum des Heerlagers, wenig beschränkt durch sociale Einrichtungen und positive Gesetze, aber nicht weniger wie in den priesterlichen Kastenstaaten mit den religiösen Ideen verbunden und mit göttlicher Weihe bekleidet. Wie der Staat des Alterthums überhaupt nicht als ein abstractes, von aussen angefügtes Wesen aufgefasst ward, sondern wahrhaft eins war mit dem innersten Volksleben, dessen Blüthe und sittliche Bedeutung, so war der theokratische König das lebendige, persönlich gewordene Gesetz, der Repräsentant der Gottheit und der gottgebotenen Ordnung im Volke, und der Repräsentant des Volkes, dessen eigenthümliches, höheres Wesen im Gegensatz gegen alle übrigen Völker. In ihm trafen religiöses und bürgerliches Leben, Gott und Staat zusammen. Und weil diese Formen mit den idealen Anschauungen und den praktischen Bedürfnissen der Völker in lebendiger, harmonischer Wechselwirkung zusammen stimmten, haben sie dieselben durch lange, wechselvolle Zeiträume befriedigt, und ihre Stellung in der Weltgeschichte bestimmt.

II.

Schon beim ersten Dämmern der Geschichte finden wir im westlichen Asien neben einander die beiden grossen Zweige der Kaukasischen Raçe, den Semitischen oder Syro-Arabischen und den Indo-Germanischen. Den letzteren vertreten hier die Iranischen Völker oder die westlichen Arier, nach Sprache und Ueberlieferung die nächsten Verwandten der Inder. Wir dürfen die Gebirgsländer um den Hindukusch, den Paropamisus der Alten, als die ältesten historischen Wohnsitze der Arischen Stämme betrachten, von wo sich die östlichen über Indien, die westlichen über Iran ausbreiteten.

Unter dem Namen der Semiten begreift der jetzt übliche Sprachgebrauch die Völker, welche im Alterthum Mesopotamien, Syrien, zum Theil Kleinasien, Arabien und das nördliche Africa mit Ausschluss Aegyptens bewohnten, und welche durch die entscheidenden physiologischen Merkmale, Knochenbau, Schädelstructur, Gesichtsformation, Haar und Hautfarbe, so wie durch die Uebereinstimmung der Sprachen als unmittelbar zusammengehörig charakterisirt werden. Das zehnte Capitel der Genesis führt nur einen geringen Theil derselben auf den ältesten Sohn Noahs zurück, und macht selbst in diesem die Ansicht über die Stammverwandtschaft zweifelhaft, indem einmal Aramäer, Chaldäer und Assyrier in ihren Vätern Aram, Arpachsad und Assur von Sem hergeleitet, dann aber wieder Nimrod, Babylon und das von dort ausgehende, oder — denn die Interpretation der Stelle ist zweifelhaft — das von dorther colonisirte Assur auf Cham zurückgeführt werden. Der Name Sem soll Ruhm oder Erhabenheit bedeuten, wird also ähnlich wie der Name der Arier als eine ehrende Auszeichnung der darunter begriffenen Stämme zu betrachten sein. In der Ableitung der Israeliten aus diesem Kreise hat sich die Tradition ihrer Wanderung aus Mesopotamien gegen Westen erhalten; dagegen wurden die nächsten Stammgenossen, die Phönicier und andere gleichsprachige Syrer, nicht als Verwandte anerkannt, sei es aus Hass gegen diese Nachbaren, sei es, dass man sich um ihre Herkunft nicht bekümmerte. Ohne Zweifel haben sich in dieser alten Völkertafel einzelne historische Züge und richtige Ansichten über Nationalverwandtschaften erhalten; Vieles aber kann nur als willkürliche Dichtung betrachtet werden, ein Versuch den Kreis der bekannten Völker genealogisch zu classificiren, wobei in Ermangelung traditioneller Anhaltspunkte der Einbildungskraft freies Spiel gelassen wurde. Die beibehaltene Vorliebe des alten Nomadenlebens für Geschlechts- und Stammwesen, die lebhafte Phantasie, das Streben sich mit allen Erscheinungen kurz und bündig abzufinden hat bei den Semitischen Völkern in allen Zeiten zu ähnlichen Erklärungsversuchen geführt, denen keine Spur geschichtlicher Wahrheit zum Grunde liegt. So gaben die Araber den Sabäischen Religionen einen Stifter Namens Sabi, der ein Bruder Henochs sein und mit diesem unter den Pyramiden begraben liegen sollte; so machten sie aus den gleichbedeutenden Persischen Formen Sind und Hind zwei Brüder, Enkel Noahs, und liessen von dem einen die Bewohner der Indusländer, von dem anderen die entfernteren Hindus abstammen.

Die Semiten scheinen ursprünglich weiter im Osten ausgebreitet gewesen und durch das Vordringen der Arier nach Westen hingedrängt zu sein. Mit der alten Sage der Arischen Wanderungen stimmt überein, dass selbst die unmittelbaren Anwohner des Mittelmeeres ihren Ursprung fern im Osten suchten. Die Israeliten leiteten sich in der Genesis wie in dem späten Buch Judith aus Chaldäa her, die Phönicier sollen anfänglich am Persischen Meerbusen gewohnt haben. Der letzte Wellenschlag dieser Völkerwanderung war der Einfall der Semiten in Aegypten; mit ihrer Vertreibung begann der Rückstau, die Bewegung kam zum Stillstande, und allmälig consolidirten sich die Völker in festen Wohnsitzen. Wenn nach der Angabe der Melkarthpriester die Stadt Tyrus 2700 Jahre vor Christus gegründet ward, wenn die astronomischen Rechnungen der Babylonier bis auf 2200 zurückgingen, wenn die Juden ihren Stammvater Abraham gegen 2000 von Mesopotamien auswandern liessen, wenn in dieselbe Zeit die Herrschaft der Hyksos in Aegypten fällt, so können wir nach diesen zusammenstimmenden Daten die grosse Völkerbewegung etwa mit dem dritten Jahrtausend vor Christus beginnen lassen. Vielleicht fanden die Semiten in Vorderasien schon ältere Eingeborene vor. Nach Moses Choronensis gab es, als Ninus seine Stadt erbauete, in Assyrien ein älteres civilisirtes Volk, dessen Werke zerstört wurden; Fresnel glaubt auch in Babylon eine Urbevölkerung vor der Semitischen Einwanderung nachweisen und dieselbe mit den Resten einer Race im südlichen Arabien identificiren zu können, die der Aegyptisch-Nubischen verwandt sein soll. Die Geschichte beginnt indessen mit den Semiten.

III.

Wie Ursprung und Sprache waren auch die Anfänge der Religion diesen Völkern gemeinschaftlich. Ihr Polytheismus ging von dem Cultus der Himmelskörper, dem sogenannten Sabäismus, aus. Das Gefühl des Göttlichen concentrirte sich auf Sonne, Mond und Sterne, die überall früh als wirksame, handelnde Potenzen die Aufmerksamkeit auf sich zogen. Bei Vertiefung der Speculation wurden sie aus fetischartigen, beseelten Wesen mehr und mehr zu Behausungen, Werkzeugen oder Symbolen der von ihnen gelösten göttlichen Mächte, zuweilen sogar zu Vermittlern mit einem einigen Gott und Schöpfer. Bei den Nomadenstämmen Arabiens, deren Bedürfnisse und Anschauungen durch Jahrtausende dieselben geblieben sind, haben sich Formen des Sabäismus nicht nur bis auf den Islam, sondern hin und wieder bis auf den heutigen Tag erhalten. Von innen heraus entwickelt sich bei wandernden Völkern in ihrer nothwendigen Zersplitterung kein regelmässiges Priesterthum, die einfachen gottesdienstlichen Gebräuche werden von den Familien- und Stammhäuptern verrichtet, und es fehlt daher an einer Macht, welche neue Ideen ausarbeiten und in das Leben einführen könnte. In der Organisation grösserer ansässiger Gemeinschaften sondert sich eine contemplative Classe ab, und ihr genügen die einfachen, wenig ausgebildeten Theorien nicht mehr. Kosmogonische Erklärungsversuche, welche sich von Anbeginn in die religiösen Speculationen mischen, und das Streben ethische Eigenschaften in den Göttern auszuprägen führen zu dem ausgedehnteren Anthropomorphismus der entwickelteren Systeme. Aber wo immer die spärlichen Nachrichten Andeutungen geben, lassen sich auch bei den sesshaften Semitischen Nationen Spuren des alten Gestirndienstes sicher erkennen. Der höchste Gott wurde durchgängig als Sonnengott verehrt. Die Chaldäer blieben bis in die spätrömischen Zeiten die berühmtesten Astrologen. In Babylon standen die Hauptgottheiten in Verbindung mit den fünf Planeten, den zwölf Zeichen des Thierkreises und anderen ausgezeichneten Sternbildern. Auf den Assyrischen Sculpturen, Backsteinen, beschriebenen Thoncylindern, wie auf Wagen und Geräthschaften aller Art finden sich Gestirne als stets wiederkehrende Embleme.

In den Ländern Mesopotamiens, Syriens und Kleinasiens lässt sich auch die weitere Entwickelung der Religionen als wesentlich gleichartig erkennen. Allerdings wechseln die zahlreichen Götter an verschiedenen Orten mannichfaltig ihre Namen und Attribute, aber einzelne Grundzüge sind durchgängig dieselben. An der Spitze des Pantheons, als „Haupt der viertausend Götter, die Himmel und Erde bewohnen," steht meistens der Gott, den schon sein Name als ein Resultat speculativer Abstraction nachweist, Baal oder Bal, das heisst der Grosse oder der Höchste. Die gleichbedeutenden Sylben bal und gal finden sich vielfach in Phönicischen und Assyrischen Namen. Häufig wird er auch schlechthin der Herr genannt, Adonai, welcher Titel freilich auch anderen Göttern gegeben wird. Er ist der Schöpfer oder Ordner der Welt, in der Regel auch der Sonnengott; der Planet Jupiter ist ihm geweiht, und die Griechen pflegen ihn als Zeus zu bezeichnen. Auf den Assyrischen Inschriften heisst der höchste Nationalgott mit dem Namen des Landes Assar. Das scheint indessen nur ein besonderer Name des Bal zu sein; denn die Griechen nennen auch für Ninive stets den Belus, und in Inschriften wird das Wort Bal sehr gewöhnlich als Beiname Assars gebraucht. Er schwebt in Schlachten und Triumphen schützend über dem Könige, dargestellt als geflügelte menschliche Figur im Kreise der Ewigkeit. Ausserhalb Assyriens kommt der Name Assar (Azar oder Adar) nicht häufig vor, wahrscheinlich nur in Folge besonderen Assyrischen Einflusses. In Sepharvaim ward er Adramelech (Assar der König) genannt, auch sonst der König der Götter. Gewöhnlich aber bezeichnet Melech oder Moloch (der König) einen vom Baal verschiedenen, ebenfalls sehr allgemein verehrten Gott. Als Zeitgott, König der Ewigkeit, und Vater

einer Reihe jüngerer Götter wird er von den Griechen Kronos
genannt. Ihm gehört auch der Planet Saturn an. In einem
grossen Theile Syriens ist er der furchtbare, zerstörende Gott
des Krieges und des Feuers, dem die Menschenopfer gebracht,
Kinder in die glühenden Arme gelegt wurden. Unter der
Schaar der übrigen Götter wurde an manchen Orten vorzugsweise der Gott verehrt, den die Griechen als Hercules bezeichnen, obwohl sie anerkennen, dass er weit älter sei als
ihr Heros. In Tyrus hiess er Melkarth, der thatenreiche, die
Welt durchziehende Gott des Krieges, des Handels und der
Schifffahrt. In Kleinasien trug er den Babylonischen Namen
San, und mit dem Zusatze der Herr, Don oder Adon (Syrisch
Adoni) Sandon. Seine dortige Einführung ist den Assyriern
zuzuschreiben; viele Dynastien leiteten sich von ihm her, namentlich die älteren Lydischen Könige, die deshalb Herakliden genannt wurden, und die gleichzeitig vom Ninus abstammen wollten. Als Sonnengott verschmolz er nicht selten mit
dem Baal, und die Griechen, denen er denn doch für den
Herakles zu hoch erschien, identificirten gelegentlich den Gott,
dessen Attribute der Löwe und der Bogen waren, mit ihrem
Apollo.

IV.

Die physikalische Anschauung, welche die Bildung der
Welt aus dem Zusammenwirken entgegengesetzter Kräfte erklärte, dem activen männlichen und dem passiven weiblichen
Princip, Geist und Materie, Feuer und Wasser, stellte neben
den weltordnenden Hauptgott eine die andere Seite des Dualismus repräsentirende Göttin. Sie war kosmogonisch die
Urnacht oder der Urschlamm im Gegensatz zu dem geistigen
Hauch, dem ersten Odem, der das Chaos gestaltete, die em-
pfangende Erde gegen den befruchtenden Himmel, die Nacht
gegen den Tag, der feuchte Mond gegen die glühende Sonne,
mehr anthropomorphisirt die grosse Mutter der Götter, die
Göttin der Geburten, die Himmelskönigin. Als weibliche Ergänzung des Baal wurde sie Baaltis oder Baltis genannt.

Sonst erscheinen die Namen Derceto, Atargatis, Athara, Astarte, Astaroth, Mylitta, Alita, Anaitis, in Kleinasien Ma und Cybele. Nach den unzweifelhaften Zeugnissen des Alterthums, wie sie Selden und Creuzer gesammelt haben, müssen alle diese Bezeichnungen als ursprünglich gleich betrachtet werden. Aber jenachdem an den Hauptorten ihrer Verehrung die eine oder die andere Bedeutung der Göttin ausschliesslicher betont ward und die übrigen zurückdrängte, nahm sie sehr verschiedene Formen, Eigenschaften und Attribute an, und so wurden allmälig aus der einen Gottheit mehrere getrennte Wesen, die dann wieder durch die Mythenbildung unter einander in verwandtschaftlichen oder geschichtlichen Zusammenhang gebracht wurden. Namentlich pflegte die Derceto, welche zu Askalon in Erinnerung an das Flüssige der Urmaterie mit dem Fischleibe gebildet ward, strenge von der Astarte gesondert zu werden. Wenn nach Diodors Angabe im Belustempel zu Babylon Rhea und Hera neben dem Baal standen, wird sich das Verhältniss der zwei Göttinnen schwerlich mit Sicherheit bestimmen lassen. Die Griechen identificirten die weibliche Gestalt als Göttermutter mit der Rhea, als Gemahlin des höchsten Gottes mit der Hera, als Mond- und Geburtsgöttin mit der Artemis, als Göttin der Liebe mit der Aphrodite, deren Name von der Taube, Pharadeth oder Apharadeth, abzuleiten ist, die wegen ihrer Gattenliebe und Fruchtbarkeit der Astarte heilig war. Freilich glich die Syrische Astarte-Mylitta nicht der reizenden Liebesgöttin der Hellenischen Kunst, sondern nur der kosmischen Aphrodite, deren Spuren sich beim Hesiod und in einzelnen Mysterien erhielten. An manchen Orten Kleinasiens trat der Cultus der weiblichen Gottheit, der Allmutter, so sehr in den Vordergrund, dass der männliche Gott gänzlich zur Seite geschoben wurde. Hier nahm die Göttin vorzugsweise ihren strengen, furchtbaren Charakter an. Auf die Religionen der Küstenländer übten die Aegyptischen Dogmen ohne Zweifel schon von den Zeiten her, da Semitische Stämme in Aegypten hausten, oder von dort zurückströmten, einen erheblichen

Einfluss. In Phönicien wurden die Kabiren verehrt, die auf Münzen in ihrer Aegyptischen Zwerggestalt erscheinen. Namentlich aber drangen die Mythen und Mysterien des Osiris überall in die Asiatischen Glaubenskreise ein. Die Rolle der Isis, zuweilen auch die ihrer Mutter Netga wurde auf die Semitischen Göttinnen übertragen, und die des Osiris auf Baal Adonai. Aus letzterem Namen machten die Griechen den schönen Jüngling Adonis, den Geliebten ihrer Venus. Neben der Sage vom Verlornen und Wiedererstandenen und neben der Gleichheit der Feier ist ausdrücklich überliefert, dass auf Cypern und spät in Alexandrien Osiris unter dem Namen Adonai verehrt wurde, und der alte gründliche Selden urtheilt denn auch: dass Osiris und Adonis identisch, sieht jeder. Die phantastisch fanatische Uebertreibung des Schmerzes und der Freude in den Osirisfesten, wie sie der Erregbarkeit und Empfindungsglut der Semitischen Völker entsprach, und die Verkehrung der bildlichen, kosmogonischen Gegensätze zum physischen Geschlechtsdualismus führte im Cultus zu den Ausschweifungen grausamer Raserei und sinnlichen Taumels, welche die Empörung der Juden und Griechen erregten. Blutvergiessen und Selbstverstümmelungen verbanden sich mit Orgien der Sinnlichkeit. Manche Tempel namentlich grosser Handelsstädte waren gewerbsmässige Stätten der Unzucht. In Babylon musste sich jedes Mädchen einmal im Heiligthum der Mylitta preisgeben, und selbst die Töchter der Vornehmen, die sich in stolzer Schaam tief verhüllt zum Tempel bringen liessen, durften sich dem abscheulichen Herkommen nicht entziehen. Mit dergleichen Gebräuchen ging die Herabwürdigung des weiblichen Geschlechts zum Mägdedienst und zur Haremswirthschaft Hand in Hand, wie sie sich durchgängig bei den Semitischen Völkern findet, und selbst in den schönsten Liebespoesien der Juden und der Araber eine eben so schlimme Theorie als Praxis kaum verläugnet.

V.

Auch die kosmogonischen Dichtungen, welche die Bildung der Welt nicht begriffs- und erfahrungsmässig zu erklären, sondern wie eine thatsächliche Geschichte zu veranschaulichen strebten, scheinen bis zu einem gewissen Grade ein Gemeingut dieser Völker gewesen zu sein. Die heiligen Schriften der Babylonier, der Phönicier und der Israeliten begannen gleichmässig ihre Nationalgeschichte mit der Entstehung der Welt. Zwar ist uns die Phönicische Kosmogonie aus zu früher Quelle und in zu absichtlicher Beziehung auf die Hebräische Sage überliefert um grosses Gewicht darauf legen zu können, doch scheint sie der Babylonischen entsprochen zu haben. Nach der letzteren waren Geist und Materie gleich ursprünglich und absolut. Schon das Chaos war von allerlei Ungeheuern bevölkert, welche starben, als Belus den Urstoff in Himmel und Erde schied, und das Licht hervorrief, gleichsam eine ältere geologische Epoche, deren Geschöpfe vor der jetzigen untergingen. Die ersten Menschen wurden natürlich in Babylonien geschaffen, anscheinend gleich in grösserer Zahl, und lebten gewaltig lange. Der aus dem Meere auftauchende Gott Oannes verlieh ihnen die Schrift, Künste, Wissenschaften und bürgerliche Einrichtungen. Da aber Sünde und Ungerechtigkeit überhand nahm, beschloss Gott die Menschen durch eine Sündfluth zu vertilgen. Nur der gute König Xisuthrus wurde mit einer Schaar auserwählter Frommer in einem Schiffe gerettet. Von dem ersten Menschen Alorus bis auf die Sündfluth lebten wie in der Genesis zehn Generationen, und nach der Fluth nahm die Langlebigkeit der Menschen rasch ab. Das Schiff strandete in Armenien, und von da zogen die Geretteten wieder nach Babylonien. Die Aehnlichkeit mit der Fluth Noahs ist augenscheinlich, und es ist mit Recht bemerkt worden, dass die Hebräische Sage auf einen Babylonischen Ursprung hinweist; denn die Arche ist ein Flussschiff mit glattem Boden, und sie wird aus dem Mesopotamischen

Fichtenholz, nicht aus Syrischen Cedern gezimmert; auch hier sammelten sich die Menschen zuerst in Sinaar (Babylonien) wo sie den grossen Thurm erbaueten.

Es ist eine der conventionellen Fabeln, durch welche die Jüdische Tradition denen anderer Völker als specifisch verschieden entgegengesetzt werden soll, dass nach ihr Gott die Materie aus dem Nichts geschaffen habe. Die christliche Speculation hat die Alleinigkeit Gottes und die Endlichkeit der Materie zum Dogma gemacht, in der Bibel steht nichts davon. Das Wort, welchem im ersten Verse der Genesis die prägnante Bedeutung des Erschaffens beigelegt zu werden pflegt (בָּרָא) wird von der Philologie aller Zeiten, in der Septuaginta und vom heiligen Hieronymus, von Grotius und von Gesenius, als machen oder bilden erklärt, und wird in demselben Capitel gebraucht, wo Gott einzelne Dinge aus dem schon vorhandenen Stoffe formt. Einzelne Kirchenväter geben auch zu, die Lehre von der Weltschöpfung aus nichts gründe sich mehr auf Schlüsse als auf Autorität, und Justinus scheint sogar die Materie für ewig gehalten zu haben. Und orthodoxe Exegeten, wie Baumgarten, die das Dogma für unzweifelhaft halten, erkennen an, dass die Worte des alten Testaments nicht dazu nöthigen. Einen bewussten Gegensatz zwischen dem Schaffen und dem Scheiden oder Ordnen der Welt haben die Schriften der Hebräer nicht aufgestellt. Für eine tiefere Entwicklung speculativer Lehren, für metaphysische Begriffsbestimmungen hatten die Semitischen Stämme wenig Sinn. Bis fremde Wissenschaft sich bei ihnen geltend machte, begnügten sie sich stets mit einfachen, leicht fasslichen Lehrsätzen. Von einem eigentlichen Weltplane, einer Heilslehre, einem ausgebildeten und wirksamen Unsterblichkeitsglauben, wie bei den Indern und Iraniern, ist in den Zeiten ihrer Selbständigkeit nirgends die Rede. Den Chaldäern war die Welt ihrer Natur nach ewig, keinem Verfalle ausgesetzt. Ihre Ordnung verdankte sie der göttlichen Vorsehung, und was sich am Himmel und auf Erden ereignete, in den Gestirnen und anderen Naturerscheinungen zum voraus erkennen mochte. Mit der Astronomie, natürlich in astrologischer Färbung, haben sich die Chaldäischen Priester äusserst fleissig beschäftigt. Manche ihrer Resultate lassen sich vielleicht früher in Aegypten nachweisen, und die Aegypter erklärten gelegentlich Babylon für eine Aegyptische Colonie, aber wenn auch in manchen Einzelheiten eine Einwirkung stattgefunden haben mag, scheint sich doch im Ganzen die Astronomie Mesopotamiens schon nach der ganz verschiedenen Zeiteintheilung selbständig entwickelt zu haben. Für andere Wissenschaften haben diese Asiatischen Priester neben ihren religiösen Studien und Uebungen keine Zeit gehabt. Zum Theil müssen sie reich gewesen sein; bei manchen Heiligthümern stieg die Zahl der Priester und Sclaven hoch in die Tausende. Aber von ihrer Organisation und ihrer bürgerlichen Stellung haben wir fast gar keine Nachrichten. Meistens scheinen die Priesterthümer erblich gewesen zu sein. Von Babylon und Palästina wissen wir, dass es eine vollständig abgeschlossene, zahlreiche Priesterkaste gab, die den ersten Rang in Anspruch nahm, und von allen bürgerlichen Pflichten eximirt war. Diodor bemerkt, dass die Chaldäer keine Schulen hatten, sondern die Kenntnisse lediglich innerhalb der Familien fortgepflanzt wurden, und schreibt dem mit Recht die unwandelbare Festigkeit, wir mögen hinzufügen die Beschränktheit, ihrer Doctrinen im Gegensatze gegen die neuernde Beweglichkeit der Griechischen Philosophen-Schulen zu.

VI.

Geschrieben wurde bei den Mesopotamischen und Syrischen Völkern früh und viel. Wir finden zwei ganz verschiedene Schriftsysteme ausgebildet, die Babylonisch-Assyrische Keilschrift und die Phönicisch-Hebräische Buchstabenschrift. Die Keilschrift scheint in Babylonien erfunden und von einer hieroglyphischen Begriffsschrift ausgegangen zu sein. Sie war mit mancherlei Abweichungen in Baby-

Ionien, Assyrien, Armenien und Susiana im Gebrauch. Von den Persern wurde sie völlig umgestaltet und nur die Form des Keils beibehalten. Spuren der ursprünglichen Bilderschrift haben sich in einigen gebräuchlich gebliebenen, ideographischen Zeichen und hin und wieder auch in den Lautzeichen erhalten. Die Gestaltung der Zeichen aus lauter Combinationen des spitz zulaufenden Keils oder Nagels rührt ohne Zweifel von dem Material her, auf welchem in diesen Ländern zuerst und vornehmlich geschrieben ward. Die Schrift wurde nämlich in Lehm oder Thon eingedrückt und dann gebrannt; dazu war die Keilform sehr geeignet. Oeffentliche und Privaturkunden, Dogmen und Gebete, Ueberlieferungen aller Art, Lehrsätze und astronomische Berechnungen wurden auf Backsteine oder Thoncylinder geschrieben, von denen sich in den Ruinen Ninives ganze Archive gefunden haben. Eben so wurden zahlreiche Inschriften in Stein gehauen, auf kleine Würfel oder Cylinder, deren Zeichen fast nur durch das Mikroskop zu erkennen sind, auf die Alabastertafeln der Paläste oder im grössten Maassstabe auf die Felswände, welche die Assyrischen Könige überall im Reiche mit dem Ruhme ihrer Thaten bedeckten. Für vorübergehende Zwecke wurde die Schrift auf Palmenblätter eingeritzt. In den letzten Jahren hat die Entzifferung dieser höchst complicirten Schriftformen grosse Fortschritte gemacht, obwohl eine Menge von Zeichen noch gar nicht, oder doch nicht mit Sicherheit erklärt sind. Aehnlich wie in den Aegyptischen Hieroglyphen giebt es eine geringe Zahl determinirender Zeichen, die den Namen von Göttern, Menschen, Ländern, Städten, Flüssen vorgesetzt werden. Dann werden für eine Anzahl besonders häufig wiederkehrender Hauptworte, wie für Gott, König, Land, für Verwandtschaftsverhältnisse und Zeitbestimmungen, für Krieg und Schlacht, ideographische Zeichen, Monogramme, gebraucht. Bei weitem die meisten Zeichen sind phonetische, drücken aber nicht leicht einzelne Buchstaben, sondern durchgängig einen Consonanten mit einem vorhergehenden oder nachfolgenden Vocal aus; dadurch ist ihre Zahl sehr gross geworden. Wenn Sylben mit einem Consonanten anfangen und endigen, werden sie entweder mit zwei Sylbenzeichen und damit der mittlere Vocal doppelt geschrieben, oder es giebt für solche geschlossene Sylben wieder besondere Zeichen. Zu einer wirklichen Buchstabenschrift sind die Semitischen Keilschriftsysteme nicht ausgebildet. Da der Styl der religiösen und historischen Inschriften seit den ältesten Zeiten fast ganz unverändert geblieben ist, gelingt es mit Hülfe der Uebersetzungen auf den Denkmälern der Persischen Könige und bei der Verwandtschaft des Assyrischen mit den bekannten Semitischen Sprachen in der Regel, den ungefähren Sinn der Urkunden einigermaassen festzustellen. Aber eine kaum lösbare Schwierigkeit bietet die willkürliche, regellose Orthographie der Babylonischen und Assyrischen Namen dar. Sie sind durchweg aus Bezeichnungen und Beinamen von Göttern zusammengesetzt, und werden nun häufig nicht bloss mit Monogrammen geschrieben, deren phonetische Bedeutung zweifelhaft ist, sondern diesen werden noch Beinamen oder Attribute der Götter zugesetzt, die mit der Aussprache des zu schreibenden Namens gar nichts zu thun haben, während andrerseits wieder die wunderlichsten Abkürzungen vorkommen. Daher hat erst eine geringe Anzahl von Eigennamen mit Sicherheit bestimmt werden können. Anderes Material scheint verhältnissmässig spät zum Schreiben benutzt worden zu sein. Layards umsichtiger Aufmerksamkeit ist es nicht entgangen, dass erst in den Reliefs der letzten Assyrischen Dynastie, etwa seit 750 vor Christus die Schreiber auftreten, welche die Gefangenen, die Beute, die Köpfe der Erschlagenen verzeichnen; sie bedienen sich dazu langer Streifen, entweder von Leder, oder von Aegyptischem Papyrus. Mit dieser Erscheinung steht wahrscheinlich der Gebrauch einer der Phönicischen Buchstabenschrift gleichenden Cursivschrift im Zusammenhang. Sie findet sich seit derselben Zeit in Ninive, häufiger aus den Zeiten Nebukadnezars in Babylon auf Töpferwaaren, auf Ziegeln, auf Vasen und auf einigen Gewichten. Ein einziges der letzteren trägt zugleich in Keilschrift den Namen eines älteren Königs, der etwa gegen 900 vor Christus gesetzt werden kann. Wenn es indessen auch unzweifelhaft wäre, dass diese Cursivschrift aus so früher Zeit herrührte, so würde doch neben diesem einen Beispiele immer die Thatsache bestehen bleiben, dass die Keilschrift in Assyrien und Babylonien viele Jahrhunderte früher und weit umfangreicher im Gebrauch gewesen als die Cursivschrift.

VII.

Die zweite Schriftart, die Phönicisch-Hebräische Buchstabenschrift, ist ein glänzendes Denkmal für die lebendige, scharfe Fassungskraft, den klaren, praktischen Verstand des Volksstammes, welcher sich ein seinem Sprachorganismus so vollständig entsprechendes Werkzeug der Ueberlieferung zu schaffen gewusst hat. Die Zerlegung der Sprache in die einfachsten Lautelemente hat am frühesten in Aegypten stattgefunden, aber nur in der Semitischen und in der Indischen Buchstabenschrift ist das Princip für jedes dieser Elemente ein einziges Zeichen festzusetzen, selbständig durchgeführt worden. Alle Völker der Kaukasischen Rasse mit alleiniger Ausnahme der Inder haben sich das Semitische Alphabet angeeignet, und nur unwesentliche Aenderungen damit vorgenommen, nach dem Bedürfniss ihrer Sprachlaute einzelne Zeichen hinzugefügt oder weggelassen. Dass auch diesen Buchstaben eine Bilderschrift vorausgegangen, zeigt der erste Blick auf das Alphabet. Gegenstände, welche Jedem geläufig waren, die wichtigsten Thiere, wie Ochse und Kameel, das Haus, seine Thür und seine Umfriedigung, die einfachsten Werkzeuge, wie Schwert und Stab, oder Theile des menschlichen Körpers, Kopf, Hand, Auge und Mund, wurden gewählt, um durch ihren Anfangslaut die Buchstaben zu bezeichnen, und die ursprünglichen Bilder der Dinge, deren Name den Lautzeichen geblieben ist, in Figuren zusammengezogen, die höchstens noch eine entfernte Aehnlichkeit des Sachbildes tragen. Eine so bequeme, leicht fassliche Schrift war erst geeignet ein Gemeingut über den Kreis einer gelehrten Kaste hinaus zu werden, und eine bewegliche, fortschreitende, in weitem Umfange wirkende Litteratur hervorzurufen. Von der speciellen Ausbildung dieses Schriftsystems wissen wir historisch sehr wenig. Die bedeutungsvollsten Erfindungen gingen einen so langsamen Gang, dass ihre Entwickelung sich dem Auge der Geschichte entzog. Nach ihrer Vollendung erschienen sie den Völkern, die sie selbst gemacht hatten, so wunderbar, dass sie überall göttlicher Offenbarung zugeschrieben wurden. Indessen scheint es durchaus unzulässig, die Bildung der Schrift mit der Entwicklung der Sprache zusammenzustellen, und ihren Ursprung in Zeiten hinauf zu rücken, in denen sich der Semitische, der Aegyptische und der Arische Sprachstamm noch gar nicht geschieden hätte. Eine Vorbedingung der Buchstabenschrift zwar, die Wahrnehmung gesonderter articulirter Laute entwickelt sich schon mit der Sprache selbst, sobald bestimmte Formen sich ausprägen, und gewisse Grundsätze, wie die Flexion, angenommen werden, aber davon ist die Darstellung der elementaren Laute durch äussere Zeichen noch sehr verschieden. Dazu musste nicht nur das Bedürfniss erwacht sein, die Sprache aus dem Gebiete des Ohres in das des Auges zu übertragen, sondern dieses Bedürfniss suchte auch, wie noch in den meisten Schriftsystemen nachzuweisen, ursprünglich seine Befriedigung in Darstellung der Begriffe, nicht der Laute. Die Ausbildung der Schrift fällt im Vergleich mit der Sprache einem beschränkten Kreise und einer fortgeschrittenen Civilisation anheim; sie ist weit mehr eine bewusste That, eine Erfindung des zergliedernden, auf Mittel und Wege sinnenden Geistes. Einzelne Analogien können nur die Wirksamkeit derselben Entwicklungsgesetze, nicht einen realen Zusammenhang der Schriftformen darthun. Schon die Ausbildung zweier so verschiedener Gattungen wie der Keilschrift mit ihrem vorwiegend syllabarischen Charakter und der Phönicischen Buchstabenschrift innerhalb desselben Sprachstammes streitet entschieden gegen die Annahme einer nothwendigen schritthaltenden Verbindung von Sprache und Schrift.

Wahrscheinlich entstand das Phönicisch-Hebräische Alphabet in Aegypten oder dem angrenzenden Syrischen Küstenlande, und verdankte seinen Ursprung der Aegyptischen Hieroglyphik, nicht der babylonischen Keilschrift. Wie frei und selbständig es auch für seine Sprache geschaffen worden, deutet es doch auf eine Ableitung aus einem fremden Systeme hin, da sich eine eigene vorhergegangene Bilder- oder Sylbenschrift nicht nachweisen lässt. Seine Zeichen drücken aber, gleich den Aegyptischen Consonanten nur den rein elementaren Laut aus, und vernachlässigen die Vocale gänzlich, wogegen diese in den phonetischen Zeichen der Keilschrift einen integrirenden Bestandtheil bilden, ja die ganze Vielfachheit ihrer Sylbenzeichen motiviren. Die allenfallsige Aehnlichkeit einiger weniger Buchstaben mit entsprechenden Keilformen kann gegen diesen durchgreifenden Unterschied wenig beweisen. Auch die zweisylbigen Worte, welche zur Bezeichnung eines Theils der Buchstaben dienen, Aleph, Gimel, Daleth u. s. w. sprechen gegen die unmittelbare Entlehnung dieses Alphabets aus einer Sylbenschrift. Ausserdem wurde zu allen Zeiten und an allen Orten in der Keilschrift von der Linken zur Rechten, in der Phönicischen nach Aegyptischer Weise von der Rechten zur Linken geschrieben. Das Zeugniss der Griechen für die Phönicier mag nicht sehr in das Gewicht fallen, da nicht selten das Land, aus welchem ein Erzeugniss oder eine Erfindung überbracht worden, als das Land des Ursprungs genannt wird. Wenn aber Moses um 1300 vor Christus zu setzen, wenn die Phönicischen Bücher des Sanchuniaton und Mochus in gleich früher Zeit entstanden, wenn sich keine Spur findet, dass damals mit einer anderen Schriftgattung geschrieben worden, wenn die Griechen die erste Bekanntschaft mit der Phönicischen Buchstabenschrift fast eben so hoch hinaufrücken, lässt sich schwerlich bestreiten, dass im Südwesten Syriens weit über ein Jahrtausend vor Christus die Buchstabenschrift geübt wurde. Dagegen taucht in Babylon und Ninive die Cursivschrift erst spät neben der Keilschrift auf, und letztere blieb lange daneben im Gebrauch, findet sich sogar auf Urkunden religiösen Inhalts noch aus der Zeit der Seleuciden, während umgekehrt die Keilschrift nur auf wenigen Assyrischen Monumenten der späteren Zeit Sarganas (Salmanassars) und Sanheribs in Syrien und auf Cypern erscheint. Endlich lässt sich bei dem Aufenthalte der Hyksos in Aegypten und der uralten Verbindung der Syrischen Stämme mit diesem Lande gar nicht denken, dass ihnen die Aegyptische Schrift unbekannt geblieben sein sollte. Und dahin weisen denn auch die historischen Ueberlieferungen. Den Hebräern ist die Schreibkunst seit der Aegyptischen Zeit geläufig, wogegen vorher nach der Genesis, welche in solchen Dingen die Züge der Zeitalter sehr bestimmt scheidet, entschieden nicht geschrieben wird; der Siegelring Juda's in der Geschichte mit der Thamar ist ein vereinzelter Anachronismus. Und wenn die Phönicier die Erfindung der Schrift dem Thot zuschrieben, so kann damit nur der Aegyptische Gott der Priester und der Schreiber gemeint sein, wie sie denn auch ausdrücklich den Thot einen Aegypter nannten. Nach dem allen scheint anzunehmen, dass die Semitische Buchstabenschrift von den Syrern nach dem unvollkommeneren Vorbilde der Aegyptischen ausgebildet worden, und dass sie von ihnen nach Mesopotamien übergegangen ist, nicht umgekehrt. Jedenfalls hat sie bei ihnen ihre welthistorische Bedeutung erhalten in dem unermesslichen Einfluss, welchen die Phönicische Verbreitung der Schreibkunst und die Hebräische Litteratur auf die Civilisation der vorwärts strebenden Völker der Geschichte geübt haben.

Babylonien und Assyrien.

VIII.

Für die Semitischen Völker wurde das reiche Stromland Mesopotamiens die Centralstelle, wo sich zuerst eine dichte, ackerbauende Bevölkerung sammelte, und ausgedehnte Reiche entstanden. Die Sage, dass in Babylonien die Bildung des Menschengeschlechts begann, hat für diese Völker ihren guten Grund, wenn wir Sesshaftigkeit und Getraidebau als den Anfang aller Civilisation betrachten müssen. Gegen Ende des vorigen Jahrhunderts machte Joseph Bankes mit einer Bengalischen Grasart den Versuch, und kürzlich gelang es in Frankreich aus Aegilops ovata durch lange fortgesetzte Cultur, nämlich durch wiederholte Auswahl der stärksten Samenkörner zur Aussaat in besonders gut vorbereitetem Lande, endlich Körner zu erzielen, die dem Waizen sehr ähnlich waren. Da ausserdem die Asiatisch-Europäischen Getraidearten in ihren jetzigen Formen (und sie waren schon vor 5000 Jahren in Aegypten dieselben) nirgends wild wachsen, dürfen wir mit Sicherheit schliessen, dass sie sich aus ähnlichen Gräsern unter besonders günstigen Verhältnissen, oder unter der pflegenden Hand des Menschen entwickelt haben. Für solche Entwicklungen war es ein guter Boden dieses reichste Kornland der Welt, wo der Waizen mehr als zweihundertfältige Frucht trug, und seine Blätter vier Finger breit wurden. Da die Bewässerung der Felder fast das einzige ist, was hier Mühe und Sorgfalt erfordert, folgte der

Anbau zunächst dem Laufe der Ströme, wohin er bei der jetzigen Verödung des Landes zurückgekehrt ist. Die wasserärmeren Gegenden mochten wie heutigen Tages das Erbe wandernder Stämme sein, während sich an den Flüssen schon längst volkreiche Städte erhoben. Aber auf einem üppigen Boden vermehrt sich nach der Besitzergreifung für den Ackerbau stets die Bevölkerung ungemein rasch. Das wachsende Nahrungsbedürfniss dehnt alsdann die bebaute Fläche immer weiter aus, und beschränkt das Weideland der Nomaden. Der Bauer Kain erschlägt den Hirten Abel. Die umherziehenden Horden müssen der concentrirten Macht des ansässigen Volkes weichen, und sich entweder gleichfalls zu der verachteten, regelmässigen Arbeit des Feldbaus bequemen, oder ihre Heerden in andere Gegenden führen, wo ihnen die Dünnheit der Bevölkerung oder eine der Bebauung widerstrebende Naturbeschaffenheit des Landes die Behauptung ihrer unstäten Fessellosigkeit gestattet. In Mesopotamien lässt sich das Wachsthum der Cultur in dem mächtigen Netze von Canälen erkennen, welches, hin und wieder noch jetzt sichtbar, das neue Land zwischen dem Euphrat und Tigris von den Kurdischen Gebirgen bis zum Persischen Meerbusen umspannte. Durch gewaltige Steindämme, deren feste Construction dem Sturm der Zeiten getrotzt hat, wurde das Wasser der Ströme in die Canäle hinaufgestaut, und durch die einfachen, noch üblichen Schöpfmaschinen über die Felder verbreitet. Solche Werke der Landescultur waren auch hier die frühen Resultate collectiver Arbeit.

Die Sage verlegt die Gründung der ältesten unter den vielen grossen Städten, deren Spuren sich in der Ueberlieferung und in den gewaltigen Ruinenhügeln des Landes erhalten haben, in die fernste Urzeit, und gewiss mit vollem Recht. In weiten Ebenen, wo keine Naturgränzen die Stämme scheiden und auf bestimmten Gebieten zersplittert erhalten, würden sich kleine Niederlassungen nicht gegen die Nomaden behaupten können, die, gleich dem Könige der Lüfte getrieben von der Raublust und Kampflust,*) stets bereit sind in augenblicklicher Vereinigung über die ackerbauenden Nachbarn herzufallen, welche sie wegen ihrer Arbeit gering schätzen, aber wegen ihrer Wohlhabenheit beneiden. Es finden sich ganz analoge Verhältnisse unter den Kaffern im südlichen Afrika. Hier entstehen nicht selten in wenigen Jahren Städte von zwanzig bis dreissig tausend Einwohnern. Anfänglich werden sie roh und lagerähnlich hergerichtet zur gemeinsamen Behauptung der Landschaft und zur Sicherung der Heerden. Aber wenn ihnen einige Ruhe gegönnt, und der Boden nicht zu schnell durch die schlechte Bewirthschaftung erschöpft wird, verbessern sich bald die Häuser, einige Industrie erwacht, und eine festere Ordnung des bürgerlichen Lebens bildet sich aus. Einer ähnlichen Nothwendigkeit der Dinge verdankten ohne Zweifel die ältesten Mesopotamischen Städte ihren Ursprung. Freilich ward ihnen durch die Gunst der Umstände eine ganz anders fortschreitende Entwickelung zu Theil. Der unerschöpfliche Reichthum des Bodens, die höhere Begabung des Volkes, die mehrere Anregung durch mannigfaltigere Naturproducte und der Ueberfluss an ebenso brauchbarem, als leicht zu bearbeitendem Baumaterial mussten den Niederlassungen bald eine festere und geordnetere Gestaltung verleihen. Sie erwuchsen zu mächtigen Reichen. Sie wurden des Nomadenthums vollständig Herr, wenn dasselbe auch nicht gänzlich verschwand. Wie noch jetzt in Mesopotamien und Persien wandernde Stämme zwischen der ansässigen Bevölkerung ihre umherschweifende Lebensart fortsetzen, und auf bestimmten Weiderevieren der Viehzucht obliegen, so mag es auch im Alterthum gewesen sein. Auf Assyrischen Bildwerken finden sich innerhalb der Städte Zelte mit ihren Bewohnern und deren häuslichen Beschäftigungen dargestellt. Das lässt auf die gelegentliche Anwesenheit von Nomaden schliessen. Aber jedenfalls wurden dieselben der überlegenen Macht der organisirten Reiche völlig

---

*) Egit amor dapis atque pugnae. Horaz.

unterthan, und ohne Zweifel durch Gewöhnung an die Getraideconsumtion auch wirthschaftlich von der ackerbauenden Bevölkerung abhängig, wenn sie auch durch Räuberei und Empörung bisweilen eine Gefahr für dieselbe wurden.

Waren die ersten grossen Ansiedelungen mehr spontan aus der Natur der Verhältnisse hervorgegangen, so mögen die folgenden in bewusster Absicht nach ihrem Beispiele, oder von ihnen aus durch Colonisation gegründet worden sein, wie ihnen denn vielfach bestimmte, wenn auch mythische Erbauer zugewiesen wurden. Allmälig wurde das ganze Land bis zu den Gebirgsgegenden aufwärts mit zahlreichen und grossen Städten bedeckt, deren Trümmer noch jetzt seine dichte Bevölkerung bezeugen. Als die Niederlassungen zu bedeutendem Umfange herangewachsen waren, als Arbeitstheilung und Industrie sich zu entwickeln begannen, als bürgerliche und staatliche Einrichtungen feste, wirksame Formen annahmen, konnte die Attractionskraft mächtiger Centralpunkte und die Ueberlegenheit einer concentrirten und organisirten Menschenmenge für die Arbeiten des Friedens, wie für Krieg und Eroberung nicht verborgen bleiben. Daher wurde während der Zeiten ihrer selbständigen Politik die Grösse und Festigkeit der Hauptstädte auf das sorgfältigste befördert, und andauernd in einer einzigen Stadt die ganze Kraft der Königreiche concentrirt, als diese schon ihre welthistorische Ausdehnung erlangt hatten. In welchen Verhältnissen zu einander ursprünglich die einzelnen Städte standen, ob es eine Zeit gab, da Stadt und Reich durchgängig identisch waren, das wissen wir nicht. Die Sage betrachtet vom Anfange an wenigstens das südliche Mesopotamien, Babylonien oder Sinaar, als ein einziges Reich unter der Herrschaft Babylons. Wie es als die älteste betrachtet ward, blieb es stets die dominirende Stadt dieses Landestheils, jede politische Bewegung, jeder Versuch die Unabhängigkeit gegen die später herrschenden Völker wieder zu gewinnen, ging lediglich von ihr aus. Sie bewahrte das Gefühl ihrer alten Grösse, die übrigen Städte hatten keine Bedeutung in der politischen

Geschichte. Ihr Besitz entschied über das Schicksal des Landes, und seit Xerxes ihre letzte Auflehnung zerstörend niederwarf, regte sich in der Provinz nichts mehr. An Grösse wurde Babylon unter allen Städten der Welt nur von dem jüngeren Ninive erreicht. Beiden Orten wird der ungeheure Umfang von zwölf deutschen Meilen zugeschrieben (480 Stadien) und die neueren Untersuchungen rechtfertigen diese Angaben vollständig, wenn es auch in Frage gestellt werden kann, ob die Ruinenhügel, welche das alte Ninive bezeichnen, von einer fortlaufenden Umwallung eingeschlossen waren. Die orientalischen Städte pflegten zwar zu allen Zeiten weitläufig gebaut zu werden, ausgedehnte Gärten und unbebaute Ländereien zu enthalten, trotzdem müssen diese Städte von einer gewaltigen Menschenmenge bewohnt gewesen sein.

IX.

Die Entwicklung der beiden Reiche nahm einen verschiedenen Gang. Assyrien überragte das ältere Reich an kriegerischem Glanze, an Dauer und Ausdehnung seiner Herrschaft. Babylonien ward wirthschaftlich und industriell das entwickeltste Binnenland Asiens. Wahrscheinlich schon in älteren Zeiten der Ruhe, jedenfalls während der langen Assyrischen Oberherrschaft, war die kriegerische Thätigkeit zurückgetreten. Das Priesterthum hatte sich kastenmässig abgeschlossen, und unter den friedlicheren Constellationen nahmen Gewerbthätigkeit und Handelsverkehr den Aufschwung, welcher dem natürlichen Reichthum und der günstigen Lage des Gebietes entsprach. Der Getraidebau war seit den grossen Bewässerungsarbeiten eben so ausgedehnt wie lohnend. Palmwein und Datteln, die ein wesentliches Nahrungsmittel in Vorderasien und Nordafrika sind, bildeten einen bedeutenden Handelsartikel. Die Pferdezucht war altberühmt, zur Perserzeit wurden Gestüte von vielen tausend Pferden gehalten. Die Industrie begriff namentlich Webereien in Wolle, Baumwolle und Seide, Färbereien, Metallarbeiten und manche kleinere Luxusgegenstände, wie Stickereien, Schnitzereien in kostbaren Steinen und Elfenbein. Die kunstvollen Teppiche und Gewänder Babylons wurden in die fernsten Gegenden ausgeführt. Die Metalle, deren Verbrauch zu allen Zeiten einen treffenden Maassstab für die Culturzustände der Völker abgiebt, verdienen eine besondere Erwähnung. Das leicht schmelzbare und leicht zu bearbeitende Kupfer findet sich am häufigsten und in grösseren Stücken gediegen vor. Es ist daher überall am frühesten in Gebrauch gekommen, und seine Nutzbarkeit nur selten einem ansässigen Volke unbekannt geblieben. Das Zeitalter der Bronce geht dem eisernen voraus. Verstand man erst das Kupfer zu verarbeiten, so musste man auch bald lernen, es aus Oxyden oder Erzen auszuschmelzen und alsdann diesen Process auf andere Metalle anzuwenden, die selten oder gar nicht in gediegenem Zustande gefunden werden. Nun liegen in den nördlichen Gebirgsgegenden Mesopotamiens noch jetzt ungewöhnlich reiche Kupfer-, Blei- und Eisenerze offen zu Tage. So musste hier leicht die Anregung zum Bau auf verschiedene Metalle entstehen, und vielleicht ist das Eisen nirgends früher verarbeitet worden. Nach der sogenannten statistischen Tafel zu Karnak wurden unter Thutmosis III. etwa um 1600 vor Christus sowohl Metallarbeiten mannichfacher Art, unter anderen kunstreiche Vasen, als auch gusseiserne Barren aus diesen Ländern nach Aegypten gebracht. Das Zinn, welches vor der viel späteren Entdeckung des Zinks ausschliesslich zur Härtung des Kupfers gebraucht wurde, und desshalb in den Zeiten, da die Bronce noch vielfach das Eisen vertreten musste, von besonderer Wichtigkeit war, holten die Babylonier wahrscheinlich zuerst aus Indien; noch das Griechische Wort κασσίτερος zeigt den Indischen Namen Kastira; später mochte es ihnen durch die Phönicier aus dem Occident zugeführt werden. Silber findet sich in den Kurdischen Gebirgen. Das Gold, mit welchem Jüdische und Griechische Berichte die Städte Babylon und Ninive in überschwenglichem Maasse ausstatten, musste wohl von aussen her durch Handel oder Raub erworben werden. Die edeln Metalle wurden zwar schon im Alterthum als eine zur Vermittlung des Verkehrs besonders geeignete Waare betrachtet, aber wie es noch jetzt im Orient der Fall ist, waren sie weit mehr ein werthvoller Besitz, ein Gegenstand der Consumtion, als dass sie der Circulation dienten. Sie wurden zu Kunstwerken oder Geräthen des Luxus verarbeitet, massenweise in den Schatzkammern der Könige, in den Tempeln und bei den Vornehmen aufgehäuft, der Umlauf war verhältnissmässig gering. Der bürgerliche Geschäftsverkehr hatte nicht die Ausdehnung und Regsamkeit des Geldes als gewöhnlichen Tauschmitttels zu bedürfen, dagegen fehlte denn auch rückwirkend die grosse fördernde Kraft, welche die Geldcirculation ähnlich den physischen Transportmitteln auf die Production übt, indem sie den Verkehr erleichtert und belebt, den Reichthum disponibel und beweglich macht. Die erste Prägung von Gold wird bald den Babyloniern, bald den Lydern zugeschrieben, aber eine Ausprägung grösserer Münzen scheint vor den goldenen Dareiken des Darius Hystaspis nicht in irgend erheblichem Umfange stattgefunden zu haben. Eine entwickelte Geldwirthschaft entstand erst in den Zeiten der Griechen und Römer. Ueberall wurden zuerst geringe Werthzeichen für den Marktverkehr und die kleinen Geschäfte des täglichen Lebens geschaffen. Der grosse Waarenhandel blieb im Orient weit über die Zeiten des Alterthums hinaus wesentlich ein Tauschhandel. Dabei gewannen die wenigen Centralpunkte des Verkehrs, die Stapelplätze, an denen die Waaren von verschiedenen Ländern her zum Austausch unmittelbar zusammen gebracht wurden, eine besonders weitgreifende Bedeutung. Durch die Gunst seiner Lage in Verbindung mit dem natürlichen Reichthum der Landschaft und der mächtigen Entfaltung seiner eigenen Industrie ward Babylon früh ein solcher Mittelpunkt des internationalen Handels, ein Weltbazar, wo sich die Producte aus den Ländern des Mittelmeers, von den Küsten des Persischen Meerbusens und aus Indien begegneten; man glaubt sogar eine Karavanenverbindung mit China annehmen zu müssen. Allerdings konnten nur Waaren von geringem Volumen und bedeutendem Werth die Kosten eines weiten Landtransportes tragen, und der Handel mit fernen Gegenden beschränkte sich daher vorzugsweise auf Gegenstände des Verbrauchs für die Reichen und Vornehmen, aber für die Kaufleute warf er sehr hohe Gewinne ab. Babylonien genoss ausserdem die Vortheile der Schifffahrt. Euphrat und Tigris haben in hohem Maasse den culturfördernden Charakter, welcher die Flüsse Europas und Nordamerikas auszeichnet, nämlich verschiedene Klimate und Productionskreise zu verbinden. Sie stellten eine Wasserstrasse her, welche die Bauhölzer, Bruchsteine und Erze der nördlichen Gebirgsländer nach Babylonien führte, und seinen Erzeugnissen die Seeverbindung mit den Küsten Persiens, Arabiens und Indiens eröffnete. So ward die Weltstadt Babylon der sprichwörtliche Sitz des Luxus und der Ueppigkeit, die Völkerverderberin, durch deren Künste barbarische Nationen die Kraft der Wildheit verloren ohne die Energie der Arbeit zu gewinnen. „Die Kaufmannsstadt und das Krämerland" schilt Hesekiel in heiligem Zorn das gottverhasste Babel. Die Fortschritte gewerblicher Entwicklung fanden bei den theologisch-kriegerischen Anschauungen des arbeitsscheuen Alterthums keine Anerkennung. Assyrien ward, als Ninive zerstört und sein politisches Uebergewicht gebrochen war, eine verhältnissmässig unbedeutende Provinz; Babylonien blieb durch seine unerschöpflichen Hülfsquellen das wichtigste Land in der Oekonomie der grossen Reiche, denen es einverleibt wurde. Zur Perserzeit musste es den dritten Theil aller Naturalabgaben des Reiches aufbringen, ausserdem seinem Satrapen täglich eine Artaba voll Silber entrichten (so viel wie ein Berliner Scheffel). Die Stadt Babylon erlitt durch die wiederholten Verwüstungen nach ihren Aufständen einen schweren Stoss, und ihr Seehandel wurde durch die Dämme zerstört, mit denen die Perser bei ihren Belagerungsoperationen den unteren Lauf des Euphrat absperrten. Alexander der Grosse liess sie wegräumen. Als Seleucus seine neue Residenz Seleucia am Tigris gründete, und viele

Einwohner Babylons dahin übersiedeln liess, verödete ein grosser Theil der alten Stadt. Zur Römischen Kaiserzeit verfiel sie allmälig ganz und gar; dem heiligen Hieronymus ward erzählt, dass in ihren Mauern ein Wildpark für die Persischen Könige angelegt sei. Aber ein Hauptsitz der orientalischen Reiche blieb stets in der Nähe. An die Stelle Seleucias trat unter den Parthern und Neu-Persern Ktesiphon. Die Araber erbauten erst Kufah, dann Bagdad, während die Ruinen des alten Babylon immer noch als Steinbrüche benutzt wurden. Erst von der Zerstörungswuth der Mongolen hat sich unter der Türkischen Missregierung das verwüstete Mesopotamien nicht wieder erholen können.

X.

Von den westlichen Völkern wurden in älterer Zeit die Bewohner Mesopotamiens gemeinschaftlich Chaldäer genannt, dieser Name aber auch nicht selten den Angehörigen einzelner Landschaften beigelegt, so dass unter den Chaldäern bald vorzugsweise die Babylonier, bald im Gegensatze zu ihnen die nördlicheren Stämme namentlich der Gebirgsgegenden zu verstehen sind. In den letzteren haben sich noch jetzt die Reste des alten Volkes erhalten, obwohl, wie die Kurdischen Sprachen darthun, stark mit Persischen Elementen vermischt. Erst zur Römerzeit wurden die Babylonischen Priester, welche damals den Occident allein interessirten, schlechthin als Chaldäer bezeichnet. Eine einheimische Benennung der Priesterkaste ist dies nie gewesen. Vielleicht hiessen die Priester hier ursprünglich Magier. Wenigstens erscheint beim Jeremias, also vor der Perserzeit, im Babylonischen Heere ein Oberster der Magier (רַב מָג) und da unter den Iranischen Völkern zuerst nur die Meder, die nächsten Nachbaren und langjährigen Unterthanen Assyriens, ihre Priester Magier nannten, während sie bei den Persern erst durch Cyrus eingeführt wurden, und in den Zendschriften gar nicht vorkommen, scheint es fast, dass die Arier den Namen ihrer berühmten Priesterkaste von den Mesopotamiern oder Assyriern angenommen haben. In Babylon bewohnte die Priesterschaft einen besonderen Stadttheil Borsippa, sich auch räumlich von dem übrigen Volke scheidend.

Nach der Angabe des Babylonischen Priesters Berosus, der gleich dem Aegyptischen Manetho im dritten Jahrhundert vor Christus die Geschichte seines Volkes für die Griechen schrieb, folgte auf die sündfluthliche Dynastie des Xisuthrus eine Medische-Eroberung, die er an den Namen des Zoroaster knüpft. An ein organisirtes Iranisches Reich ist allerdings in diesen Zeiten nicht zu denken, aber ein Einfall Arischer Stämme in Mesopotamien bei dem Vorwärtsdrängen nach Westen ist sehr wohl möglich, und eine früheste historische Erinnerung an dieses Ereigniss kann um so eher zugegeben werden, da die Wiederherstellung der einheimischen Herrschaft beim Berosus ungefähr mit der Zeit zusammenfällt, bis zu welcher nach Kallisthenes die astronomischen Aufzeichnungen der Chaldäer hinaufreichten, etwa 2200 vor Christus. Einige Jahrhunderte später mag die Gründung Ninives stattgefunden haben. Sie würde auf 1900 fallen, wenn die Angabe des Ktesias, dass die Stadt 1300 Jahre bestanden, richtig ist, und wir an die Stelle seiner falschen Berechnung das wirkliche Jahr der Zerstörung 606 vor Christus setzen. Diese Zeitbestimmung erscheint durchaus wahrscheinlich; Rawlinson berechnet nach den Daten einer Assyrischen Urkunde die Erbauung eines dortigen Tempels auf das achtzehnte Jahrhundert, und im siebzehnten oder sechszehnten kommen die Namen Assyrier und Ninive auf Aegyptischen Inschriften unzweifelhaft vor. Wenn dagegen Manetho berichtete, dass schon die Hyksos in Aegypten durch Assyrische Waffen bedroht worden, so wird entweder eine der häufig stattfindenden Verwechslungen Assyriens und Babyloniens vorliegen, oder nur ganz allgemein an ein Nachdringen östlicherer Semitischer Stämme zu denken sein. Sehr verschieden von der Gründung der Stadt ist der Beginn der Assyrischen Oberherrschaft in Asien. Herodot giebt ihre Dauer auf 520 Jahre an; ebenso lange, 526 Jahre, herrschten nach Berosus die Assyrischen Könige über Babylonien. Danach lässt sich die Epoche der Eroberungen ungefähr bestimmen. Wir haben nämlich ein feststehendes Jahr, die Aera des Nabonassar, 747 vor Christus. Nun lässt sich zwar bei sorgfältiger Vergleichung der vorhandenen Data nicht annehmen, dass Babylon gerade in diesem Jahre seine Selbständigkeit wiedergewonnen; vielmehr bezeichnet dasselbe zunächst nur eine astronomische Epoche, die Einführung des beweglichen Sonnenjahrs. Aber unzweifelhaft war Babylon damals unabhängig, seit welcher Zeit, das lässt sich bis jetzt nicht entscheiden, sehr lange scheint es indessen nicht gewesen zu sein. Nehmen wir danach an, dass sich die Babylonier, und gleichzeitig die Meder einige Jahre oder Jahrzehnte vor 747 von der Fremdherrschaft befreieten, so können wir unter Hinzurechnung obiger 520 Jahre den Anfang der grossen Assyrischen Machtentfaltung gegen 1300 vor Christus setzen. Etwa zwei Menschenalter früher waren noch die Chaldäer die dominirende Macht in diesen Gegenden, wie die Feldzüge und Verträge des grossen Ramses beweisen.

Ninive war die nördlichste unter den grossen Semitischen Niederlassungen und die einzige am östlichen Ufer des Tigris. Diese Lage rechtfertigt wohl die Vermuthung, dass hier von Mesopotamien aus planmässig eine starke Colonie gegründet worden um die kriegerischen Bergvölker des Nordens im Zaume zu halten, und ein Bollwerk gegen die zurückgeworfenen Arier im Osten zu bilden. Jedenfalls hätte es einer solchen Absicht trefflich entsprochen. Weniger reich als das üppige Babylonien war die bergige Landschaft Assyrien immer fruchtbar genug einer ziemlich bedeutenden Bevölkerung auf verhältnissmässig engem Raume die Existenzmittel zu gewähren. Ueberlegene Mittel der Cultur und der Organisation hatte sie aus der alten Heimath überkommen. Aber es bedurfte einer kräftigen Concentration und beständiger Kriegsbereitschaft um diese Ueberlegenheit dauernd gegen streitlustige Nachbaren zu behaupten, die ihre

Tapferkeit und ihren Unabhängigkeitssinn zu allen Zeiten bewährt haben. Diesen Verhältnissen müssen wir es zuschreiben, dass Ninive allmälig zu einer weitherrschenden Macht erstarkte, die ihren politischen und kriegerischen Glanz über ein halbes Jahrtausend erhalten hat. Rom selbst hat der Zeit nach kaum mehr geleistet.

XI.

Die alte Fabel, dass Ninus und Semiramis die Stadt Ninive erbauet, und sofort durch ihre Eroberungen das Weltreich in seiner weitesten Ausdehnung gegründet, dass dasselbe unter schwachen und weichlichen Nachfolgern viele Jahrhunderte fortvegetirt und endlich unter Sardanapal ein Ende mit Schrecken genommen habe, lässt sich jetzt urkundlich widerlegen. Sie beruht auf der allgemeinen Sitte der orientalischen Phantasie einzelne mythische oder historische Namen, die auf irgend eine Weise durch geschichtliche Bedeutung, durch Dichtung, zuweilen durch reines Missverständniss in den Mund des Volkes gekommen, herauszugreifen und mit den Thaten oder Ereignissen der verschiedensten Zeiten in Zusammenhang zu bringen. Wir finden diese Sitte gleichmässig bei Persern, Juden und Arabern, im höchsten Alterthum wie in neuester Zeit. Gewöhnlich werden die bevorzugten Personen zugleich Helden, Gesetzgeber, Gründer von Städten und Denkmälern und mächtige Zauberer. Namentlich fehlt das letzte Attribut ihrer Grösse nicht leicht. Solche im Orient berühmte Namen sind Dschemschid, Rustem, Zoroaster, Nimrod, Nebukadnezar, Ahasverus, Salomo, Alexander der Grosse. Zu ihnen gehört vorzugsweise die Semiramis. Wie dem mythischen Dschemschid die Paläste des Darius und Xerxes zu Persepolis, dem Helden Rustem Bildwerke der Sassaniden, dem König Salomo die Stadt Ekbatana und das Grab des Cyrus, so werden der Semiramis die Städte und Canäle Babyloniens, die hängenden Gärten des Nebukadnezar, die Sculpturen und Inschriften des Darius am Felsen von Behistun (ὄρος Βαγίστανον des Diodor) zugeschrieben, auf sie die Kriege und Eroberungen des ganzen Assyrischen Reiches übertragen. Ninus ist die Personification Ninives, in welcher die Gründung der Stadt und die Ausdehnung des Reiches combinirt ward. Seine Gattin Semiramis aber, entweder selbst die Göttin, oder nach der Griechischen Ausschmückung die Tochter der Göttin Derceto, war die göttliche Stammmutter der berühmten Dynastie der Dercetaden, die seit den Zeiten des beginnenden Glanzes bis um die Mitte des achten Jahrhunderts über Assyrien herrschte. Eine Königin Semiramis kennt Herodot nur fünf Menschenalter vor Nebukadnezar, und weiss nicht eben viel von ihr zu sagen. Ihr Name Samuramit hat sich in der That auf mehreren Inschriften zu Nimrud neben dem letzten Könige des Dercetadengeschlechts gefunden, den Rawlinson irrig Phallutha lesen und nach der Englischen Marotte überall biblische Namen zu finden mit Phul identificiren will. Sie lebte also in der ersten Hälfte des achten Jahrhunderts, und war die Gemahlin des letzten, nicht des ersten Königs der älteren Assyrischen Dynastie. Die historische Existenz einer anderen Semiramis muss durchaus bestritten werden.

Die Macht Ninives ist nicht an einem Tage aufgeschossen, sondern unter langen Anstrengungen sehr allmälig herangewachsen; darum hat sie von dem starken, kampfgestählten Centrum aus ungewöhnlich feste Wurzeln geschlagen. Nach den Angaben über die selbständigen Könige von Babylon und nach den Aegyptischen Urkunden bestand Assyrien Jahrhunderte lang neben anderen Staaten, bis um oder bald nach 1300 die Periode der Eroberungen begann. Seine Herrschaft erstreckte sich seitdem regelmässig über das ganze Mesopotamien und einen Theil Armeniens. Kriegerische Expeditionen wurden bald auch in fernere Gegenden unternommen. Ein König, der dem elften Jahrhundert angehören mag, rühmt sich vom Persischen bis zum Mittelländischen Meere zu herrschen, und spätere Inschriften gedenken der Eroberungszüge früherer Könige, aber an eine dauernde und geordnete Regierung ausserhalb der Gränzen Assyriens, Mesopotamiens und Armeniens ist für die älteren Zeiten gewiss nicht zu denken. Selbst das Abhängigkeitsverhältniss dieser Länder erscheint ziemlich lose. Denn während sich die Beherrscher Assyriens in den Aufzählungen ihrer Titel Könige von Babylonien (Sinear) und Armenien (Hurarda oder Hurasda) nannten, mussten sehr häufig Feldzüge dahin unternommen werden um Aufstände niederzuwerfen oder Tribute zu erheben. Und doch war die Unterthänigkeit der benachbarten Mesopotamischen und Armenischen Bergvölker um der eigenen Sicherheit willen durchaus nothwendig, wie denn auch die Assyrischen Heere ohne Zweifel aus diesen streitbaren Stämmen ergänzt wurden, und die regelmässige Herrschaft über die Ebenen und die Städte Mesopotamiens wegen ihrer reichen Hülfsquellen von so hohem, unverkennbarem Werthe, dass ihre Erhaltung der Ausgangspunkt der elementarsten Politik sein musste. Darüber hinaus können in den früheren Jahrhunderten nur grossartige Raubzüge angenommen werden. Noch später hat die Art und Weise, wie die Assyrier ihre Herrschaft wenigstens über entlegenere Länder übten, grosse Aehnlichkeit mit dem Verfahren, welches in kleinerem Maassstabe von den Aschantis in Guinea berichtet wird, ehe die Engländer ihre Macht brachen; durch strafferе Concentration den vereinzelten Nachbaren überlegen, liessen sie in den bezwungenen Landschaften einheimische Fürsten bestehen, und begnügten sich Tribute zu erheben, deren gewaltsame Beitreibung, so wie häufige Aufstände immer Gelegenheit boten ihre Heere in Uebung zu halten und zu bereichern. Ebenso wiederholen sich in den Assyrischen Annalen beständige Feldzüge gegen dieselben Völker und Städte. Diese werden sich grossentheils keineswegs als Unterthanen betrachtet, sondern nur der unmittelbaren Bedrängniss zugestanden, als Raub und Brandschatzung angesehen haben, was die Sieger als Tribut bezeichneten. Die Verhältnisse waren schwankend, abhängige und unabhängige Gebiete lagen durcheinander, und das Anerkenntniss der fremden Oberherrschaft richtete sich meistens nach der augenblicklichen Machtentfaltung, um so mehr, da nach Ausweis der königlichen Kriegsberichte die Heereszüge in der Regel nicht von langer Dauer waren, und daher eine Stadt von bedeutenden Vertheidigungsmitteln auch einem überlegenen Feinde gegenüber immer hoffen konnte eine Belagerung auszuhalten. In späterer Zeit wurde allerdings die Eroberungspolitik vervollkommnet; es wurden hin und wieder Besatzungen eingelegt, Städte erbauet, Assyrische Colonien gegründet um die Unterwürfigkeit eroberter Länder zu sichern, widerspenstige Bevölkerungen oder die vornehmeren Classen derselben aus der Heimath weggeführt, und in fernen Gegenden angesiedelt. Aber zu einer geordneten Verwaltung kam es nie. Die einzelnen Länder wurden sich selbst überlassen, gewöhnlich in der Ausdehnung, die sie vor der Einverleibung in das Reich gehabt hatten, von Unterkönigen regiert, welche zuweilen Assyrier und Angehörige des Königs waren, wie Sanherib nach der Wiederbezwingung Babylons dort seinen Sohn einsetzte, häufiger indessen eingeborne Fürsten. Die wirkliche Reichsgewalt beruhte in jedem Augenblick auf der Energie, mit welcher sie von dem Centralpunkte aus geltend gemacht wurde. Bei zeitweiser Erschlaffung waren die Unterthanen stets bereit sie in Frage zu stellen. Der Krieg war zum guten Theil Selbstzweck, und nicht bloss in der Theorie der Hauptgesichtspunkt der Politik. Wie er den Neigungen des Volkes entsprach, seinen Ehrgeiz und seine Habsucht befriedigte, so war er in der That nothwendig um das Uebergewicht der Assyrischen Heere durch stete Uebung zu erhalten. Daher wurden immer fernere Länder in den Kreis der Angriffe gezogen. Ausserdem mussten sich die Assyrischen Waffen selbst in den bestbezwungenen Provinzen häufig zeigen um den Gehorsam zu sichern oder wiederherzustellen.

XII.

Schon aus den früheren Zeiten haben sich eine Menge beschriebener Cylinder und Tafeln erhalten, gleichsam ein steinernes Archiv, aus dem sich vielleicht die Namen der

Könige und der von ihnen unterworfenen oder bekämpften Völker ziemlich vollständig werden entziffern lassen. Die ältesten ausgegrabenen Prachtbauten gehören zweien Königen an, deren lange Regierungen den höchsten Glanz des Reiches bezeichnen, und etwa um 900 vor Christus begonnen haben mögen. Der erste von ihnen ist Sardanapal, auf den Inschriften wird sein Name meistens Assardonpal gelesen, Assar, der höchste Herr, von Oppert: Assariddannupalla, das hiesse: Assar hat einen Sohn geschenkt. Er erbaute den nordwestlichen Palast zu Nimrud, am Einflusse des oberen Zab in den Tigris, wo lange Reihen von Bildwerken seine Kriegsthaten darstellen, und neben einer zusammenhängenden Beschreibung seiner Unternehmungen zahllos wiederholte Inschriften seine Titel, seine Vorfahren und seine Götter, die unterworfenen Völker und ihre Tribute herzählen. Hier werden sowohl Länder östlich vom Tigris, wie westlich vom Euphrat „bis nach Aegypten" aufgeführt. Er soll auch Kleinasien erobert haben, wo sich sein Name besonders erhielt. Vielleicht ist die Verbindung der Lydischen Herakliden mit Ninive auf ihn zu beziehen. Ein Denkmal von ihm, welches freilich Berosus dem Sanherib zugeschrieben haben soll, wurde den Macedoniern in Cilicien gezeigt mit der oft citirten Inschrift: Sardanapal, Sohn des Anakyndaraxos, baute Tarsus und Anchiala an einem Tage, nun ist er todt. Eine spätere Version setzt noch einige Zeilen hinzu, ungefähr des Inhalts, aimons et jouissons et faisons bonne chère. Sein Palast in Ninive ist nicht wie die übrigen durch Feuer zerstört, und die vortreffliche Erhaltung jener Sculpturen veranlasste die Vermuthung, dass er plötzlich und absichtlich verschüttet worden; daneben erhob sich eine mächtige Pyramide, deren Steine den Namen seines Sohnes tragen. Man ist versucht hier die Sage Diodors wieder zu erkennen, dass Semiramis den Ninus in seinem Palaste begraben und einen gewaltigen Hügel über ihm aufgeschüttet habe. Unglaublich erscheint ein solches Beginnen keineswegs; dazu hielt es seit der Zeit Sardanapals jeder bedeutende König für nöthig einen neuen

Prachtbau aufzuführen. Seinen Sohn hat Rawlinson anfänglich Temenbar, später Divanubara gelesen; auch letzterer Name erscheint bedenklich, mag indessen einstweilen zu seiner Bezeichnung dienen. Er hat den Palast in der Mitte des Ruinenhügels von Nimrud erbaut, und dort mehrmals eine chronologische Beschreibung seiner Thaten hinterlassen, die auf einem Basalt-Obelisk ein und dreissig Regierungsjahre umfasst. Alljährlich wiederholen sich Feldzüge, die der König bald persönlich, bald durch seine Feldherrn ausführte. Er eroberte Medien und Persien, und wenn in den Kämpfen mit den alten Iranischen Feinden die Assyrischen Waffen bis nach Bactrien und an die Grenzen Indiens getragen worden, wie die Griechen wiederum vom Ninus und der Semiramis berichten, so wird es unter diesem Könige gewesen sein. Denn auf seinen Denkmälern erscheinen zweihöckrige bactrische Kameele, der Indische Elephant, das Rhinoceros und fremdartig aussehende Menschen mit verschiedenen Affen. Die Phönicischen Städte, an ihrer Spitze Tyrus, waren ihm wie seinem Vater tributpflichtig. Viele andere Namen sind noch zweifelhaft. Wiederholte und hartnäckige Kriege wurden gegen die Könige von Hamath und ihre Verbündeten in Syrien geführt. Im sechsten Regierungsjahre erschlug ihnen Divanubara „durch die Gnade Assars, des grossen Gottes" in einer Hauptschlacht 20,500 Krieger, fünf Jahre später standen sie ihm schon wieder gegenüber. Ohne die Assyrischen Berichte würden wir gar nicht wissen, dass hier eine so bedeutende Macht bestanden. Erst Salmanassar (Sargana) eroberte die Stadt Hamath. Daneben wurden gelegentlich auch die alten Provinzen Armenien und Babylonien heimgesucht, und aus allen Gegenden grosse Beute von Menschen und Reichthümern nach Assyrien geschleppt.

Mit diesen beiden gewaltigen Fürsten erlosch die Thatkraft, zwar nicht des Volkes, aber des alten Königsgeschlechts. Es folgten noch drei oder vier Könige, zuletzt der erwähnte Gemahl der Semiramis, unter denen das Reich verfiel. Gegen die Mitte des achten Jahrhunderts machte sich Medien unabhängig, Babylon befreite sich von dem fünfhundertjährigen Joche, und bald darauf wurde die Dynastie der Dercetaden auch in Ninive selbst gestürzt. Von einem Angriff der bisherigen Unterthanen auf die Stadt, oder gar einer Zerstörung Ninives ist bei dieser Katastrophe nicht die Rede.

XIII.

Das Haupt der neuen Regentenfamilie war Sargana, beim Jesaias Sargon, sonst von den Juden Salmanassar genannt, was ein Beiname gewesen sein mag, und vielleicht „Oberherr von Assyrien" bedeutet. Dass er kein legitimer Nachfolger der früheren Könige war, giebt er selbst zu erkennen, indem er gegen die unwandelbare Sitte auf seinen Prunkinschriften nicht seinen Vater und Grossvater nennt, obwohl er gelegentlich im Allgemeinen von „den Königen meinen Vätern" spricht. Auch verlegte er seine Residenz vom Süden nach dem Nordosten Ninive's, jetzt Korsabad, wo er sich einen grossen Palast erbaute. Eine alte Arabische Geographie kennt die Ruinen von Korsabad noch unter dem Namen Sargon. Die kriegerische Tüchtigkeit und die überlegene Macht des Volkes war so wenig geschwunden, dass nur eine kräftige Hand die Zügel zu ergreifen brauchte, um den Glanz des Reiches vollkommen wiederherzustellen. Sargana unterwarf Armenien und Mesopotamien, wo sich nur in dem südlichsten Theil Babyloniens ein unabhängiger König erhalten zu haben scheint, besiegte die Meder, eroberte Susiana, brachte Syrien wieder in Abhängigkeit, nahm Hamath und Samaria ein, machte die Phönicischen Städte tributpflichtig, und unternahm mit ihren Hülfsmitteln einen Raubzug nach Cypern, wo ein Standbild von ihm gefunden ist, wie es die Assyrischen Könige in eroberten Städten aufzurichten pflegten. Mit der gleichen Energie führten seine nächsten Nachfolger Sanherib und Assarhaddon die Regierung. Nach Osten gewannen die Unternehmungen nicht wieder die Ausdehnung, welche sie zur Zeit Divanubara's gehabt hatten; hier mochte die allmälig besser zusammengefasste Macht der Meder zu einem unübersteiglichen Hinderniss erstarkt sein, dagegen scheint im Süden und Westen die Assyrische Herrschaft stetiger und regelmässiger geübt zu sein, wie im alten Reiche. Sanherib bezwang den Rest Mesopotamiens, warf eine Empörung seines eigenen Statthalters in Babylon nieder, brandschatzte Jerusalem, drang in Kleinasien ein. Die Verluste, welche er nach Jüdischen und Aegyptischen Berichten nicht durch die Tapferkeit dieser Völker, sondern durch das Einschreiten ihrer Götter in Syrien erlitt, änderten nichts in der Machtstellung des Reiches. Er ward von zweien seiner Söhne ermordet, und von dem dritten Assarhaddon, bis dahin Unterkönig in Babylon, gerächt. Sanherib führte die umfangreichsten aller Assyrischen Bauten zu Kujundschik aus. Assarhaddon, der letzte König, dessen Monumente bedeutende Kriegsthaten aufweisen, kehrte zu dem Sitze der früheren Dynastie zurück, und errichtete zu Nimrud seinen Palast grossentheils aus dem Material der älteren Gebäude. Mit diesen drei Herrschern erlosch auch in dem Hause Sarganas der Unternehmungsgeist. Auf Assarhaddon folgten nacheinander seine zwei Söhne, Sammuges und Sardanapal. Die gewöhnliche Ueberlieferung schloss mit dem bekannten Namen des letzteren die Geschichte Assyriens ab, in der That folgte noch die zwanzigjährige Regierung seines Sohnes, den ein Fragment des Abydenus Saracus nennt; die Assyrische Form des Namens könnte etwa Assarakha gelautet haben. Unter ihnen begann die Auflösung des Reiches, die Provinzen fielen ab, die Meder gingen zum Angriff über, der allerdings noch unter Sardanapal kräftig zurückgewiesen wurde. Dann trat ein Ereigniss ein, welches ohne Zweifel durch die Zerrüttung der Assyrischen Macht möglich geworden war, und ihren Untergang beschleunigte, die erste historisch beglaubigte Ueberschwemmung des vordern Asiens durch Scythische Völkerschaften, die erst nach länger als zwanzig Jahren aufgerieben oder vertrieben wurden. Inzwischen hatte Nabopolassar in Babylon eine bedeutende Macht gegründet. Nach der Niederlage der Scythen schritten er und sein Sohn Nebukadnezar, vereinigt mit dem medischen Könige Cyaxares — Huwakschatra nennt ihn die persische Keilschrift — zum entscheidenden Angriff auf das verhasste Ninive. In den Jahrhunderten der Assyrischen Kriege hatten die oft besiegten Völker endlich gelernt, ihre Kräfte zu sammeln und zu organisiren. Wie einst die Assyrier die Semitischen Völker, so hatten allmälig die Meder die Iranischen unter ihrer Hegemonie vereinigt. Sie konnten weit überlegene Streitkräfte gegen die Stadt führen, die jetzt gänzlich auf ihre eigenen Mittel beschränkt war. Dennoch unterlag sie erst nach langem und tapferem Widerstande. Die Israeliten werden nicht allein über ihren Fall gefrohlockt haben. Sie hatte sich lange mit dem Raube der Nationen bereichert, ihr Bestehen wäre eine Drohung und eine Gefahr geblieben. Darum ward sie von den Siegern vollständig vernichtet. Die Einwohner, welche die Katastrophe überlebten, wurden in Dörfer zerstreut. Die Paläste Sarganas und seiner Nachfolger tragen noch unter dem Sande der Wüste die Spuren des Feuers, durch welches sie zerstört wurden. „Assur war wie ein Cedernbaum auf dem Libanon, und höher geworden, denn alle Bäume auf dem Felde. Alle Völker wohnten unter seinem Schatten, und war ihm kein Baum gleich im Garten Gottes. Aber sein Herz erhob sich, dass er so hoch war. Darum musste er hinunter fahren in die Hölle. Die Völker erschraken, da sie ihn hörten fallen. Wer ist jemals so stille geworden?"

Mit dem Untergange der einstigen Beherrscherin waren für die Semitischen Länder überhaupt die Tage der politischen Grösse gezählt. Die Meder erbten mit der Landschaft Assyrien die Herrschaft über die engverbundenen Bergvölker Mesopotamiens und Armeniens, und dehnten sich bis an den Halys in Kleinasien aus. Das ebene Mesopotamien kehrte unter die Herrschaft Babylons zurück. Nebukadnezar unterwarf ganz Syrien, zerstörte Jerusalem und Tyrus, schlug die Aegypter. Die Babylonische Macht war nie so glänzend gewesen; aber sie war an diesen einzigen Namen geknüpft. Es war keine nachhaltige, ausgebildete Kraft, die sich unter einer schwächeren Hand erhalten, und in Zeiten der Gefahr wieder aufgerafft hätte. Wenige Jahrzehnte nach Nebukadnezars Tode ward die Stadt und ihr Reich ein Raub der Perser. „Ein Verächter wider den anderen, ein Zerstörer über den anderen."

XIV.

Von den Gesetzen, den ethischen Begriffen, den bürgerlichen Einrichtungen, von der gewerblichen Oekonomie und dem häuslichen Leben dieser Völker wissen wir gar nichts. Die fragmentarischen Berichte der Juden und Griechen haben allerdings in unseren Tagen durch die Entdeckung der zahllosen Assyrischen Sculpturen eine reiche Ergänzung erhalten, aber wie die Geschichte und Litteratur des Alterthums überhaupt wenig Sinn hatte für die regelmässigen, aber unscheinbaren Verhältnisse, welche das Leben der Meisten bedingen und ihm seinen Charakter aufdrücken, so waren auch die idealen Darstellungen der Kunst lediglich den beiden Kreisen gewidmet, welche allein der Aufmerksamkeit würdig gehalten und als Gegenstände edler Thätigkeit betrachtet wurden, der Religion und dem Kriege, und mit ihnen dem höchsten Träger dieser grossen Lebensinteressen, dem Könige mit seinen Umgebungen und Beschäftigungen. Nur nebenher können wir aus dem Detail der Bildwerke die Resultate entnehmen, welche die Industrie in verschiedenen Zweigen geliefert hat. Mit diesen Abbildungen stimmen sowohl die Ueberreste Assyrischer Geräthschaften überein, wie der hohe Ruhm, dessen die Erzeugnisse babylonischen Kunstfleisses im Alterthum genossen. Wir sehen Mobilien, Hausgeräth, Vasen und sonstige Gefässe, Pferdegeschirr, Waffen, Kleider und Vorhänge eben so reich als geschmackvoll gearbeitet, gleich zierlich in den Formen und in den Ornamenten, mögen diese in Stickereien oder in getriebenem Metall ausgeführt sein. Kunst und Handwerk gingen in einander über, wie dies immer vorzugsweise der Fall zu sein pflegt, wenn sich zwar mit der fortschreitenden Arbeitstheilung besondere gewerbtreibende Klassen gebildet haben, ihre Thätigkeit aber nur in sehr beschränkten Kreisen in Anspruch genommen wird. So lange ihre Erzeugnisse wesentlich Luxusartikel sind, kommen Menge und Wohlfeilheit der Waaren weniger in Betracht. Solche Zustände sind der künstlerischen Vollendung und Schönheit der Arbeit günstig. Beiden Anforderungen zugleich wissen erst sehr entwickelte Zeiten der Gewerbthätigkeit zu genügen. In diesen Ländern beweist schon die Pracht und nothwendige Kostbarkeit der Producte, dass die Industrie fast ausschliesslich der beschränkten Zahl der Vornehmen und Reichen diente, nicht den gewöhnlichen Lebensbedürfnissen der Menge. Die weit überwiegende Mehrzahl der Bevölkerung hatte in ihrer orientalischen Genügsamkeit weder die Erzeugnisse technischen Kunstfleisses nöthig, noch konnte sie dieselben bezahlen. Es fehlte die vorwärts treibende Kraft, welche die wirthschaftlichen Bedürfnisse entfalten, wenn sie sich eines Volkes in weiterem Umfange bemächtigen. In Assyrien wurde ohne Zweifel viel durch Sclaven oder Fremde gearbeitet, da die Sclaverei während der langen glücklichen Kriege eine bedeutende Ausdehnung erlangen musste, und da wir wissen, dass sie fremde Handwerker, namentlich Waffenschmiede nach Ninive mitzuführen pflegten.

Von den Künsten gediehen Architectur und Sculptur zu hoher Entwicklung. Beide müssen als reine Töchter des Landes betrachtet werden. Die Baukunst war völlig durch das von der Natur dargebotene Material bedingt. Die Ebenen des Euphrat und Tigris bestehen aus so thonhaltigem Boden, dass sich überall Ziegelsteine in unbegränzten Massen anfertigen liessen, die für solidere Arbeit gebrannt, fast nur an der Sonne getrocknet, und durch das eben so reichlich vorhandene Erdpech trefflich verbunden wurden. Für kleine Dimensionen wendete man Gewölbe an, in grösseren wurde die Bedachung aus Holzwerk hergestellt. Diese Backsteinbauten liessen sich freilich in Pracht und Erhabenheit nicht mit den Werken der Aegypter vergleichen, aber massenhaft genug ward auch hier gebaut; zuerst ohne Zweifel in Babylonien. Die gewaltigen Mauern der Mesopotamischen Städte waren noch die Bewunderung später Zeiten. In dem Priesterquartier Babylons erhob sich die ungeheure, von dem Belustempel gekrönte Stufenpyramide, deren ruinenhafter Zustand die Sage vom Thurmbau und seiner göttlichen Zerstörung veranlasste. Erst Nebukadnezar vollendete das Werk. Man kann noch die Trümmer seines Ausbaus an den Stempeln der Ziegel von den alten, inschriftlichen Steinen des Unterbaus unterscheiden. Die Reste ähnlicher, kleinerer Pyramiden finden sich zahlreich in den Babylonischen Städteruinen. Manche Reisende haben die Vermuthung ausgesprochen, dass ihre Absätze den Priestern zum Schlafen in der Sommerhitze dienten, da die Sitte jener Gegenden in alter und neuer Zeit hohe Ruheplätze sucht, um dem Ungeziefer und den Dünsten der niederen Luftschicht zu entgehen. Der ursprüngliche Gedanke war gewiss ein religiöser, den Göttern Wohnungen zu errichten, die ihrem eigentlichen Sitze, dem Himmel näher waren, ebenso wie bei den gleichen Stufenpyramiden der Völker Centralamerikas. In Assyrien kommt diese älteste Bauart nicht vor. Dagegen ist der Schmuck der Babylonischen Architectur erst aus Ninive entlehnt. Die Bildnisse im Belustempel, deren Berosus, und die Jagdbilder, deren Diodor gedacht, entsprechen ganz den Assyrischen Sculpturen, und gehören erst der Zeit Nebukadnezars an. Auf keinem Denkmal der Stadt hat sich ein früherer Name gefunden. Eine von Rawlinson entdeckte Inschrift erwähnt, ganz entsprechend einer Notiz beim Josephus, der Vollendung des Baaltempels, der Mauern, einer Wasserleitung, des neuen Palastes und der hängenden Gärten, als von ihm ausgeführt. Er konnte mit Recht von dem prächtigen Babel sprechen, welches er erbaut. Man hat übrigens bemerkt, dass das Mauerwerk des Tempels solider und von besserem Material ist, als das des königlichen Palastes; die Priester liessen sich Zeit, der König hatte Eile, sein Werk fertig zu sehen.

XV.

Wie die Pracht Babylons dem Nebukadnezar, so gehörten die hervorragenden Bauwerke Ninives den mächtigen Kriegsfürsten von Sardanapal bis auf Assarhaddon an, ein Zeichen, dass regelmässig die im Kriege gewonnenen Kräfte, also wohl vornehmlich Sclavenarbeit, zu den grossen Bauten verwendet wurden. Der Styl der Assyrischen Paläste blieb stets derselbe. Man errichtete zuerst eine Terrasse oder Plattform von Backsteinen, dreissig bis vierzig Fuss hoch, und darauf führte man eine labyrinthische Menge von Sälen und Zimmern auf, zum Theil sehr lang, aber verhältnissmässig schmal, und mit sehr dicken Mauern. Die Säulen, von denen die Zimmerdecken getragen sein müssen, scheinen meist von Holz, allenfalls mit Metall bekleidet gewesen zu sein, doch sind auch Reste steinerner Säulen gefunden worden, und auf Architecturbildern kommen Säulen vor, die vollständig das Gepräge der sogenannten Jonischen Säulenordnung tragen. Ihre seltene Verwendung erklärt sich aus dem Mangel qualificirten Gesteins. Der untere Theil der Wände wurde mit grossen Platten von den weichen, leicht zu bearbeitenden Kalksteinarten der Assyrischen Gebirge bekleidet, und mit Reliefs geschmückt, deren Reihe im Palaste zu Kujundschik den Raum einer halben deutschen Meile einnimmt, obwohl erst ein Theil des ungeheuren Gebäudes durchforscht worden ist. Ueber den Platten waren die Wände bunt, zum Theil mit farbigen oder emaillirten Ziegeln belegt, zum Theil mit Gyps überzogen, worauf Ornamente von höchst eleganten Mustern gemalt wurden. Die Reliefs stellen die Kriegsthaten der Könige, Triumphe, Huldigungen, Jagden, Feste, Processionen, und namentlich in endloser Wiederholung religiöse Personen, Symbole und Ceremonien dar. Die Portale werden regelmässig von colossalen Thiergestalten, aufrecht stehenden Löwen oder Stieren mit Menschenköpfen und Flügeln, gebildet; unter den religiösen Wanddarstellungen spielen geflügelte und zum Theil adlerköpfige, menschliche Figuren eine Hauptrolle.

Das sind die Bildnisse und Symbole, von denen Hesekiel spricht, und die in die christliche Symbolik übergegangen sind. Wir besitzen keine Monumente, die über Sardanapal, also etwa 900 vor Christus, hinaufreichen. Aber hier treten sie gleich mit solchem Glanz und solcher Vollendung auf, dass wir nothwendig eine vorhergehende, längere Entwicklung einheimischer Kunst annehmen müssen, wenn nicht die plötzliche Uebertragung einer ausgebildeten fremden Kunst vorausgesetzt werden sollte, wofür es an jeder Spur fehlt. Namentlich muss eine erhebliche Einwirkung Aegyptischer Kunst, an die allein gedacht werden könnte, entschieden in Abrede gestellt werden. Die Assyrischen Bildwerke, sowohl einzelne Figuren, wie grössere Compositionen zeigen in Styl und Behandlung, in Haupt- und Nebensachen einen so gänzlich verschiedenen Charakter, dass der ungeübteste Beschauer nie darauf verfallen wird, sie mit Aegyptischen zu verwechseln. Einzelne Unvollkommenheiten, wie der Mangel an Perspective und relativem Verhältniss, die vollen Augen in Profilbildern und dergleichen mehr, sind allen anfänglichen Kunstübungen gemeinsam, und können nichts für einen wirklichen Zusammenhang beweisen. Erst in den Gebäuden der letzten Dynastie haben sich allerlei kleine Gegenstände Aegyptischen Ursprungs gefunden, und mit dem dadurch bekundeten näheren Verkehr sind einige Specialitäten herüber genommen; so ist in diesen späteren Palästen häufig der Lotos als Ornament gebraucht, es finden sich liegende Sphinxe und den Aegyptischen gleiche Käferabbildungen, was früher nicht vorkommt. Aber darauf beschränkt sich die erkennbare Einwirkung. In allem Wesentlichen haben die neueren Monumente ganz den Charakter der älteren behalten. In den drei Jahrhunderten, aus denen sich Assyrische Denkmäler erhalten haben, sind manche Aenderungen eingetreten, sowohl in äusserlichen Dingen, in Waffen und Kleidern, in Wagen und Geschirr, in Zierrathen, in Formen der Schrift, wie in den religiösen Emblemen und Symbolen, und in manchen Sitten und Gebräuchen. Seit dem Beginn der letzten Dynastie gewinnt ein früher nicht vorkommender Feuerdienst bedeutende Ausdehnung; seine Ceremonien finden sich häufig abgebildet, und Feueraltäre wurden in den Palästen aufgestellt. Auch in der Kunst machen sich einzelne Modificationen geltend; die Relieffiguren treten in der späteren Zeit mehr aus der Fläche hervor, die Platten sind meist grösser, den geschichtlichen Darstellungen werden regelmässig Erklärungen beigefügt. Doch zeigen sich im Ganzen mehr Schwankungen der Technik, indem die Ausführung zuweilen sorgfältiger, zuweilen flüchtiger, die Behandlung bald freier und naturgetreuer, bald mehr conventionell ist, als dass sich irgend wesentliche Fortschritte, oder ein erheblicher Verfall in der Kunstthätigkeit wahrnehmen liessen. Zu allen Zeiten wussten die Assyrischen Künstler sowohl die Handlungen in der Hauptsache, als die Nebenumstände und Localverhältnisse deutlich und charakteristisch darzustellen.

XVI.

Dass ausser der Theologie und der theologisch gefärbten Astronomie irgend eine Wissenschaft cultivirt wäre, davon haben wir keine Kunde. Selbst die Babylonische Priesterkaste übte nicht einmal die Arzneiwissenschaft aus. Wie weit esoterische Lehren die kosmogonischen und mythologischen Dichtungen vertieften, lässt sich nicht bestimmen, die Darstellungen und Inschriften religiösen Inhalts bezeugen nur die beständige Anwendung von Ritualien und gottesdienstlichen Gebräuchen, welche alle Handlungen, Ereignisse und Pflichten des Lebens in unauflösliche Verbindung mit der Religion brachten, und ihrem Einflusse unterwarfen. Die religiöse Beziehung fehlt nirgends, weder bei alltäglichen Verrichtungen, noch bei den höchsten Interessen des staatlichen Lebens. Die mystischen Speculationen, welche im Römischen Reiche den Ruhm der Chaldäischen Weisheit begründeten, verdanken ihre Entwickelung wahrscheinlich einer späteren Zeit und der Vermischung mit den Systemen der Iranischen Magier. Einer eigentlichen Litteratur und ihrer ausgebreiteten lebendigen Wirksamkeit stand schon die schwerfällige Schrift und ihr steinernes Material hemmend entgegen, welche für höhere Gegenstände religiös festgehalten wurden, als für die vorübergehenden Zwecke des Lebens bereits Cursivschrift und Papier oder Leder in Gebrauch gekommen waren. Noch der vorletzte König Sardanapal gründete in Ninive eine thönerne Bibliothek, wie eine Tafel besagt, zur Erleichterung der Kenntniss der Religion. Darunter haben sich neben theologischen eine Menge Stücke grammatischen Inhalts gefunden, Sylbenverzeichnisse, Wort- und Zeichen-Erklärungen, die für die Entzifferung der Keilschrift von grosser Wichtigkeit sind. Auch Sprache und Schrift waren Theile der Glaubenslehre, die Grammatik ein Dogma. Wie unbeweglich dabei Sprache und Styl wurden, zeigen die stereotypen Wendungen der Inschriften. Noch die Assyrischen Versionen in der Felseninschrift des Darius bedienen sich fast ganz derselben Ausdrücke, in denen vierhundert Jahre früher Sardanapal und Divanubara von ihren Thaten erzählten.

Die höchste nationale Institution, das Königthum, war auch vorzugsweise mit religiöser Weihe bekleidet. Wie sich in ihm alle Macht und Herrlichkeit des Volkes concentrirte, so stand der König unter dem unmittelbarsten göttlichen Schutze, er repräsentirte die Gottheit auf Erden, und vertrat zugleich als der eigentliche Hohepriester das Volk vor der Gottheit. Göttliche Symbole und Attribute schweben über seinem Haupte, seine Kleider, Waffen, Geräthe, alle seine Umgebungen sind mit ihnen geschmückt, göttliche Gestalten dienen ihm, oder umstehen ihn bei Vornahme heiliger Handlungen. Sein Palast ist zugleich der Tempel, erfüllt von Götterbildern, Altären und heiligen Emblemen. Zahllose Inschriften bekunden seinen Eifer und seine Verdienste um die Religion. Die bedeutungsvollsten Ceremonien nimmt er selbst vor, aber nur vor den höchsten Erscheinungen des Göttlichen, vor der geflügelten Figur im Kreise, die als Bild Gottes zu den Persern überging, oder vor dem heiligen Baume, welcher das uralte, weitverbreitete Symbol für die innere Lebenskraft der schaffenden Natur ist. Bei den Indern und Persern ist es der Baum, aus welchem der lebendige Saft des Weltalls, Soma oder Haoma quillt; im Paradiese der Genesis finden wir ihn als den Baum des Lebens wieder; in den Syrischen und Kleinasiatischen Mysterien spielte er eine wichtige Rolle, und ward zu Zeiten unter grosser Feierlichkeit in den Tempel der Göttermutter gebracht. Eine so selbständige Macht wie in den Kastenstaaten haben die Priester offenbar neben den Assyrischen Fürsten nicht behauptet. Wie auf der einen Seite der König selbst die priesterlichen Functionen übt, so ist auf der anderen seine Umgebung nicht die priesterliche der Inder und Aegypter. In seinem Palaste waren dem absoluten, durch keine priesterliche Gesetzgebung und keine feste Ständeordnung gebundenen Herrscher die nächsten seine Sclaven, die ihm in Aegypten gar nicht nahen durften. Die orientalische Etiquette und Serailsregierung erscheint in Ninive vollständig ausgebildet, wie ihre Formen nicht nur in die folgenden Reiche übergegangen sind, sondern sich wesentlich bis auf den heutigen Tag erhalten haben. Dass Sclaven und Hausbeamte hier die wichtigsten Personen wurden, beweisen namentlich die Eunuchen, die auf den Assyrischen Bildwerken zahlreich und in hervorragender Stellung auftreten. Ursprünglich zur Bewachung der Frauen bestimmt, wurden sie in Krieg und Frieden die beständigen und nächsten Gefährten der Könige. Sie erscheinen nicht nur als die vornehmsten Hofbeamten, sondern sind auch ausgezeichnete Krieger, Befehlshaber in den Heeren, Aufseher über Tribute und Beute, Schreiber des Königs und mithandelnde Theilnehmer an gottesdienstlichen Ceremonien. Wenn wir sehen, wie die Könige sie fortdauernd und vorzugsweise zu Organen ihrer Regierung machten, lässt sich vermuthen, dass hierbei die politische Absicht obwaltete, dem Einflusse mächtiger Familien und dem Streben der geistlichen und weltlichen Grossen nach der Erblichmachung von Aemtern und Würden entgegen zu wirken.

Von einer regelmässigen Sorge des Königs für die Handhabung von Recht und Gesetz, wie sie ihm die geistigere, mehr auf die moralische Ordnung gewendete Theorie der Kastenstaaten zur Hauptpflicht macht, findet sich hier nichts. Geschriebene Gesetze scheint es nicht in erheblichem Umfange gegeben zu haben; die Rechtsprechung wurde wahrscheinlich in kleineren Gemeinschaften nach Sitte und Herkommen geübt. Die Mächtigen und in höchster Instanz die Könige werden gelegentlich nach Willkür oder Bedürfniss eingegriffen haben, um Unrecht gut zu machen oder Unterdrückung abzuwenden; das ist im Orient zu allen Zeiten den Herrschern zum Ruhme gerechnet worden. Und sowohl in einzelnen Fällen, wie durch gegebene Beispiele verschafft das formlose, oft gewaltthätige und leidenschaftliche, aber doch uninteressirte Einschreiten einer ferner stehenden, höheren Macht, welches freilich in fester geordneten Zuständen eine unerträgliche Tyrannei sein würde, dem Recht des Schwachen Geltung gegen den Missbrauch der Gewalt. Die beständige Sorgfalt einer thätigen Regierung war nur auf zwei in engster Verbindung stehende Punkte gerichtet, auf die Erhebung der Abgaben oder Tribute, und auf den Krieg. In den grossen orientalischen Reichen pflegte das herrschende Volk steuerfrei zu sein; es wurden wohl den Königen Geschenke gebracht, es waren Dienste mancher Art zu leisten; vor allem lag ihm ja, wenn nicht ausschliesslich, doch vorzugsweise das Recht und die Pflicht der Kriegführung ob, aber eigentliche Abgaben wurden nicht entrichtet. Das war die Sache der besiegten und eroberten Länder. Diese mussten liefern, was sie Nützliches oder Kostbares zum Unterhalt und zum Luxus der Sieger beschaffen konnten. Das erobernde Volk zahlte keine Tribute, sondern erhob sie. Der Krieg durfte ihm nur Blut kosten, Schätze musste er ihm einbringen. Das grosse Gewicht, welches in Bildern und Inschriften auf Abgaben und Beute gelegt wird, die Kriegszüge, welche lediglich um ihrer willen unternommen wurden, die Brandschatzungen der unterwürfigen, die rücksichtslosen Plünderungen der widerspenstigen Städte beweisen, dass die für das Persische Reich constatirte Vertheilung der Lasten schon im Assyrischen hergebracht war. Nur war die Erhebung der Abgaben hier unregelmässiger, gewaltthätiger und roher. Sie erforderte fast überall zu ihrer Durchführung eine Armee, und diese sammelte Beute oder Steuer so gut für sich selbst, wie für den König.

XVII.

Das Assyrische Heerwesen erscheint wohl geordnet; bis auf die Griechische Zeit hat die Kriegführung im Orient kaum Fortschritte darüber hinaus gemacht. So wenig zuverlässig die Zahlenangaben sind, so ist es doch nach den Griechischen und Jüdischen Berichten, nach den Abbildungen und Inschriften der königlichen Paläste, und nach den gewaltigen Erfolgen der Assyrischen Waffen augenscheinlich, dass die Kriege mit grossen Massen geführt wurden. Man verstand mächtige Heere zu organisiren und zu bewegen, ungeheuere Märsche auszuführen, weit entlegene Länder zu erreichen. Das haben allerdings auch rohe Völker zu verschiedenen Zeiten sehr schnell gelernt, und in massenhafter Vereinigung unter besonderen Verhältnissen oder hervorragender Leitung mit vollendeter Missachtung des Menschenlebens staunenswerthe Resultate errungen, aber den augenblicklichen Erfolgen pflegte ein rascher Verfall zu folgen. Nur eine kräftige Ordnung und durchgebildete Tüchtigkeit vermag bei einem civilisirten Volke die Gewohnheit grosser kriegerischer Anstrengungen während einer langen Reihe von Jahrhunderten zu erhalten. Selbst bei unläugbarer Tapferkeit und guter körperlicher Uebung der Einzelnen ist die taktische Ausbildung der Truppen für das Massengefecht im Orient stets auf einer sehr unvollkommenen Stufe stehen geblieben, und höchstens durch enthusiastischen Ungestüm im Angriff ersetzt worden. Wenn man indessen die zuweilen auf den Monumenten vorkommende Ordnung der gesonderten Schlachthaufen und die gute Bewaffnung der Assyrier mit den Beschreibungen der Persischen Heere vergleicht, so scheinen jene auch in der Taktik und namentlich in der Befähigung für den entscheidenden Kampf in unmittelbarer Nähe keineswegs zurückgestanden zu haben. Trugen auch nur die vornehmeren Krieger vollständige Panzerhemden, deren eiserne Schuppen auf Zeug oder an Kupferbändern befestigt wurden, so waren doch auch die übrigen mit guten Schutzwaffen, namentlich durchgängig mit metallenen Helmen versehen. Als deckende Bekleidung scheint vielfach Leder verwendet zu sein. Selbst die Kleider und Waffen der gewöhnlichen Krieger waren nicht ohne Schmuck und Zierlichkeit, die der Vornehmen prachtvoll und künstlerisch gearbeitet. Es gab verschiedene Truppenkörper, Streitwagen, die vornehmste Waffe, Reiterei, Bogenschützen, Lanzenträger und Schleuderer. Die streitbare Macht ward von einem nicht minder zahlreichen Tross begleitet. Auf den weiten Märschen zum Theil durch öde Landstriche musste Proviant und Material aller Art mitgeführt werden. Könige und Grosse durften den üblichen Luxus und die gewohnte Umgebung nicht entbehren. Bei den häufig dargestellten Flussübergängen wurden vornehme Personen und Heergeräth auf Böten übergesetzt; die Pferde wurden einfach in das Wasser getrieben, die Menge der Krieger schwamm mit Hülfe aufgeblasener Schläuche hindurch. Besonders entwickelt zeigt sich die Belagerungskunst, die allein im Stande war, ernstliche Erfolge zu sichern. Denn wenn eine Feldschlacht nicht zu wagen, oder verloren war, überliess man das offne Land dem Feinde, und suchte sich nur in den grossen, festen Städten zu behaupten. Die Darstellungen der Assyrischen Denkmäler bestätigen und ergänzen das Bild, welches die Hebräischen Schriften von den Belagerungen entwerfen. Die Städte wurden mit Umwallungen eingeschlossen, Dämme gegen die Mauern aufgeschüttet, Sturmböcke und bewegliche Thürme heran gebracht, Schleudermaschinen aufgestellt. Wurden die Sturmleitern angelegt, so suchten Bogenschützen, von Schildträgern gedeckt, die Besatzung von den Mauern zu vertreiben; Reserven wurden zur Deckung gegen Ausfälle aufgestellt. Während des Sturmes pflegen verzweifelnde, um Gnade flehende Gestalten auf den Thürmen der Stadt zu erscheinen. Aber Milde ward selten geübt. Der gewaltsamen Einnahme folgten Plünderung und Gemetzel, zum Theil auch geregelte Executionen mit Enthauptungen, Pfählungen und anderen Martern. Schaaren von Menschen wurden mit anderer Beute abgeführt, und häufig die eroberten Städte dem Erdboden gleich gemacht. Wenn die Belagerungen wohl ausgerüsteter Plätze sich zuweilen Jahre lang hinzogen, musste durch die grossen Heere der Angreifer Elend und Verödung weit und breit über das Land gebracht werden. Auch die Sieger müssen in langwierigen Kriegen bei den weiten Entfernungen, dem Mangel an Strassen, den Schwierigkeiten der Verpflegung, ohne irgend eine ärztliche Fürsorge, ganz abgesehen von Gefechten und Stürmen, lediglich durch Anstrengungen, Hunger und Seuchen ungeheure Menschenverluste erlitten haben. Bedenken wir, wie selbst bei den Anstalten und Hülfsmitteln unserer Tage eine Armee durch einen Feldzug decimirt wird, wie die Napoleonischen Kriegsjahre die normalen Bevölkerungsverhältnisse Frankreichs auf mehr als ein Menschenalter hinaus zerrüttet und verschoben haben, so lässt sich nicht bezweifeln, dass die beständigen, grausamen und verheerenden Kriege jener Zeiten auf die wirthschaftlichen und sittlichen Zustände der Völker den entscheidendsten Einfluss geübt haben. Sie haben die Feindseligkeit nationaler Gegensätze zu der grimmigen Inhumanität gesteigert, die sich in der Kriegführung der Assyrier und in den Schriften der Israeliten ausspricht; sie haben durch das fortdauernde Uebergewicht der kriegerischen Neigung und Thätigkeit die wissenschaftliche Entwicklung überall, die industrielle nur nicht bei den wenigen Völkern zurückgedrängt, die sich wie die Phönicier und Babylonier regelmässig dem politischen Ehrgeize verschlossen; sie haben ein mächtiges Correctiv gegen das natürliche Wachsthum der Bevölkerung auf dem reichen, ergiebigen Boden gebildet; sie haben der Sclaverei und der Polygamie eine grosse Ausdehnung gegeben. Die Zeitgenossen bezeichnen ausdrücklich den gewaltsamen Tod so vieler Männer als Ursache der zunehmenden Vielweiberei; Jesaias schildert, wie nach verwüstendem Kriege sieben Jungfrauen einen Mann angehen; sie versprachen sich selbst zu nähren und zu kleiden, nur dass er ihnen seinen Namen gebe, und sie von der Schmach der Ledigkeit erlöse. Die Hebräischen Propheten malen mit ergreifenden Farben den Jammer, die Noth und die Grausamkeit dieser furchtbaren Kriege. Am höchsten schienen die Gräuel der Verwüstung um das Ende der Assyrischen Herrschaft zu steigen, als vor den Augen der bestürzten Welt die gewaltigsten und berühmtesten Städte untergingen, als im Laufe weniger Jahre das gefürchtete Ninive, das reiche Tyrus, das heilige Jerusalem der gleichen Zerstörung erlagen. Nach solcher Zerrüttung gab die Herrschaft der Perser dem erschöpften Orient Frieden.

Die Iranier.

XVIII.

Die westarischen oder iranischen Völker nahmen nach ihrer Ausbreitung in den Anfängen der Geschichte das Land Iran ungefähr in seiner heutigen Ausdehnung ein, von den Gebirgszügen, welche die Indusländer gegen Westen abschliessen, bis gegen den Tigris hin. Nur im Norden erstreckten sie sich über die Gränzen des jetzigen Iran hinaus; altarische Landschaften, wie Sogdiana und Hyrkanien lagen grossentheils in Gebieten, die jetzt als turanische bezeichnet werden, in Khiva und Bukhara. Die iranischen Arier scheinen sich nicht wie die indischen unter dem Namen der Arier (Arja) gemeinschaftlich begriffen zu haben. Doch finden sich vielfach entsprechende Formen. In den heiligen Schriften bedeutet Airja ehrwürdig oder trefflich, und Airjana das erstgeschaffene, heilige Land, dessen Umfang und Lage nicht näher bestimmt wird, Anairja dagegen schlechte, von Ahriman geschaffene Dinge überhaupt und dann besonders nichtarische Länder; das Volk wird einfach als das Volk Gottes bezeichnet. Die Armenier nannten die Meder Ari oder Arikh, woraus das heutige Irak geworden ist, Strabo die östlichen Landschaften, Baktrien und Sogdiana, Ariana. Bei einzelnen Stämmen, den Ariern und den Arimaspen, welche Herodot unter die Scythen versetzt und in einer seiner unglücklichen Etymologien zu Einäugigen macht, Diodor aber mit Zoroaster in Verbindung bringt und damit als Stammgenossen der

Baktrier bezeichnet, ward das Wort zum speciellen Volksnamen. Auch die Meder nannten sich nach Herodot in alten Zeiten Arier. Dieser Benennung entsprechend beweisen viele übereinstimmende Namen, Sagen, religiöse Gebräuche und Anschauungen, die nahe Verwandtschaft der Sprachen, namentlich des älteren Dialekts der sogenannten Zendsprache mit dem ältesten, vedischen Sanskrit, unzweifelhaft, dass die indischen und iranischen Arier von gemeinschaftlichen Ursprüngen ausgegangen und bis zu einer gewissen Stufe der Entwicklung mit einander fortgeschritten sind. Die indische Ueberlieferung erkannte auch diese Verwandtschaft an, indem sie die Baktrer (Bahlika) ihre Brüder verlassend, von Indien auswandern liess.

Das Gefühl nationaler Zusammengehörigkeit entwickelte sich bei den iranischen Völkern erst spät und in geringem Maasse. Die politische Verbindung blieb selbst im persischen Reiche sehr äusserlich. Die weite Erstreckung des Landes, Gebirge und Wüsten hielten die einzelnen Völkerschaften getrennt, die meisten sogar lange Zeit in kleine Stämme zersplittert. Namentlich schieden die Steppen, welche sich südlich vom Oxus, jetzt Amu Deria, im Westen Baktriens ausdehnen, und die grosse Salzwüste, welche sich östlich von Medien im Norden Persiens hinzieht, wesentlich die östlichen und westlichen Landschaften. Doch bildeten Sprache, Religion und Sitte die dauernde Grundlage eines nationalen Zusammenhanges. Fast gleichsprachig*) nennt Strabo die Meder und Perser mit den Baktrern und Sogdianern; und die Vergleichung der altpersischen Sprache auf den Denkmälern der Achämeniden mit den Zendschriften bestätigt sein Urtheil. Die Ausbildung und Verbreitung der gemeinsamen Religion ging von dem östlichen Ursitze des Volkes aus. Auch hier machten sich Unterschiede und Gegensätze geltend. Die Griechen berichten von den Persern mancherlei Gebräuche und Handlungen, die mit den Grundsätzen sowohl, wie mit

---

*) ὁμόγλωττοι παρὰ μικρόν.

speciellen Vorschriften der iranischen Offenbarung in directem Widerspruch stehen; und schon die heiligen Schriften bezeichnen gelegentlich die medische Stadt Rhagä als Sitz „des schlechten, übergrossen Zweifels", oder klagen, dass z. B. in Arrachosien das heilige Feuer durch Verbrennung der Todten verunreinigt werde. Indessen erweisen solche Rügen selbst, dass man doch die irrenden Stämme als Mitglieder der grossen Gemeinde des auserwählten Volkes betrachtete. Und gerade die wesentliche Uebereinstimmung der religiösen Anschauungen, der theoretischen Grundlagen des Lebens, war es, welche die iranischen Völker, wo immer ein regeres Leben, ein höheres, über das vegetirende Dasein hinausreichendes Bewusstsein erwachte, als eine geschlossene Familie constituirte, und sie sich allen übrigen Nationen, als Verehrern falscher Götter, des Ahriman und seiner Devs, und als Verächtern des reinen Gesetzes, gegenüber stellen machte. Die anderen Völker wurden unter dem Namen der Turanier zusammen geworfen, und diese Benennung vorzugsweise auf die Erbfeinde angewendet, die Reitervölker überwiegend mongolischer Rasse, welche die Gränzen der Baktrer und Sogdianer im Norden und Osten umschwärmten und beständig zu überschreiten strebten. Die wechselvollen Kämpfe mit den Turaniern von den Urzeiten her erfüllen die sagenhaften Ueberlieferungen des arischen Stammes, welche durchaus den östlichen Landschaften angehören, und hier noch von Firdusi für sein grosses Heldengedicht gesammelt wurden. Wenn einzelne Namen und Begebenheiten der westlichen Länder in diese Legenden Eingang fanden, so wurden sie doch gänzlich entstellt, aus dem geschichtlichen Zusammenhange gerissen, in andere Zeiten und Localitäten versetzt. Eine Deutung der Völkernamen ist in solchen Fällen eben so unmöglich, wie überhaupt die iranischen Sagen für eine Herstellung der älteren oder späteren Geschichte völlig unbrauchbar sind. Schon die Art und Weise, wie die wenigen Angaben der alten heiligen Schriften über Ereignisse der Urzeit in der späteren Dichtung ausgeführt und umgestaltet worden, macht das klar. Wie das Alterthum des Volkes von der Phantasie der Folgezeit aufgefasst worden, mag man aus der persischen Litteratur entnehmen, für eine historische Darstellung ist sie werthlos. Eine zusammenhängende Geschichte beginnt erst mit dem Reiche der Perser; aus der Vorzeit besitzen wir nur einzelne, zerstreuete Andeutungen.

XIX.

Wenn auch in den Zeiten, da diese Völker ihre weltgeschichtlichen Thaten vollbrachten, die menschlichen Rassen bei weitem nicht so gemischt waren, wie es namentlich im vorderen Asien seit den mongolischen Invasionen sowohl der Hunnen und Türken, wie der eigentlichen Mongolen geschehen ist, so dürfen wir uns doch die alte Bevölkerung Irans nicht gar zu gleichartig und reinen Blutes denken. Wie unter den benachbarten Scythen — die Perser nannten sie Saker — ohne Rücksicht auf Abstammung und Verwandtschaft, vielmehr nach den Wohnsitzen und der nomadischen, vorwiegend auf der Pferdezucht beruhenden Lebensart tatarische und indogermanische Volksstämme begriffen wurden, so fanden sich auch in den iranischen Ländern von Alters her Stämme mongolischer Herkunft, sei es, dass sie schon vor den Ariern in den Steppen umherschweiften, oder dass sie später aus dem Norden einwanderten. Und da die zweite, zwischen der persischen und babylonischen stehende Sprache, deren sich die Achämeniden schon von Cyrus an auf ihren Denkmälern bedienten, nach den Untersuchungen Haugs und Opperts entweder tatarisch ist, oder doch überwiegend tatarische Elemente enthält, müssen sie hier eine bedeutende Rolle gespielt haben. Zu den Mischvölkern arischer und tatarischer Rasse scheinen die Parther gehört zu haben. Dass Justin sie als ausgewanderte Scythen bezeichnet, würde nicht viel beweisen, da eben unter den Scythen auch indogermanische Völker aufgeführt werden, wie die Massageten, die nach des Cassius Dio und Ammianus ausdrücklicher Versicherung mit den Alanen ihrer Zeit identisch sind;*) wenn er aber angiebt, dass die Sprache der Parther aus der medischen und scythischen gemischt war, so kann bei diesem Gegensatze unter scythisch nur tatarisch verstanden werden, und wir können daher die tatarischen Keilschriften der persischen Könige namentlich auch auf die Parther beziehen. Eine andere folgenreiche Mischung, nämlich des arischen und semitischen Stammes ging im Westen vor sich. In Susiana (Elam oder Elymais), östlich vom unteren Tigris, wohnten unter den Iraniern zahlreiche Semiten, vielleicht von den ältesten Niederlassungen her, oder in Folge der dauernden und innigen Verbindung dieser Provinz mit dem assyrischen Reiche, welche aus den vielen, den mesopotamischen gleichen Ruinenhügeln und vorpersischen Keilinschriften erhellt. Durch die persische Herrschaft vorbereitet, erstreckte sich diese Mischung auch über das südliche Mesopotamien, als unter den parthischen und neupersischen Königen der Schwerpunkt der iranischen Reiche in diese blühenden, gewerbthätigen Gegenden fiel. Ihnen gehören die Pehlewisprachen an, die sich in mehrfachen Idiomen aus dem Zusammenwachsen semitischer und persischer Sprachelemente bildeten. Bei dem wirthschaftlichen Uebergewicht dieser Provinzen und dem dauernden Aufenthalte der Regenten in denselben scheint das Pehlewi unter den Arsaciden und Sassaniden zur officiellen Sprache geworden zu sein, und eine besondere Bedeutung erhielt es dadurch, dass die iranischen Religionsschriften darin übersetzt oder paraphrasirt wurden, und dass in Folge davon, da die alte Zendsprache fast ganz in Vergessenheit gerathen, kaum noch einzelnen Gelehrten verständlich war, die Pehlewischriften zu kanonischem Ansehn und zur allgemeinsten Verbreitung in der iranischen Litteratur gelangten. Aber die Annahme, dass das Pehlewi in den eigentlich arischen Ländern an die Stelle des Altpersischen und des Zend getreten wäre, ist unstatthaft. Vielmehr entstanden hier aus dem gramma-

---

*) Massagetae, quos Alanos nunc appellamus.

tischen Verfall der alten, formenreichen und consequent ausgebildeten Sprachen die verschiedenen Dialekte des Parsi, welche zwar den iranischen Bestandtheilen des Pehlewi entsprachen, aber keineswegs seine semitischen Elemente aufnahmen. Erst seit der mohamedanischen Zeit sind in das Neupersische semitische, nämlich arabische Worte in grosser Fülle übergegangen. Mit der allmäligen Mischung der Völker, mit der sprachlichen und politischen Einwirkung ging Hand in Hand der weitreichende Einfluss, welchen die iranischen Religionsvorstellungen auf das westliche Asien und später selbst auf die occidentale Welt geübt haben, wie umgekehrt die politischen Organisationen, die Kunst und Industrie der semitischen Völker, namentlich der Assyrier, in hohem Grade die Entwicklung der iranischen Länder bestimmt haben. Aber die ältere Bildung und Religion Irans müssen wir als reines Erzeugniss des arischen Stammes betrachten.

XX.

Da nicht nur unsere Kenntniss des ausgebildeten Religionssystems, sondern auch Alles, was wir von den frühesten Denkversuchen und Zuständen der iranischen Völker wissen, wesentlich auf den heiligen Schriften beruht, die den Namen Zoroasters tragen, so ist es nöthig zuerst auf diese einen Blick zu werfen. Die alten Religionsbücher, deren erhaltene Ueberreste Anquetil du Perron um 1770 nach Europa brachte, pflegen Zendavesta, ihre Sprache Zend, der spätere Parsidialekt Pazend genannt zu werden. Die Parsen sagen Avesta und Zend. Die unrichtige Form Zendavesta rührt von den Mohamedanern her, doch bemerkte der arabische Encyclopädist Masudi im zehnten Jahrhundert nach Christus richtig, dass Zend Erklärung und Pazend weitere Auslegung des Avesta bedeute. Avesta heisst unmittelbares Wesen oder göttliche Offenbarung, Zend Erklärung, und Pazend Gegenerklärung oder weitere Auslegung. Diese Ausdrücke bezeichneten also verschiedene Bestandtheile der heiligen Schriften, die dessen ungeachtet von der inconsequenten Tradition in ihrer Gesammtheit wieder als unmittelbar dem Zoroaster offenbart betrachtet wurden. Nach persischen und griechischen Berichten waren sie sehr umfangreich. Hermippus von Smyrna, der um 250 vor Christus über die Lehre der Magier schrieb, gab an, dass Zoroaster zwei Millionen Zeilen verfasst habe, das wären etwa hundert Octavbände. Ein altes Verzeichniss der Parsen giebt den Inhalt von 21 Büchern, Nosk oder Naçka, an. Danach handelten sie von der Glaubenslehre im weitesten Umfange, von Gott, guten und bösen Geistern, der Welt, den Menschen und ihrer Zukunft, enthielten das Ceremoniell und Ritual nebst Gebeten und Lobgesängen, erzählten die Geschichte Zoroasters und der Einführung seiner Lehre, umfassten die Sittenlehre nebst bürgerlichen Gesetzen, Recht und Staatsverfassung, beschäftigten sich auch mit den positiven Wissenschaften, der Astronomie oder Astrologie, der Physiologie und der Medicin. Von allen Büchern ist nur der Vendidad einigermassen in der alten Gestalt erhalten, ausserdem einige Sammlungen von Gebeten und Hymnen zum Gottesdienste, unter denen das Ipeschne oder Yaçna die bedeutendste ist, und einige Fragmente. Die Sage berichtet, dass die Bücher von Alexander dem Grossen verbrannt, und theils aus dem Gedächtniss wieder hergestellt, theils unter den Sassaniden wieder aufgefunden seien; sie scheinen indessen zu den Zeiten der griechischen und parthischen Herrschaft vorhanden gewesen zu sein. Es ist aber klar, dass eine so grosse Sammlung sich schwer erhalten konnte, als sie mit dem Verfall des Reiches grossentheils ihre Bedeutung verlor, als die Zahl der Gläubigen und die Macht des Priesterthums mehr und mehr zusammenschwand, und als selbst ihre Sprache vergessen ward. Man beschränkte sich sehr natürlich auf einige, für das religiöse Leben und den Gottesdienst besonders wichtige Stücke, und behalf sich im Uebrigen mit späteren Bearbeitungen oder Auszügen. Unter diesen ist der im Pehlewi geschriebene Bundehesch von besonderer Wichtigkeit, weil er eine vollständige Glaubenslehre enthält; nach manchen Spuren wird angenommen, dass er aus einer Zendschrift übersetzt worden. Die Pehlewibearbeitung gehört der Sassanidenzeit an, der Schluss ist erst in der arabischen Zeit hinzugefügt. Inwieweit dieses und andere spätere Werke mit den ursprünglichen heiligen Schriften übereinstimmen, oder von ihnen abgewichen sind, lässt sich meistens nicht mit Sicherheit beurtheilen, weil die letzteren zu unvollkommen erhalten sind. Manche Erzählungen sowie Dogmen sind offenbar erheblich umgestaltet oder weiter ausgebildet, wenn auch bei weitem nicht in dem Grade, wie es mit einzelnen Personen oder Begebenheiten der Urschriften in den neupersischen Dichtungen vom Schahnameh an bis in die letzten Jahrhunderte herein geschehen ist. Anquetil du Perron gab die Zendschriften nach der Erklärungsweise der jetzigen Parsen und ihrer Paraphrasen ohne Kenntniss der Sprache wieder; eine gründliche philologische Bearbeitung des Urtextes hat erst in neueren Zeiten namentlich durch Burnouf und Lassen begonnen.

Die ältesten Erinnerungen und Anschauungen scheinen ein Gemeingut der iranischen Stämme gewesen und von den einzelnen bei der Ausbreitung des Volkes aus den gemeinschaftlichen Ursitzen in die neuere Heimath mitgebracht zu sein. Sie betrachteten sich nicht als Autochthonen auf dem Boden, den sie bewohnten, sondern bewahrten das Gedächtniss an alte Wanderungen, fortschreitende Ausdehnung, allmäligen Uebergang vom Nomadenthum zu festen Wohnplätzen. Die Perser gaben noch zur Zeit des Ammianus Marcellinus an, dass sie einst Scythen gewesen, das heisst der Lebensart nach, also ein Wandervolk. Die Sage knüpfte die frühen Wanderungen und Niederlassungen des Volkes an den Namen des Dschamschid. Durch Verfolgungen der bösen Geister genöthigt, von allerlei Uebeln befallen, musste das Volk des Ormuzd einen gottgewiesenen Ort nach dem andern verlassen, bis es sich in den iranischen Landen festsetzte. Dschamschid durchzog die bis dahin öden Gegenden, „erfüllte sie mit Menschen, Thieren des Hauses und Feldes, mit fruchttragenden Bäumen und rothglänzenden Feuern". Mit seinem goldenen Dolche spaltete er das Erdreich, den Feldbau einzuführen, legte Städte, Burgen und Strassen an. Es war ein goldenes Zeitalter. Was Dschamschid befahl, das geschah, ihm und seinem Volke war ein langes Leben gegeben, „das Land war lieblich, vortrefflich und sehr rein", die Menschen waren gut und unschuldig, die Jugend voll Ehrfurcht und Bescheidenheit, „Niemand befahl mit Härte, kein Bettler war, kein Betrüger, der zum Dienste der Dews verführte, kein Feind im Finstern, kein grausamer Plager der Menschen". Nach dem Vendidad sollte Dschamschid bereits das spätere Gesetz in seiner Vollkommenheit einführen, fühlte sich aber zu schwach dazu, und daher ward die neue Offenbarung Zoroasters nothwendig. Die Folgezeit schmückte sein Leben mit zahllosen Legenden aus, legte ihm Thaten und Schicksale später Zeiten bei, liess ihn endlich nach tausendjähriger Herrschaft übermüthig von Gott abfallen und daher unglücklich enden, gegen das ausdrückliche Zeugniss des Vendidad, wo Ormuzd spricht: Dschamschid war rein vor mir, und: gross war Dschamschids heiliger Feuer. Die alte Tradition der heiligen Schriften kennt ihn nur in allgemeinen Zügen als ersten Ordner des Lebens, der Religion und der Sitte. Dschamschid oder Jima, Viwanghwats Sohn, entspricht dem indischen Todtenrichter Jama, verbunden mit seinem Bruder, dem Gesetzgeber Manu, den Söhnen Vivasvats (ein Name der Sonne). Die iranische Sage hat den Manu beseitigt, seinen Namen aber in dem Menschen, Mashja oder Maskja, erhalten, was gleich dem Sanskritschen Manushja den Manuiden, Sohn des Manu, bezeichnet.

Wenn die Zendsage schon die verschiedenen Landschaften Irans durch Dschamschid in Besitz nehmen liess, und die neupersische Dichtung das Land ihrer Helden wie ein Reich darstellt, so ist doch an eine politische Einheit der iranischen Völker im hohen Alterthum nicht zu denken. Sie bildeten gleich den indischen Ariern eine Menge grösserer und kleinerer Gemeinwesen, und blieben in den meisten Gegenden lange Zeit sowohl in der staatlichen Organisation, wie in jeder Art der Cultur auf einer niedrigen Stufe der Entwicklung stehen, in einfachen Verhältnissen nach Beschaffenheit ihres Bodens Ackerbau oder Viehzucht treibend, zum Theil nomadisirend, wie noch heutigen Tages nicht bloss die Steppen, sondern auch die angebauten Gegenden Persiens neben der ansässigen Bevölkerung von wandernden Stämmen durchzogen werden. Das erste grössere Reich consolidirte sich nach den übereinstimmenden Erzählungen der Griechen und Orientalen in Baktrien, dem fruchtbaren Flussgebiete des oberen Oxus und seiner Zuflüsse am nördlichen Abhange des Hindukusch, vielleicht schon in Zeiten, ehe noch die Stammgenossen zu den westlichen Gränzen vorgedrungen waren. Denn es war das östlichste, wahrscheinlich zuerst in festen Besitz genommene, iranische Land; von ihm mochten daher bei wachsender Volksmenge die ferneren Niederlassungen ausgehen. In der reichen, zum Anbau trefflich geeigneten, durch keine Naturgränzen getheilten Landschaft wurde eine zusammenhängende, staatliche Organisation zur Nothwendigkeit, um die beständigen Angriffe der turanischen Völker vom Osten und Norden her abzuwehren. Hier wurde die älteste der grossen iranischen Städte, Baktra oder Balkh, erbaut. Hier bildete sich ein geordnetes Priesterthum, von dem die weitere Entwicklung der iranischen Religion ausging.

XXI.

Auch dem altiranischen Göttersysteme, wie sich dessen Spuren in den heiligen Schriften erhalten haben, lagen die Weltkörper, die grossen Erscheinungen, Räume, Kräfte und Theile der Natur zum Grunde. Himmel und Erde, Feuer und Wasser, Sonne, Mond und Sterne wurden als göttliche Wesen verehrt, die physikalischen Phänomene als ihre Offenbarungsformen betrachtet, die ganze Natur als von ihnen oder geringeren Mächten belebt und beseelt gedacht. Wie unter den indischen Naturgottheiten wurden nach den ihnen zugeschriebenen, heilsamen oder verderblichen Einflüssen gute und böse Wesen unterschieden, letzteren namentlich die unwirthbaren Wüsten als Wohnsitze angewiesen, von wo aus sie die Menschen mit ihren Schrecknissen überzogen. Neben den übereinstimmenden Grundanschauungen scheint von Alters her ein bewusster Gegensatz gegen die indischen Lehren ausgebildet zu sein, indem nicht nur die indische Götterbezeichnung Diva im allgemeinen auf die bösen Dämonen, Dews, übertragen, sondern auch altindische Götter, wie Indra selbst, namentlich unter die Dews versetzt wurden. Dies geschah wohl nicht erst in dem zoroastrischen System, ward hier vielmehr schon als bekannt, als ein Bestandtheil und Motiv der älteren Sagen vorausgesetzt.

Die Reform Zoroasters können wir uns in ihren Gründen und Resultaten noch recht gut vergegenwärtigen. Wie jede neue und reformatorische Idee auf den vorhandenen Anschauungen fusst, von dem Entwicklungsgange, dem Bildungsstande und den Bedürfnissen ihres Zeitalters beherrscht wird, so ging auch der Stifter des neueren iranischen Systems von den vorgefundenen religiösen Vorstellungen aus. Es war die Zeit gekommen, dass die physischen und vereinzelten Mächte den theologischen und ethischen Anforderungen der vorgeschrittenen Speculation nicht mehr genügten. Das erklärt den baldigen Eingang und die Verbreitung der tieferen Lehre nicht nur auf dem Schauplatze ihrer Entstehung, sondern unter allen Völkern Irans, wo neben den ähnlichen Voraussetzungen der Theorie ein alter Zusammenhang der Priesterschaften ihre Einführung erleichtern mochte. Zoroaster stellte der überwiegenden Naturseite der alten Götter die sittliche Bedeutung der Geisterwelt, den zerstreuten Dämonen einen einigen Gott gegenüber. Die früheren Götter behielten zwar kosmische Wirkungskreise in der Körperwelt, wurden aber mit ethischen Eigenschaften ausgestattet, und dem höchsten Wesen als erschaffene und abhängige Agenten in verschiedenen Rangclassen, wie die Engel in der jüdischen Angelologie, untergeordnet. Nach der Darstellung der heiligen Schriften hatte der wahre Gott von Anbeginn die Schicksale seines Volkes gelenkt, sich auch nicht unbezeugt ge-

lassen, sondern sich schon in der Urzeit dem weisen Hom
und dem glänzenden Dschamschid offenbart; aber die Menschen
waren der höheren Erkenntniss noch nicht fähig gewesen,
darum war er verborgen geblieben, und trat erst mit der
Offenbarung des vollkommenen Gesetzes an Zoroaster für
die Verehrung der Welt hervor. Die Befreiung von jeder
physikalischen Eigenschaft, jedem kosmischen Symbol, jeder
speciellen Sphäre der Thätigkeit, und schon der Name Ahura-
mazdar, woraus die Parsiform Ormuzd geworden ist, beweisen, dass dieser geistige Gottbegriff nicht von den spontanen
Denkversuchen einer primitiven Weltanschauung ausgehen,
sondern nur das Resultat einer entwickelten, reflectirten Speculation sein konnte. Ahura heisst der Lebendige, Mazdar
der Weisheitspendende. Wir können den iranischen Ormuzd
mit demselben Rechte wie den jüdischen Jehovah schlechthin Gott nennen. Ihm gegenüber wurde in der neuen Lehre
auch dem negativen Reiche des Bösen oder der Finsterniss
ein abstractes Oberhaupt gegeben, Ahriman, der Arges Sin-
nende. In wie weit der Ausbau des Systems seinem Stifter,
oder seinen späteren Bekennern angehört, lässt sich nicht
bestimmen. Die Sage, welche es überall liebt, Ueberlieferungen
und Werke des Alterthums an einen grossen Namen zu
knüpfen, schrieb die heilige Litteratur in ihrer Gesammtheit
dem Zoroaster zu. Dass so umfangreiche, alle Interessen des
irdischen wie des zukünftigen Lebens befassende Schriften
nur einem ausgebildeten Priesterthum und längeren Zeiträumen
ihre Entstehung verdanken konnten, ist an sich klar; die bedeutende Verschiedenheit der Sprache beweist sogar, dass die
Abfassung der Zendschriften in erheblich getrennte Zeiten
fiel. Die Form ist durchgehends, dass Zoroaster fragt, und
Ormuzd, bisweilen auch der Geist eines Verstorbenen, oder
sonst ein Engel des Lichts belehrend antwortet. Auch die
heiligen Gesänge werden meist als offenbart bezeichnet. Einzelne Gebete, wie solche, in denen er rein persönliche Verhältnisse berührt, seiner Anverwandten gedenkt, sich mit

Herz des Königs lenke, oder einen Grossen günstig für sein heiliges Werk stimme, und einzelne Sprüche besonders alterthümlicher Färbung, wie die zehn Gebote im Vendidad übe den Anbau der Erde, mögen in der That von Zoroaster her rühren. In anderen Liedern nennt sich der Betende ausdrücklich einen Schüler Zoroasters. Ob in jenen Zeiten schon geschrieben worden, lässt sich wohl bezweifeln; wahrscheinlich wurden Hymnen, Gebete und kurze Sprüche, in denen religiöse Ideen Vorschriften oder Erinnerungen niedergelegt waren, gleich den älteren Theilen der indischen Veden anfänglich mündlich fortgepflanzt. Von einer altiranischen Schrift wissen wir nichts; die erhaltenen, verhältnissmässig späten Formen sind theils aus semitischen, theils aus indischen Alphabeten entlehnt. Dass aber Zoroaster, im Zend Zarathustra, dass heisst ein Lobsänger, eine wirkliche, historische Person gewesen, lässt sich nicht mit Grund bestreiten. Freilich ist er im Orient wie im Abendlande ein Gegenstand der verschiedenartigsten und willkürlichsten Dichtungen geworden

XXII.

Das Land, in welchem Zoroaster auftrat, wo die Zendsprache gesprochen und die Zendbücher geschrieben wurden, kann nicht zweifelhaft sein. Die heiligen Schriften selbst und alle alten Ueberlieferungen geben unzweideutig Baktrien an. Wenn der iranische Prophet im Westen zu einem Meder gemacht wurde, so erklärt sich das leicht daraus, dass dem Occident die Meder und ihre Magier geläufiger waren, als die fernen Baktrer. Uebrigens nennt auch eine alte Sage, während sie Baktrien als den Schauplatz seiner Thaten angiebt, das medische Urmia als den Geburtsort Zoroasters. Desto mehr ist über sein Zeitalter gestritten worden. Noch in neuester Zeit ist die Ansicht wiederholt dass er ein Zeitgenosse des Darius Hystaspis gewesen. Ihr Vertheidiger von Anquetil du Perron und Klauker bis au Röth berufen sich wesentlich auf die Uebereinstimmung de zoroastrischen Königs Gustasp oder Vistaçpa mit dem Namen

Hystaspis und auf die spätere morgenländische Chronologie. Danach würde allerdings, wenn man von den Sassaniden zurückrechnet, Zoroaster ungefähr in das Jahrhundert des Darius fallen, nach der dem Bundehesch angehängten Uebersicht aus der arabischen Zeit sogar noch weit später, etwa um 300 vor Christus. Aber diese phantastischen und weit von einander abweichenden Zählungen verdienen gar keine Berücksichtigung. Da folgt Gustasp auf die mythischen Namen der Urzeit; die grossen Könige der Meder und Perser werden gar nicht erwähnt; nach Gustasp kommen ein paar ganz bedeutungslose Namen, dann erscheint Sikander Rumi, Alexander der Grosse, als Enkel des Dahrab, der den Darius Codomannus repräsentiren mag, und ihm folgen sofort die Arsanuiden und Sassaniden. Ausser den letzten nationalen Dynastien hatte sich bei dem gänzlichen Mangel historischen Sinnes in dem Angedenken des Volkes nichts erhalten, als was in den Religionsschriften erwähnt war, oder mit ihnen in Verbindung stand. Neben dem Vergessen der geschichtlichen Vergangenheit trug zur Herabdrücknng der Zeit Zoroasters wahrscheinlich der Umstand bei, dass er am Anfange des letzten Weltalters von 3000 Jahren gelebt haben sollte; da nun die Vorzeichen des erwarteten Weltunterganges noch nicht erschienen, lag es nahe die Zeit bis zum Beginn der Periode zu verkürzen. Chronologie und Geschichtskunde standen der priesterlichen oder dichterischen Anordnung nirgends im Wege. Um das unläugbare Auftreten Zoroasters in Baktrien neben dem Darius oder dessen Vater zu rechtfertigen, haben europäische Gelehrte mit einer Willkür, die der persischen Märchendichtung würdig ist, den Hystaspis, welchen die Geschichte nur als einen persischen Grossen im Heere des Cyrus erwähnt, zum Unterkönige von Baktrien gemacht. Endlich ist gar das angebliche Alter der angeblich von Zoroaster gepflanzten Wallfahrtscypresse, welche der Chalif Motawakkel in Khorassan umhauen liess, für die Hypothese angeführt; es ist wohl klar, dass die 1400 Jahre des Baumes nach der gangbaren Chronologie gebildet und nicht unabhängig überliefert worden sind. Die Versetzung Zoroasters unter die Regierung des Darius ist aus äusseren und inneren Gründen durchaus zu verwerfen. Die Griechen gaben ihm ein Alter von 1100 bis über 6000 Jahre vor Christus. Unmöglich könnte Plato die alte Lehre der Magier, nach Aristoteles die älteste in der Welt, auf ihn zurückführen und ihn einen Sohn des Ormuzd nennen, wenn er in demselben Jahrhundert mit ihm gelebt hätte. Unmöglich könnte ihm dann Aristoteles ein Alter von 6000 Jahren zugeschrieben haben. Eben so wenig hätte in den babylonischen Annalen ein Zeitgenosse des Darius zum Repräsentanten der uralten arischen Herrschaft in Mesopotamien werden können. Eine andere Erzählung machte ihn zu einem baktrischen Könige in des Ninus Zeit. Der Vater des Gustasp wird Lohrasp genannt, und bauete Balkh, „die Mutter der Städte"; der Vater des Hystaspis war nach den Inschriften des Darius Arsames, ein Perser aus dem Geschlechte der Achämeniden, deren Stammvater Hakamanisch auch nichts mit dem Dschamschid zu thun hat, sondern der fünfte Vorfahre des Darius, also ein Zeitgenosse des assyrischen Essarhaddon und des medischen Phraortes war. In den heiligen Schriften geschieht der Perser und Meder — mit Ausnahme der einzigen Stadt Rhagä — gar keine Erwähnung, dagegen gehören alle erkennbare Namen aus des Gustasp Reich dem östlichen Iran an. Wie von den Thaten wissen sie auch nichts von den Nachbaren der westlichen Stammgenossen; die nicht iranischen Völker werden unter den unbestimmten Bezeichnungen der Turanier und der Tapians begriffen. Die geschichtlichen Züge sind nur aus den Urzeiten des Volkes entlehnt. Hierzu kommt die Verschiedenheit der Sprachen, in welchen die Zendbücher und die Inschriften der Perserkönige verfasst sind. Und was endlich den Inhalt der heiligen Schriften betrifft, so setzen die Angaben und Vorschriften derselben über bürgerliche Einrichtungen, Urbarmachung des Landes, Reichthum und Werthschätzung, Cultur- und Verkehrsverhältnisse so einfache, wenig entwickelte Zustände voraus, dass dabei in keiner Weise an die Zeiten des persischen Reiches gedacht werden kann. Andere, welche mit Recht die heilige Litteratur der Baktrer dem hohen Alterthum zugeschrieben, haben die Sage von der Ueberwindung des Gustasp durch die Turanier auf die assyrische Eroberung Irans gedeutet, und nach der Zurückführung dieser Eroberung auf Ninus das Zeitalter Zoroasters zu bestimmen gesucht, da indessen eine wirkliche und dauernde Beherrschung des östlichen Iran durch die Assyrier schwerlich angenommen werden kann, und der Feldzug gegen die Baktrer erst dem Könige Divanubara, dem Sohne Sardanapals, wahrscheinlich im neunten Jahrhundert zuzuschreiben ist, lassen sich auch hieraus keine haltbaren Schlüsse ziehen. Den einzigen zuverlässigen Anhalt gewähren die sprachlichen Untersuchungen, und deren Resultat kann natürlich nur ein sehr ungefähres sein. Die Analogie der Anschauungen und der Sprachformen, die Aehnlichkeit der Wort- und Satzfügungen, selbst der Versmaasse in den Liedern lassen annehmen, dass die ältesten Theile der baktrischen Religionsschriften und die ältesten Stücke der Veden ungefähr denselben Zeiten, der gleichen Entfernung von dem gemeinschaftlichen Ursprunge beider Völker angehören. Danach könnte das Auftreten Zoroasters und der Anfang der Zendlitteratur in das funfzehnte Jahrhundert vor Christus fallen. Einer solchen Annahme würden wenigstens keine Thatsachen widerstreiten, mehr lässt sich aber auch nicht sagen.

XXIII.

Zoroaster, aus dem Königsgeschlechte Fariduns, zog sich nach der Sage dreissig Jahre alt in die Einsamkeit des Gebirges zurück, empfing dort während eines Aufenthaltes von zehn Jahren das Gesetz, die Offenbarung seines Gottes, und trat dann in Baktrien auf, wo er noch sieben und dreissig Jahre gelebt haben soll. Anfänglich widerstrebten die Priester der neuen Lehre, erst allmälig gewann er Anhänger, endlich den König Gustasp selbst. Seitdem breitete sich seine Religion schnell aus. Er selbst soll schon Feueraltäre in

Khorassan und in Urmia gegründet haben. Wie Christus und Mohamed lehnte er es ausdrücklich ab die Göttlichkeit seiner Sendung durch Wunder zu erhärten. Lies die Offenbarung, so brauchst du keine Wunder, antwortete er, als Gustasp Zeichen von ihm verlangte. Seine Nachfolger schrieben ihm trotzdem eine Menge von Wunderthaten zu. Der Inhalt seines Glaubens, sein theologisches und ethisches Wissen, wird ihm in der felsenfesten Ueberzeugung von dessen ewiger Nothwendigkeit so sicher als gegebene Wahrheit, als unmittelbare Offenbarung seines Gottes erschienen sein, wie nur irgend einem begeisterten Theosophen. Von den Grundanschauungen aus wurde dann im Laufe der Zeiten durch die fortschreitende Speculation das System für die Theorie und Praxis zu der weiteren Entwickelung geführt, wie sie in den Zendschriften vorliegt. Zoroaster knüpfte an den alten Glauben seines Volkes an; er war nicht gekommen aufzulösen, sondern zu erfüllen. Er behauptete nichts Neues zu lehren, vielmehr dieselbe alte Offenbarung zu verkünden, welche schon den Heiligen und Weisen der Vorzeit zu Theil geworden, nur klarer und vollständiger ausgesprochen, wie es das zunehmende Verderben der Welt erforderte; denn nach alter Menschensitte hielt auch er seine Zeit für die schlechteste, betrachtete die idealisirte Vergangenheit als näher dem Göttlichen. Namen und Bedeutungen von Göttern, die Scheidung der übersinnlichen Welt in ein Reich des Lichts und der Finsterniss, auch manche religiöse Vorschriften, Ritualien und Gebräuche sind unzweifelhaft aus älterer Zeit in das zoroastische System herüber genommen. Den Feuercultus hat schon Dschamschid eingeführt. Das Feuer blieb das heilige Symbol der in ihm gegenwärtigen Lichtgottheit, vor welchem die feierlichen Gebete und Ceremonien vorgenommen wurden. Ebenso war uralt der Gebrauch des Haoma, im Parsi Hom; wie das indische Soma, mit dem es offenbar gleichen Ursprungs ist, war es ein Pflanzensaft, in welchem die Lebenskraft der Natur concentrirt gedacht, welcher anfänglich den Göttern als wohlgefälliges Opfer gespendet ward. In Indien trat später das Somaopfer als ein veralteter Gebrauch zurück, im zoroastrischen System blieb es ein regelmässiger Bestandtheil des Gottesdienstes, erhielt aber eine veränderte Deutung. Die Pflanze wurde mit dem Propheten Haoma oder Hom identificirt, dem ältesten, der die göttliche Offenbarung erhalten, und dem grössten, der vor Zoroaster aufgetreten war. Er wurde als der Stifter der Ormuzd-Religion betrachtet, als ein Schutzheiliger des Volkes, als sein Fürsprecher und Vertreter vor Gott verehrt, und aus dem Opfer ward eine Feier zu seinem Gedächtnisse. Der Homsaft, welchen der Priester unter Gebet aus dem heiligen Kelche trinkt, und das geweihte Brod, auch in der Form der Hostie ähnlich, welches er dabei geniesst, gelten als Leib und Blut des Propheten. „Ich," spricht sein Geist zum Zoroaster, „bin der reine Hom, der den Tod entfernt; wer mich isset, indem er mit Inbrunst zu mir redet, und demüthiges Gebet mir opfert, der nimmt von mir alles Gute in der Welt." Die Aehnlichkeit mit der Abendmahlsfeier bemerkte schon der Märtyrer Justinus; er meint, die bösen Dämonen wollten damit der heiligen Handlung spotten. Die Parsen legen bis auf den heutigen Tag einen sehr hohen Werth auf diese Ceremonie. Ob der Gottesfreund Hom eine blosse Personificirung des Lebensbaums und der lebendigen Naturkraft war, oder ob bei diesem Namen an einen wirklichen Vorgänger Zoroasters zu denken, auf dessen geheiligtes Ansehen er sich berufen konnte, das lässt sich natürlich nicht entscheiden.

Als neu dürfen wir in der Glaubenslehre der heiligen Schriften betrachten theils die streng monotheistische Idee, theils die starke Betonung und systematische Ausbildung des ethischen Momentes, durch welche die iranische Religion characterisirt wird.

XXIV.

Allerdings wird Ormuzd unter den sieben Amschaspands, den höchsten der Lichtwesen mit begriffen; diese Siebenzahl scheint uralt gewesen zu sein, und ging vielleicht von Sonne, Mond und Planeten aus, obwohl die letzteren in keiner Verbindung mehr mit den zoroastrischen Amschaspands stehen. Aber Ormuzd ist nicht etwa nur der erste und höchste unter den Genossen, ist nicht nur quantitativ in Macht und Grösse von den übrigen unterschieden, sondern steht ihnen qualitativ als ein ganz anderes Wesen gegenüber. Sie sind wie die geringeren Geister des Lichts erschaffene Wesen, zwar die ersten in dem „Volk der Heerschaaren", doch völlig untergeordnet ihrem Schöpfer, seine Diener und Creaturen, durch ihn in das Dasein gerufen, durch ihn erhalten und zur Thätigkeit bestimmt. Ormuzd allein ist von Ewigkeit her; „mit ihm begann die Zeit, er ist und wird sein ohne Aufhören." Er ist der Schöpfer und Regierer der Geister, wie der Sinnenwelt, mit allen anthropomorphischen und metaphysischen Attributen ausgestattet, die dem einigen, persönlichen Gotte zukommen, allmächtig, allwissend und allweise, gütig, gerecht, heilig, Quell des Lichts, Grundkraft der Thätigkeit, das All und der Träger des Alls. Er befiehlt dem Zoroaster seinen Namen in der Welt, die durch seine Macht gehalten wird, zu verkünden, und auf die Bitte ihn diesen Namen in seiner ganzen Kraft zu lehren, antwortet er: „mein Name ist: Liebe gefragt zu werden, Grund und Mittelpunkt aller Wesen, allvermögende Kraft, reine himmlische Natur, Grundkeim alles Guten, Verstand, Weisheit, Wissenschaft, und das alles gebend, ein König, der der Menschen Heil sucht, Uebel abwendend, nie ermüdend, ein Richter der Gerechtigkeit, der Alles sieht, Grund der Möglichkeit und Wirklichkeit, der nicht trügt und nicht betrogen werden kann, mein Name ist das Wort von Allem und in Allem, mein Name Jetzt und Alles." „Ich bin es — spricht er an einer anderen Stelle — der den weiten Sternenhimmel im ätherischen Raume hält, der macht, dass er in die Tiefe und Weite das Licht ausstrahlt, welches einst mit Nacht bedeckt war; durch mich ist die Erde geworden zu einer Welt von Dauer und Bestand; ich bin es, der den Glanz von Sonne, Mond und Sternen durch die

Wolken leuchten lässt; ich bin der Schöpfer des Samenkorns, das nach der Verwesung in der Erde neu ausbricht und sich vermehrt ins Unzählige; durch meine Kraft ist in Allem ein Feuer des Lebens, das nicht verzehrt; ich bin es, der lebendige Frucht in die Mutter legt nach ihrer Art, der Wasser in den Tiefen schafft und in den Höhen, damit die Welt getränket werde, ich bin es, der den Menschen schafft; will er sich erheben durch die unsichtbare Kraft des Lebens, die ich in ihn gelegt habe, so kann kein Arm ihn niederdrücken; ich bin der Schöpfer aller Wesen." In Lobgesängen wird er angerufen als „lebend im Urlicht, umgeben von Glanz und Seligkeit, du, die Weisheit selbst, König alles Vortrefflichen, alles Heiligen, aller reinen Geschöpfe!" oder als „Glanzlicht, über Alles erhaben, ewiger Quell der Sonne." In einem anderen heisst es: „ich erhebe deine Grösse, o Ormuzd, gerechter Richter, lichtglänzend in Glorie, Allwissender, Wirkender, Herr der Herren, König der Könige, grosser, starker König, der du seit Urbeginn barmherzig bist, freigebig, reich an Güte, mächtig, weise, rein, Nährer, Erhalter alles dessen, was ist, König der Herrlichkeit, dessen Herrschaft ohne Wandel ist."

Neben diesem Gotte war für keinen anderen Raum. Die himmlischen Heerschaaren, die Ormuzdgeschaffenen, sind nur Diener seines Willens, Vollzieher seiner Rathschlüsse. Sie haben keine selbständige Bedeutung, nur auf ihres Schöpfers Befehl, als Verherrlicher seiner Allmacht oder als bestellte Wächter und Schutzgeister seiner Welt, werden sie verehrt. Die Hymnen, welche ihnen geweiht sind, beginnen regelmässig mit einer Anrufung des Höchsten, und nicht selten wird sogar für sie zu Gott gebetet. Sehr gewöhnlich ist die Wendung, Ormuzd möge durch diese seine Engel die Bitte des Betenden erfüllen, oder die andere, dass der Engel das Gebet vor den Thron Gottes bringen möge. Wie die ganze Natur eine Offenbarung Gottes ist, in ihm und durch ihn lebt, so werden seine Geister als verbunden mit einzelnen Kräften oder Theilen der Sinnenwelt gedacht. Freilich gehen die geistigen Wesen nicht in den körperlichen Dingen auf, sind nicht fetischartig an sie gebunden, was die ältere Vorstellung gewesen sein mag, vielmehr haben sie wie Ormuzd selbst eine ausserweltliche Existenz, in welcher noch der eigentliche Geist, der Feruer, von dem ätherischen Lichtleibe unterschieden wird, auch war das Geisterreich lange vor der Körperwelt erschaffen, aber dennoch standen die überweltlichen Mächte in einer besonderen Verbindung mit den Erscheinungen der Welt, die als ihre Wirkungskreise, ihre Abbilder, ihre Offenbarungsformen, als durch sie belebt und beseelt betrachtet wurden. Die Welt war nach den ältesten Speculationen in allen ihren Theilen belebt. Feuer, Wasser, Berge, Quellen, Bäume, die Erde und die Gestirne werden als lebendig dargestellt, als göttliche Wesen angerufen, diese Personificirung sogar auf reine Abstractionen und ganz unkörperliche Vorstellungen übertragen, wie auf Tages- und Jahreszeiten, auf die Zeit an sich, auf das Gesetz, auf das Wort Gottes. Mystisch unklar, phantastisch und widerspruchsvoll, bald in poetisch-sinnlichen Bildern, bald in abstracten Gedankenbestimmungen werden die irdischen Dinge zuweilen ganz mit den geistigen Mächten identificirt, dann wieder als abhängig und regiert von ihnen geschieden, oder ihnen als ihren Prototypen, ihrem urbildlichen, wahren Sein, ihrer präexistirenden Idee im Reiche Gottes gegenüber gestellt. Aber stets haben die Geister oder Engel des Herrn neben der physikalischen oder kosmischen eine andere und vorwiegende Bedeutung in der moralischen Ordnung der Welt, die auch wieder auf die ihnen heiligen, oder durch sie geheiligten irdischen Dinge übertragen wird, und um so mehr hervortritt, je höher der Rang ist, den sie in der himmlischen Hierarchie einnehmen. Diese ihre sittliche Bestimmung gilt namentlich dem Kampfe gegen das Böse, das Reich der Hölle, und der Hülfe, welche sie darin den Menschen gewähren.

XXV.

Die Engel und Schutzgeister des Lichts, „die siegesstarken Helden", im Streite wider das Reich der Finsterniss, heissen Ipeds, und das wird erklärt als die Fürbittenden, die Vertretenden, die Mittler zwischen Gott und den Menschen. Im weiteren Sinne sind auch die sechs Amschaspands, die Erzengel, welche am nächsten am Throne des Höchsten stehen, Ipeds. Aber diese wirken nicht unmittelbar, sondern wie Gott selbst nur durch Legaten in der irdischen Welt; sie sind Ipeds des Himmels, diejenigen dagegen, die sich direct in der Welt der Erscheinungen bethätigen, Ipeds dieser Welt. Der vornehmste und mächtigste unter den letzteren, der, dessen Ormuzd selbst sich vorzüglich als seines Abgesandten bedient, ist Mithra, erscheinend im Morgenstern. Er hiess daher im prägnantesten Sinne der Mittler. Plutarch missverstand dies, als ob Mithra ein mittleres Wesen zwischen dem Guten und Bösen, zwischen Ormuzd und Ahriman wäre. Er war eben nur der höchste Mittler zwischen Gott und der Menschheit, und wenn nicht zu bezweifeln ist, dass sich trotz des unbedingten Monotheismus der heiligen Schriften die gewöhnliche Verehrung des Volkes mehr den untergeordneten, aber fasslicheren, den Menschen näherstehenden Willensmächten zuwendete, als dem abstracten, fernen, für das tägliche Leben zu erhabenen Gott, so nahm Mithra wahrscheinlich in den Vorstellungen der Menge den höchsten Platz ein. Zwar nicht in den iranischen Religionsschriften, aber vielleicht schon in vorzoroastrischer Zeit galt er als ein Sonnengott, da auch in Indien die Sonne unter dem Namen Mitra verehrt ward, jedenfalls wurde er zum Sonnengott in den Ländern des Mittelmeers, als die Religion der Magier sich im Westen ausbreitete und hier mit Anschauungen aus dem ägyptischen und syrischen Glaubenskreise zusammenschmolz. Der Gedanke der Zendbücher, dass Mithra der Befruchter der Erde, der Aufseher über die niederen Geister und ihre Vereinigung mit irdischen Körpern, dass seine Wirksamkeit auf Erden daher mit dem Tode des Urstiers begann, dem erstgeschaffenen Thier, aus dem sich das gesammte organische Leben des Pflanzen- und Thierreiches entfaltete, wurde in den Mithramysterien, die im römischen Kaiserreiche, in Frankreich und Italien, wie in Asien gefeiert wurden, in dem vielfach abgebildeten Stieropfer symbolisirt. In einer Höhle, welche die Welt vorstellt, und wie sie nach der späteren Sage schon Zoroaster in der Einsamkeit des Gebirges dem Mithra geweiht haben sollte, umgeben von kosmogonischen Emblemen vollzieht der Gott das Opfer des Stiers, und verleiht dadurch der Erde die Fruchtbarkeit. Wie Osiris und Adonis wurde Mithra im Aufgang und Niedergang mit dem Sonnenlauf identificirt. Am 25. December wurde sein Geburtsfest begangen, der Geburtstag des unbesiegten Sonnengottes. In jener Welthöhle wurde das Sonnenkind geboren, und von den reinen Geschöpfen des Ormuzd, wie Stier und Esel, verehrt. Der Tag und die Darstellung sind in das Christfest übergegangen. Ein wahrer Heiland der gläubigen, ihn verehrenden Menschen ist Mithra schon in den Zendschriften, gleich dem Geiste Homs „nicht ferne zur Antwort jedem, der ihn anruft." Er nennt sich einen Schützer aller Wesen, das Haupt der Geschöpfe. „Hätte Meschia (der erste Mensch) seinen Namen genannt, ihm Lob gesungen, dann würde, wenn die Zeit des rein geschaffenen Menschen gekommen wäre, seine reine, unsterbliche Seele augenblicklich zum Sitze der Seligkeiten eingegangen sein."

War die Wirksamkeit der Ipeds in der physischen Welt einigermaassen geschieden nach den besonderen Gegenständen, welche der Obhut einzelner anvertraut waren, oder in deren Gestalt sie angeschaut wurden, so stimmten sie dagegen in ihren moralischen Eigenschaften und Wirkungssphären durchaus überein. Sie hatten nicht wie die Götter des Polytheismus individuelle Charaktere, persönliche Schicksale oder Liebhabereien. Nur in Macht und Würde verschieden, dienten sie alle dem gleichen Zwecke, die Schöpfung ihres Gottes zu überwachen, sein Reich auszubreiten, seine Verehrer zu behüten, seine Feinde zu bekämpfen. Allerdings wurden in einem der dualistischen Gegensätze, mit denen die Philosophie aller Zeiten die Bildung und Bewegung der Welt zu erklären gemeint hat, männliche und weibliche Ipeds unterschieden; aber das geschah nur nach einer speculativen Eintheilung der Dinge, in denen sie sich offenbarten. Das Feuer, der Himmel, die Winde, die Metalle waren männlich: das Wasser, die Erde, der Mond, die Bäume weiblich, und danach auch ihre Geister. In Folge dessen wurden einzelne Seiten der sittlichen Natur hin und wieder besonders hervorgehoben. Während die männlich gedachten Geister in den Hymnen als die streitbaren Helden erscheinen, werden die weiblichen Genien der Erde und des Wassers, Sapandomad und Arcuisur, als die jungfräulichen, sanften angerufen, an ihnen die Tugenden der Keuschheit, Demuth und Milde gepriesen. Im übrigen sind sie alle licht und rein, gehorsame, treue Diener Gottes, hülfreiche, segenverbreitende Engel, liebevoll besorgt für das zeitliche und ewige Wohl der Menschen, die sich zu ihnen wenden. An wesentliche Unterschiede ist dabei nicht zu denken, am wenigsten an menschlich physiologische. Söhne und Töchter Ormuzds heissen sie als seine Geschöpfe. Der lichtstrahlende, ätherische Leib wurde wohl in menschenähnlicher Gestalt gedacht, doch ohne irgend nähere Formbestimmung. Wenn von dem glanzvollen Auge oder dem weithorchenden Ohr der Geister gesprochen wird, von ihrem starken Arm und guten Waffen, ist das ebenso wenig sinnlich zu verstehen, wie bei den Engeln jüdischer oder christlicher Dichtung. Die Vorstellung menschlicher Verbindungen oder Fortpflanzungen ist bei den Lichtwesen und ihren Schöpfungen gänzlich ausgeschlossen. Nicht einmal bildlich kommen in den iranischen Religionsschriften die Gedanken der Erzeugung und Geburt vor, wie sie sonst den Mythologien und Kosmogonien des Alterthums geläufig sind.

XXVI.

Die ältesten Speculationen, welche alle Erscheinungen der Welt auf mehr oder minder menschlich vorgestellte Willensmächte zurückführten, mussten auch das einmal nicht zu läugnende Uebel in der Welt von willkürlich handelnden Wesen herleiten. Das moralische Uebel, die Sünde, konnte wohl dem Menschen selbständig zugeschrieben werden, für die physischen, menschlicher Einwirkung entzogenen Uebel brauchte man höhere Mächte, und die theologische Erklärung konnte zwei Wege einschlagen. Entweder waren es die sonst wohlthätigen, heilsamen Wesen, welche durch irgend eine Verschuldung des Menschen gereizt zu seinem Unheil Uebles wirkten, oder es waren besondere, furchtbare Mächte, die ihrer Natur nach zerstörend und verderblich auftraten. Die letztere Vorstellung ist die ursprünglichere, und ihre Spuren lassen sich wohl überall nachweisen. Sie ist die natürlichere in Zeiten, da die Naturseite in den Göttern noch ihre sittliche Bedeutung überwiegt, und wird um so eher festgehalten, je mehr das physische und moralische Uebel als natürlich verbunden gedacht, je höher der Begriff der guten Gottheiten gefasst, und je weniger daneben der theologische Gesichtspunkt des willkürlich gewirkten Uebels durch den metaphysischen des bloss negativen und naturnothwendigen eingeschränkt wird. Bei den Iraniern scheinen von Alters her den wohlthätigen Gottheiten unheilvolle mit entgegengesetzten Eigenschaften einzeln gegenüber gestellt zu sein, und da die guten vorzugsweise als Lichtgötter verehrt wurden, knüpfte sich der Begriff der bösen namentlich an die Finsterniss. Bei dem Fortschritt der sittlichen Anschauungen wurde der Gegensatz von Licht und Finsterniss nicht nur symbolisch, sondern als reell und im natürlichen Zusammenhange der Dinge gleichbedeutend genommen mit dem ethischen des Guten und Schlechten. In der zoroastrischen Lehre wurde das Reich der Finsterniss auf ein böses Urwesen, Ahriman, zurückgeführt, wie die Schöpfung des Lichts auf Ormuzd. Er ist „der Grundarge", der Zerstörer, der Verächter des göttlichen Gesetzes. Wie Ormuzd Licht ist und im Lichte wohnt, ist Ahriman Finsterniss und wohnt in der Finsterniss. Seine Hölle, der Duzahk, lag unter der Erdfläche. Hier schuf Ahriman die bösen Geister, die Dews, welche er den Engeln Gottes entgegen stellte, ein schreckliches Volk der Nacht, der Unreinheit und der Fäulniss. Als rastlose Naturfeinde suchen sie beständig die reine Schöpfung Gottes zu stören und zu zerrütten. Von ihnen rühren Oede, Unfruchtbarkeit, Wassermangel, versengende Gluth und ertödtender Frost her. Sie wehren dem Wachsthum und der Verbreitung von Pflanzen, Thieren und Menschen, plagen sie mit Tod und Krankheit, bringen auch ihrerseits giftige Pflanzen und unreine Thiere (Kharfester) hervor, das sind theils schädliche Raubthiere, theils solche, die kriechen und schleichen, im Dunkeln oder Todten leben, Schlangen, Kröten, Ratten und Mäuse, Insekten, Gewürm und Ungeziefer aller Art. Die Sterne des Himmels greifen sie mit den unheimlich, gesetzlos schweifenden Kometen an. Selbst das irdische Feuer, das Bild des himmlischen Lichts, haben sie mit Dampf und Rauch verunreinigt. Auch was am Menschen als unrein betrachtet ward, hatten sie ihm zugefügt. Besonders aber suchen sie, da sie den reinen Geistern unmittelbar nichts anhaben können, die im Menschen lebende, unsterbliche Seele zu verderben, indem sie ihn zum Abfall von Gott und seinen Gesetzen verführen, Sünden und Laster verbreiten. Die Macht, welche sie auf Erden haben, veranlasst die mit ihrer Hülfe betriebene, verbotene Zauberei. Die Götter aller fremden Völker, welche das offenbarte Gesetz nicht beobachteten, wurden als Dews angesehen, ihre Verehrer als Teufelsdiener. Doch erklärte man wohl manche fremde Gottheiten ihrer Aehnlichkeit halber für iranische Geister, den Jehovah für Ormuzd. Sonst liesse es sich nicht verstehen, wie die persischen Könige einzelne fremde Götter, namentlich die semitische Venus-Mylitta, in ihr Pantheon aufnehmen konnten. Denn eine Anbetung der Dews ist mit der iranischen Religion völlig unvereinbar. Sie erhalten keinen Cultus, auch nicht etwa um sie zu versöhnen oder zu beschwichtigen. Wer ihnen irgend eine Verehrung zollt, der sagt damit Gott ab, und ist den Teufeln verfallen. Ahriman darf übrigens keineswegs als dem Ormuzd ebenbürtig betrachtet werden, er wird in den Zendschriften als der Empörer, der Verworfene, dem eine Zeit lang Macht gegeben ist um endlich für immer überwunden zu werden, ganz ähnlich behandelt wie der christliche Satan in den Gedichten eines Milton oder Klopstock. Seine Gewalt, wenn auch gross und gefährlich, war doch immer eine beschränkte; „er kann keinen Todten auferwecken, keinen Leichnam neu beleben", wie Ormuzd es dereinst thun wird. Plutarch bemerkt daher auch, dass Zoroaster nur das gute Princip Gott, das böse einen Dämon nenne. Nur geschaffen war Ahriman nicht von Ormuzd; die schwierige Untersuchung der Theologie über den Ursprung des Bösen muss irgendwo durch einen Machtspruch, wenn nicht gelöst, so abgeschnitten werden. Die Inder, Juden und Christen liessen reingeschaffene Geister aus freiem Willen von ihrem Schöpfer abfallen, die Iranier wichen dem Widerspruch, dass der allweise und gütige Gott Wesen hervorgerufen, in deren Natur der Abfall und das Böse lag, dadurch aus, dass sie dem Teufel einen von Gott unabhängigen Ursprung gaben, verfielen damit aber in die Schwierigkeit, dass sie nun in ihrem Gott noch nicht den einigen Grund des Daseins hatten, das Ein und All, zu welchem die tiefere theologische und metaphysische Speculation hindrängt. Sieht man von der Frage nach dem Ursprunge ab, so war der Dualismus des Guten und Bösen bei den Einen nicht stärker wie bei den Anderen. Ueberall standen ein oder mehrere intelligente Wesen im Kampfe gegen das Gute, obwohl sie wussten, dass dieser Kampf nur eine beschränkte Zeit dauern, dann aber mit ihrer Niederlage oder ihrem ewigen Verderben enden müsse.

XXVII.

Die Speculation über das Böse, die sich bei dem Gegensatz als einem absoluten nicht beruhigen konnte, führte zu weiteren, allmälig entwickelten Dogmen, indem sie nach einer höheren Einheit suchte. Neben der Frage: woher ist der Teufel? ward die andere aufgeworfen: woher ist Gott? Die Antwort setzte für beide einen letzten, einigen Urgrund, Zaruana Akarana, die unerschaffene oder unbeschränkte Zeit, die Ewigkeit, also einen ganz abstracten, leeren Begriff, aus dem nun das Gute und sein Gegensatz als lebendige Wesen hervorgegangen waren. In den Zendschriften wird Zaruana Akarana nur an wenigen Stellen unbestimmt und zweideutig erwähnt. Im Vendidad spricht Ormuzd zu Ahriman: „das in Herrlichkeit verschlungene Wesen, Zaruana Akarana, hat dich geschaffen, durch seine Grösse sind auch die Amschaspands geworden, die reinen Geschöpfe, heilige Könige; ich sprach Honover, und setzte die Schöpfung fort." Es könnten allerdings in verlorenen Büchern nähere Bestimmungen enthalten gewesen sein, aber in heiligen Schriften genügen vage, hingeworfene Andeutungen um weitläufige Dogmen herauszuspinnen, und dass sie in den Zendbüchern nicht eben klar gewesen, beweisen die verschiedenartigen Auffassungen der Folgezeit. Diese Speculationen gehören freilich schon einer frühen Periode an, nicht etwa erst dem Bundehesch, da schon Aristoteles und sein Schüler Eudemos Auskunft darüber geben. Nach ihnen, wie nach späteren Darstellungen setzte die metaphysische Lehre der Mager in diesem höchsten Urwesen ein erstes Erzeugendes, als solches das Urgute, ein intelligibles All, unerschaffen und allumfassend, bald als Raum, bald als Zeit, bald als Schicksal gefasst, eine Ureinheit, aus welcher der gute und der böse Gott emanirten, oder aus welcher vier Urkräfte, Licht und Finsterniss, Feuer und Wasser, als elementare Materien, jedoch verschieden von den sinnlich wahrnehmbaren, durch Ormuzd geschaffenen Stoffen, hervorgingen. Andere, allenfalls anknüpfend an die mystisch dunkle Personification eines alten Gebetes, in welchem die unerschaffene Zeit wie die irdische Zeit, wie das Himmelsgewölbe und der Wind gleich lebenden Wesen angerufen werden, oder an jene Stelle des Vendidad, wo vom Schaffen des Urwesens gesprochen wird, machten aus ihm einen höchsten persönlichen Gott, der sich in Ormuzd wie in der Natur offenbart, das Licht aus sich gesetzt, und das Böse zwar nicht gewollt, aber zugelassen habe. Man betrachtete auch Ormuzd als das geistige, lebendige Princip, Ahriman als das körperliche und todte. Diese Ideen haben auf die Lehrsysteme des Occidents einen bedeutenden Einfluss geübt. Dass schon Pythagoras seine Satzung von der vollkommenen Einheit und der aus ihr erzeugten Zweiheit daher entnommen habe, mag eine aus dem ähnlichen Gedanken entstandene Sage sein; aber in der späteren griechischen und jüdischen Philosophie, wie sie sich namentlich in Alexandrien entwickelt hat, findet sich die magische Lehre von einem höchsten, in sich beruhenden und einem zweiten weltbildenden, oder in die Welt übergehenden Gott unverkennbar wieder. Ihr entspricht auch die Unterscheidung des beschliessenden Jehovah und der ausführenden Elohim im ersten Capitel der Genesis, wenn die Elohim als ein Gott, nicht als Götter oder Engel gedeutet werden; die gewöhnliche Bibelübersetzung, in der beide Worte als Bezeichnungen desselben Gottes genommen werden, giebt gar keinen Sinn. Ob gerade diese Wendung der jüdischen Theologie aus der iranischen entlehnt ist, kann dahin gestellt bleiben; auch in diesem Falle mögen ähnliche Grundanschauungen unabhängig von einander zu ähnlichen Ausbildungen im Einzelnen geführt haben. Unzweifelhaft erscheint es indessen, dass die Bildung des späteren Judenthums vor und um Entstehung des Christenthums durch Ideen der zoroastrischen Glaubenslehre tief eingreifend beeinflusst worden ist.

Wie sehr aber auch das Dogma von dem ureinen göttlichen Grundwesen die tiefere Speculation beschäftigte, so ward doch Zaruana Akarana nur für einzelne Denker, oder für kleinere Secten, wie sie noch jetzt unter den Parsen bestehen, bald theologisch persönlich, bald metaphysisch pantheistisch gedacht, ein höchster Gegenstand der Verehrung. In dem eigentlich orthodoxen und herrschenden System trat dieser Begriff in ein unbestimmtes Dunkel zurück, und die Herrschaft blieb dem alten lebendigen Gott in seiner anschaulichen Bestimmtheit als Schöpfer und Regierer der Welt. Bei den Völkern, wo die ältesten Versuche gemacht wurden einen wirklichen Monotheismus, wenn auch in nationaler Beschränkung und durch die Annahme untergeordneter, theils guter, theils böser Willensmächte den polytheistischen Systemen genähert, zur Volksreligion zu machen, nämlich bei den Iraniern und den Israeliten genügte der eine, erhabene Gott auch einer tieferen Contemplation um Ursprung und Zusammenhang der Welt, Leben und Zukunft des Menschen zu erklären. Manche metaphysische Begriffsbestimmungen liessen sich auf ihn anwenden, ihn ganz in dieselben aufzulösen war der Forschung weder so geboten, noch so leicht, wie bei den Göttern des Polytheismus, die der Kritik und der Logik weit weniger genügen und daher weniger Widerstand leisten konnten. Während so der Monotheismus viel früher und kräftiger ausgebildet wurde, wie in Indien, spielte die Metaphysik weder in äusserlicher Verbreitung, noch in gründlicher Entwicklung, weder in der theoretischen Wissenschaft, noch in der Ethik entfernt eine Rolle wie unter den Brahmanen. Die Philosophie blieb theologischer, weil die Theologie philosophischer war.

XXVIII.

Viel bestimmter, ausführlicher und folgenreicher als die metaphysischen, über Gott hinausgehenden Speculationen wurde die Theorie entwickelt, welche von Gott abwärts das Dasein der Welt und der Menschen, ihren Zweck und ihre Bestimmung erklären sollte. Auch diese knüpfte an die Lehre vom Bösen an, und stellte von dem Gegensatze des Guten und Bösen aus eine Theorie der Schöpfung und des

göttlichen Weltplanes auf, welche mit den ethischen Anschauungen in beständiger und innigster Verbindung stand.
Im Anbeginn, vor den nach irdischem Zeitmaass berechneten Weltaltern schuf Ormuzd das Geisterreich. Ihm gegenüber rief Ahriman die Geister der Finsterniss in das Dasein. Die Körperwelt sollte das Mittel zur Ueberwindung und Bekehrung des Bösen werden. Zu den erstgeschaffenen Lichtwesen niederen Ranges gehörten auch die unsterblichen Geister der Menschen, die Feruers, welche sich nach dem Rathschluss des Ewigen auf der Erde mit menschlichen Körpern verbinden und im Kampfe gegen das Böse verherrlichen sollten. Sie präexistirten also wie in Indien vor der körperlichen Erscheinung, waren aber nicht gefallene Geister, die zur Strafe in die irdischen Leiber eingeschlossen wurden, sondern stiegen rein zur Erde herab; auch erschien jeder nur einmal in der Menschengestalt. Die Vorstellung, dass die Körperwelt die Streitkräfte des Himmels gegen die Hölle verstärken sollte, war im Grunde absurd, denn den Geistern als solchen vermochten die Dews nichts anzuhaben, die Menschen dagegen konnten sie quälen oder verführen; dennoch erscheint sie nicht selten in den Religionsschriften. In seiner wahren Bedeutung war das irdische Leben eine Prüfungszeit, welcher diese Classe der Feruers unterworfen wurde, und welche über ihr jenseitiges Wohl oder Wehe entschied, „der Weg zu beiden Schicksalen." Wie die Menschen hatten auch die Naturwesen und Naturkräfte, namentlich soweit Bewegung und Leben in ihnen wahrgenommen wurde, Feuer, Wasser, die Erde, die Sterne, Bäume, Heerden, ihre Feruers, die bald gleich den Geistern der Menschen als in ihnen lebend und sie beseelend, bald als ausserhalb stehende, sie inspirirende und über sie wachende Schutzgeister aufgefasst wurden. Wenn auch in Ormuzd selbst und seinen Engeln, den Amschaspands und Ipeds, noch der eigentliche Geist und der Leib unterschieden wurden, so war das eine anthropomorphische Vorstellung, welche in klarer Ausführung offenbar nicht berechtigt war, weil die Feruers der Menschen,

als ätherische Geister, wie das Alterthum überhaupt den Geist dachte, mit den Geistern höheren Ranges in gleichem Verhältnisse standen, und daher bei den letzteren eben so wenig wie bei den Menschengeistern eine nochmalige Scheidung von Seele und Leib angenommen werden konnte. Aber diese verschwimmenden Auffassungen vermittelten für den Begriff der Feruers eine zweite ganz ideale oder transcendentale Bedeutung. In dieser waren sie das geistige Vorbild, der Typus der geschaffenen Wesen, ihre Idee in dem Gedanken Gottes. Die Sinnenwelt war das Abbild, die Erscheinung dieser geistigen Welt, im Keime, oder ihrer Grundform nach in ihr enthalten. Sie war das eigentliche Wesen der Dinge, ihre unvergängliche Wahrheit. Nach dieser Wendung konnte dann auch der Feruer des Menschen wieder von seinem Geiste getrennt, ausser ihm gesetzt werden, als sein ideales Wesen, oder als der Grund seines Daseins, und liess sich nach der Neigung Gedankenvorstellungen zu personificiren, in eine Art von Schutzgeist des Menschen umgestalten, ähnlich den Feruers der Bäume oder Quellen; wenigstens scheinen einzelne Stellen der heiligen Schriften so gedeutet werden zu müssen. In dieser transcendentalen Auffassung haben die Feruers eine auffallende Aehnlichkeit mit den Ideen Platos, als Prototypen und Ursachen der Welt. Und bei dem regen Verkehr, der damals zwischen Griechenland und dem Orient Statt gefunden, scheint die Annahme einer directen Einwirkung dieses grossartigen und reich entwickelten Systems auf den griechischen Philosophen um so mehr gerechtfertigt, da Plato wenigstens der Person Zoroasters erwähnt, und gleich nach ihm Aristoteles und Eudemos von den speculativen Ideen der iranischen Mager Rechenschaft zu geben wussten.

XXIX.

Nach dem Vorbilde des geistigen Ideals schuf Ormuzd die Sinnenwelt, und zwar in sechs Tagen, die hier aber ausdrücklich als längere Zeiträume erklärt werden, nach einander den Himmel, das Wasser, die Erde, Pflanzen, Thiere und Menschen. Ueber dem höchsten, unbeweglichen Himmelsgewölbe war das unbegränzte Lichtreich, der Thron Gottes und Wohnsitz der seligen Geister. Unter ihm kreisten in drei Sphären die Sterne, der Mond und die Sonne. Die Erdfläche und die über ihr befindliche Luftschicht waren in der irdischen Zeit der Schauplatz des Kampfes, daher getheilt zwischen Licht und Nacht. Der Berg Albordsch bildete die Verbindung der Erde mit dem Himmel. Von seinem Gipfel führte die Brücke Tschinewad zur festen Himmelswölbung; die Seelen der Guten gingen über sie zur Seligkeit ein; unter ihr öffnete sich der Abgrund der Hölle, in welchen die Bösen hinabstürzten. Auf dem Albordsch entsprang die Quelle Arduisur. Er war eine irdische Wohnung der Geister. „Auf dem Albordsch wohnen die Heere des preiswürdigen Feruers, auf dem nicht Nacht ist, nicht Frostwind, nicht Hitze, von dem Gott ausgehen lässt für und für Sonne, Mond und Sterne — die Sonne fährt aus mit Majestät, wie ein Siegesheld vom Gipfel des furchtbaren Albordsch, und leuchtet der Welt, und herrschet von diesem Gebirge aus, welches Ormuzd zu seinem Wohnsitz geschaffen." Im Bundehesch wird der Götterberg mit vielem wunderbaren Beiwerk ausgeschmückt.

Die theologische Lehre machte von der metaphysischen Betrachtung der Urstoffe als Emanationen Zaruanas keinen Gebrauch; ihr entstand die Welt nicht als ein nothwendig entwickeltes Naturerzeugniss, sondern lediglich durch den Willen Gottes. Ob er sie aus vorhandener Materie, oder aus dem Nichts geschaffen, wird nicht gesagt. Die Schöpfungslehre versuchte keine physikalische Theorie zu geben, sondern war das reine Product der dichtenden Phantasie. Das Sprechen der Gottheit vermittelte den Schöpfungsact. Ormuzd sprach das Wort Honover (reiner Wille) und schuf Alles durch dieses Wort. Das heilige Wort war vor allen geschaffenen Dingen, und obwohl von Gott gesprochen, ein blosser Gegenstand des Gedankens, wurde es als Ursache der Welt oder Verbindungsglied zwischen ihr und Gott zu einem selbständigen göttlichen Wesen gemacht, ihm ein Ferner und ein lichtstrahlender Leib zugeschrieben. Es ist „das grosse Wort, von Gott gegeben, das Wort des Lebens und der Kraft." Einmal bezeichnet sich Ormuzd als den, dessen Geist das Wort ist. „Das reine, heilige, schnellkräftige Wort — spricht er — war vor Himmel und Wasser, Erde und Heerden, vor den Bäumen, dem Feuer, vor den reinen Menschen, vor den Dews, vor den unreinen Menschen, vor der ganzen Welt, die wirklich ist, vor allen Gütern, vor allen ormuzdgeschaffenen Keimen; ich selbst sprach dieses Wort mit Grösse, und alle reine Wesen, die da sind, waren und sein werden, sind dadurch geworden und in meine Welt gekommen; noch jetzt spricht mein Mund dieses Wort in aller seiner Weite fort und fort, und reicher Segen mehret sich." Es ist „das Wort des Heils, durch welches die Kräfte des Bösen überwunden werden", von mächtiger Wirkung und hochzuverehren. „Ich gedenke, heisst es in einem Gebete, des grossen Worts, des himmlischen Worts; wie himmlisch rein, wie stark ist dieses Wort, wie alt und weiten Umfangs, siegend, allbesiegend!" Das Wort soll der Fromme sprechen, „wenn die Sprache den Sterbenden verlassen will, und er ohne Hoffnung ist; dann wird sich seine Seele frei in Himmelswohnungen aufschwingen, Gott wird ihm die Brücke breit machen, himmlisch wird er sein, himmlisch rein, und Glanz haben wie die Himmel." Dieses Wort, den Logos, unstreitig aus dem iranischen Glaubenskreise entlehnt, finden wir als weltbildende Macht, als zweite Person der Gottheit wieder im Evangelium Johannis, bei den gnostischen Secten des Christenthums und bei den Neuplatonikern in Alexandrien. Als Ormuzd die Gestirne zwischen Himmel und Erde geschaffen, erhob sich Ahriman zum ersten Angriff auf die Schöpfung des Lichts mit seinen Dews, „dem grässlichen Volk, das nicht verdiente, geschaffen zu sein." Ormuzd, der das Elend wusste, welches er über seine Geschöpfe bringen würde, hielt ihm den endlichen Ausgang seiner Empörung vor, und forderte ihn auf, die reine Welt zu ehren und in ihr zu wirken. Aber Ahriman verwarf den Frieden: „zu keinem Werk der Reinigkeit werde ich mit dir einstimmen, plagen will ich dein Volk, so lange die Jahrhunderte dauern." Aus der Tiefe des Duzahk liess er hören: „ich will nicht Gutes denken, nicht Gutes reden, nicht weise sein; ich werfe das Gesetz weg, meine Seele, so wahr sie lebt, mag nichts davon wissen." Doch als er sich nun zum Lichte aufschwang, ward er von dessen Glanz und Erhabenheit geblendet; Ormuzd sprach das lebendige Wort über ihn, und Ahriman sank bebend zurück in die Finsterniss, wo er noch lange in Kleinmuth gefesselt lag. Inzwischen begann Ormuzd die Schöpfung des organischen Lebens mit dem Urstier, aus welchem sich das Pflanzen- und Thierreich entwickeln sollte. Man mag die alte Ueberlieferung eines Nomadenvolkes darin erkennen, dass das Nahrung gebende Thier als das erste vorausgesetzt, und der Mensch selbst davon abgeleitet wurde. Endlich begann Ahriman, von seinen Dews ermuntert, den wirklichen Kampf, mit welchem das dritte Weltalter anfing. „Ich hielt ihn gefangen und gekettet, spricht Ormuzd, aber er hat sich losgerissen, und ist noch gewaltiger geworden." Seine Zeit war gekommen. Die Dews überschwemmten die Erde, Ahriman selbst drang in den Himmel ein, sprang in Gestalt einer Schlange auf die Erde herab, verwüstete die Körperwelt, und erfüllte sie mit unreinen Geschöpfen. Freilich wurden die Geister der Hölle, als sie gegen den Himmel anstrebten, von Gottes Heerschaaren in den Duzahk zurückgeworfen, aber durch den gebahnten Weg kehrten sie seitdem stets auf die Erde zurück, und durchstreiften sie, Elend, Unreinheit und Sünde schaffend.

XXX.

Den Urstier griff Ahriman mit dem bösen Genius des Todes Astuiad, dem Gebeinzermalmer, an, bis er erlag. Seine Seele erhob sich klagend zum Himmel, und wurde ein Schutzgeist des organischen Lebens. Aus seiner rechten Seite trat

Kajomorts, der Urmensch, hervor, aus seinem Leichnam entsprossten Pflanzen und Thiere. Die Erde wurde durch eine grosse Fluth von dem Gethier der Teufel gereinigt, aber sie setzten den reinen Pflanzen und Thieren auf das Neue unreine Geschöpfe entgegen. Kajomorts wurde ebenfalls geplagt, und starb. Aus seinem Samen erwuchs das erste wirkliche Menschenpaar, Meschia und Meschiome, von deren Kindern alle Völker der Erde abstammten. Sie waren rein geschaffen, und der Himmel war ihnen bestimmt unter der Bedingung herzlicher Demuth und Gehorsams gegen den Willen Gottes. Aber Ahriman bemächtigte sich ihrer Gedanken, und gab ihnen ein, er habe Alles geschaffen. So gewann er Gewalt über sie. Er gab ihnen Früchte, die sie assen, und dadurch verloren sie die Glückseligkeiten, die sie bis dahin genossen hatten. Sie kleideten sich in Felle, fanden Eisen, fällten einen Baum, und baueten sich eine Wohnung — ohne Gott zu danken. Sie verwilderten mehr und mehr, geriethen in Unfrieden mit einander; die Frau opferte förmlich den Dews. Darum müssen ihre Seelen bis zum jüngsten Gericht in der Hölle bleiben. Das Dogma von der Erbsünde ist in den heiligen Schriften Irans nicht angenommen; der Mensch tritt rein in die Welt der Erscheinungen, wenn sich in der Stunde der Geburt der unsterbliche Geist mit dem irdischen Leibe und der an ihn gebundenen, vergänglichen Seele, dem Sitze der Leidenschaften und Begierden verbindet, einer Art von Lebenskraft, welche in die Luft zerfliesst, wenn der Körper in seine Elemente zerfällt. Indessen schadete die Sünde der ersten Menschen ihren Nachkommen; indem diese von vorne herein an Werke der Unreinheit gewöhnt, von Gott abgelenkt, und dadurch in höherem Maasse dem Einfluss der Finsterniss Preis gegeben wurden. So vergassen die meisten Völker Gottes und seines Gesetzes. Nur durch besondere Offenbarung erhielt Ormuzd einzelne Auserwählte bei dem Lichtgesetze, welches immer mehr verdunkelt ward; denn er hatte gesprochen: „wäre keine Seele, die mein Wort thäte, rein wäre in Gedanken und Worten, die Welt würde jetzt am Ende sein." Namentlich offenbarte er sich dem Hom und dem Dschamschid. Unter der letzteren Herrschaft erblühte ein goldenes Zeitalter, in welchem unschuldige Menschen bewusstlos das Gesetz erfüllten. Die Natur strahlte im schönsten Glanze, „die Thiere starben nicht, an Wasser und Bäumen und Geschöpfen der Nahrung war nicht Mangel; bei Dschamschids Lichtkraft war nicht Frost, nicht Hitze, nicht Alter, nicht Tod, nicht zügellose Leidenschaft, Schöpfungen der Dews; die Menschen waren jugendlich an Munterkeit und Glanz." Aber auch bei den Iraniern nahm das Böse Ueberhand; da erbarmte sich Ormuzd, und offenbarte beim Beginn des vierten Weltalters zur Errettung der Frommen von der Macht der Finsterniss das reine Gesetz in seiner ganzen Vollkommenheit durch Zoroaster, seinen grössten Propheten. Er zeugt von ihm: „wie du hat keiner mich gesucht, noch keiner so viel Gutes gesehen, wie du erkannt hast." Vergebens verschwor sich Ahriman, ihn zu verderben. „Dieser Böse wollte mir in's Antlitz sprechen — sagte Ormuzd — aber er hatte den heiligen Zoroaster noch nicht gesehen; dieser Höllengeist, des argen Gesetzes Vater, sah ihn und fuhr zusammen; er sah, dass Zoroaster ihn unter die Füsse treten und wie ein Sieger einherschreiten werde." An einer anderen Stelle spricht er zu Zoroaster: „ich rede von dem, was nahe ist und ferne ist; jetzt soll der Weltverderber, der nur Arges kann, keines meiner Geschöpfe zu Grunde richten; ich bin Ormuzd, schlage du den Argen, dessen Zunge Lug und Trug ist." Ihm enthüllte der Höchste seinen Weltplan, die Geschichte der Schöpfung und die letzten Dinge, das Wesen des Menschen und seine Zukunft, Namen und Bedeutung der guten wie bösen Geister, endlich den Inbegriff aller der religiösen, sittlichen und ceremoniellen Vorschriften, durch deren Beobachtung es dem Menschen gegeben war sich gegen die Anfechtungen der Finsterniss zu schützen, Leib und Seele rein zu bewahren, im Tode die Wiedervereinigung mit Gott zu gewinnen. Der Inhalt des Gesetzes wird dahin zusammengefasst: Ormuzd, den König der Welt, in Reinheit des Herzens zu erkennen, seine Schöpfung zu ehren, Zoroaster für seinen Propheten zu halten und Ahrimans Reich zu zerstören, oder in dem Gebote: rein zu sein in Gedanken, Worten und Werken. Ormuzd sagt den Feruers der Menschen: „kämpfet tapfer gegen die Argen, Unsterblickeit soll euch werden ohne Veraltung, ohne Uebel, mein Fittig soll euch decken gegen die Feinde", und verheisst dem Zoroaster: „wer euch anruft in Herzensreinheit, wer durch meine Lehre erleuchtet, des Himmels würdig handelt, und edelsinnig nicht sein, sondern Anderer Glück sucht — lebe er jetzt, oder sei nicht mehr, oder komme noch — seine Seele soll dringen zum Sitze der Unsterblichkeit; das ist Ormuzds Rath über sein Volk." Der Wille Gottes ist Grund und Ursache wie der physischen so auch der moralischen Weltordnung. Recht und Sitte werden nicht aus metaphysischen Lehrsätzen oder aus der Natur und den Bedürfnissen der menschlichen Gesellschaft, sondern lediglich von Gott hergeleitet. Ihr sollt heilig sein, denn ich bin heilig — das ist die theologische Begründung der Moral in dem zoroastrischen so gut, wie in dem mosaischen Gesetz. Die ethische Seite der allgemeinen Theorie ist in der iranischen Glaubenslehre sehr reich und tief innerlich ausgebildet. Die Ethik hat offenbar die religiöse Dogmatik, namentlich die Speculationen über das Gute und Böse und die Lehre vom göttlichen Heilsplan ebensosehr bestimmt, wie diese auf ihre Entwicklung eingewirkt haben. Beide stehen in dem innigsten Zusammenhange.

XXXI.

Gott offenbarte dem Zoroaster nicht nur das Sittengesetz, das Recht und die bürgerlichen Einrichtungen für sein Volk, sondern auch die Formen und Vorschriften für die geringfügigsten Dinge des täglichen Lebens, namentlich über die Reinigungen bis zu den Kochgeschirren herab, gerade wie Jehovah dem Moses neben Rechtsgeboten und Verfassung auch die Speisegesetze, oder die Vorschriften über die

Priesterkleidung, die Quasten der Stiftshütte und vielfache nach unseren Begriffen völlig gleichgültige Gebräuche ertheilen musste. In diesen theokratischen Systemen hat beides dieselbe Bedeutung; um die Gnade Gottes zu gewinnen ist die genaue Einhaltung ritueller Satzungen ebenso wesentlich wie die Beobachtung des Moralgesetzes. Wer bei den Juden unreine Speisen geniesst, etwa einen Hasen oder eine Auster, der macht seine Seele „zum Scheusal vor Gott". Einen Iranier, der Hundefleisch, oder gar Menschenfleisch essen wollte, den könnte keine Reue und keine Busse versöhnen, „er würde unrein bleiben, so lange die Jahrhunderte im Laufe sind; wenn er auch in Thränen zerflösse, vor Gram todtbleich würde, die Bindehaut seinen Augen entginge, dennoch würden die Dews sich seiner bemächtigen vom Haupt bis zu den Füssen." Die religiösen Vorschriften umfassen eben das ganze Leben, und verleihen jeder Handlung eine religiöse Bedeutung. Das heilige Bestreben in allem Thun Gott wohlgefällig zu sein entwickelte bei dem grübelnden Priesterthum durch spitzfindige Interpellationen und Consequenzmacherei allmälig diese endlosen äusserlichen Satzungen, welche sich gleichmässig bei den Aegyptern, den Hebräern, den indischen und baktrischen Ariern finden, und die Grundlage der herrschenden Werkgerechtigkeit bildeten. Sind die Brahmanen darin für sich selbst weiter gegangen, als die iranischen Priester, so haben sich die übrigen Kasten doch nicht so viele Beschäftigung mit dem Ueberirdischen, Reinigungen und Bussen auferlegt, wie das zoroastrische Gesetz allen denen, die rein sein sollen in Gedanken, Worten und Werken. Wie der Geist des Menschen göttlichen Geschlechts, gottähnlich ist, so sollte sein Körper ein reiner Tempel der Gottheit sein. Davon gingen die Reinigkeitsgesetze aus. Körperliche Reinheit war nicht etwa ein Symbol der moralischen, sondern stand ihr gleich; wer durch Berührung des Unreinen unrein wird, und sich nicht in vorgeschriebener Weise reinigt, der giebt den Teufeln Macht über sich ebenso, wie der, welcher gegen das Sittengesetz sündigt, und nicht Busse thut. Daher kommen die umfangreichen Bestimmungen über die Beerdigung der Verstorbenen, die Behandlung todter Hunde, über manche Krankheiten, in denen, wie nach der Theorie des neuen Testaments, die bösen Geister vom Kranken Besitz ergreifen, und über die Unreinheit der Frauen in den Krisen, mit welchen Ahriman sie geschlagen hat. Nothwendig oder verdienstlich sind vielfache ceremonielle Beobachtungen bei allen Handlungen des täglichen Lebens, gottesdientliche Gebräuche und Gebete. An einzelnen Festtagen müssen die heiligen und wirksamen Gebetsformeln: „das ist der Wille Gottes", und: „Reinheit und Herrlichkeit ist für den Gerechten, der rein ist," viele Male wiederholt werden. Sehr weitläufig sind die liturgischen Vorschriften für den priesterlichen Gottesdienst, den täglichen, wie den bei einzelnen Festen wiederkehrenden, vor Allem für die Anzündung und Unterhaltung des heiligen Feuers, als Symbol der Reinheit. Eigentliche Opfer kommen in den Zendschriften nicht vor. Es wird gebetet, gesungen, Feuer angezündet, geräuchert, die Gedächtnissfeier Homs celebrirt, aber nicht geopfert. Thiere werden vom Priester unter Ceremonien geschlachtet um geweihtes Fleisch zu haben, den Göttern wird nichts davon dargebracht. Nach den griechischen Berichten scheinen bei den Persern wirkliche Opfer, auch Thieropfer in Gebrauch gewesen zu sein. Diese werkheilige Gesetzesübung wird vorzugsweise unter dem Gebote begriffen rein zu sein in Worten und Thaten, die Beobachtung des Sittengesetzes ist schon in dem ersten enthalten: rein zu sein in Gedanken; denn reiner Gedanke ist, „der auf der Dinge Anfang geht", das heisst, der auf Gott gerichtet ist, und nichts sucht und will, als was Gott befiehlt. Die brahmanische Ertödtung des Lebens, die Aufhebung des eigenen Denkens und Wollens um die Vereinigung mit dem Göttlichen zu erreichen, und die darauf gegründete Askese fanden in der iranischen Religion keine Stelle. Man sollte rein sein um zu leben, nicht um zu sterben. Die Materie war nicht an sich unrein, sondern nur so weit sie von den Dews verunreinigt war. Dunkel, Oede und Tod gehörten der Hölle an. Behauptung und Erregung des Lebens waren Mittel gegen das Uebel. „Wer Getreide baut, baut die Reinheit an, wer Feldfrüchte baut, breitet das Gesetz Gottes aus; wenn die Halme wachsen, weinen die Dews, wenn es dicke Aehren giebt, fliehen sie." Als verdienstliche, aussöhnende Handlungen, „zur Reinigung der Seele und Tilgung der Sünde" werden daher Gaben und Thaten vorgeschrieben, welche das Reich des Lichts stärken und mehren. Man soll Hunde gross ziehen, die als Gehülfen des Menschen und Wächter der Heerden in grossem Ansehn stehen, Land urbar machen, Bäume pflanzen, Brunnen graben, Landstrassen und Brücken bauen, heiliges Feuer mit reinem Holze unterhalten, ahrimanische Thiere ausrotten, reinen Menschen Unterhalt, Priestern Geräthe zum Gottesdienst, Kriegern die Ausrüstung zum Dienste, armen Bauern Vieh und Ackergeräth, den Dürftigen Almosen geben. Solche Werke, verbunden mit Reinigungen und Gebeten, schaffen Vergebung der Sünden. Dazu hilft auch das Lesen der heiligen Schriften: „es lese diesen Vendidad der Priester, es lese ihn, wer gesündigt hat."

XXXII.

Aber die iranische Ethik ist keineswegs bei äusserlicher Werkthätigkeit stehen geblieben. Sie hebt durchaus die innere Gesinnung des Menschen, das sittliche Streben nach der Einigung mit Gott in Reinheit des Herzens und Liebe zu seinen Geschöpfen als das eigentlich Entscheidende hervor. Dies zeigt sich sowohl in den Vorschriften, wie namentlich in den Gebeten und Gelobungen der Zendschriften. Ich setze einige Stellen her. „Himmlischer Ormuzd, lebend im Urlicht, umgeben von Glanz und Seligkeit, du die Weisheit selbst, lass mich in Vollkommenheit wachsen. — O, dass ich heilig lebe, lass Bahman und Ardibehescht mir Ueberwindungskraft verleihen. — Lass Alle, die nach Reinheit dürsten, durch Bahman sie erlangen. Ich sehne mich nach deinem

Wohlgefallen durch Werke, der Seligkeit würdig. — Lass meines Herzens Reinigkeit zu dir, o Ormuzd, dringen, und gieb mir Festigkeit im Guten, dass ich durch deinen Schutz zur Herrlichkeit der Thaten komme, die Quell der Freuden und des Segens für mich sind. — Mehre, o König, die Reinheit meines Herzens, lass mich heilige und sehr reine Werke thun! — Allwirker Ormuzd, mache mich ganz Licht und Seligkeit, lass meinen Geist zu dir sich erheben, durch Bahman hingeleitet." Im Anfange der Liturgie gelobt der Betende sich allem Guten zu weihen, allem Bösen zu entsagen, Leib und Seele Gott zu heiligen. „Welches Land sollte ich aufsuchen, welches Gebet erwählen, wenn ich nicht deine Liebe, nicht deinen Beistand hätte;" ist ihm aber Gott nahe, dann spricht der Fromme auch hier: „Leib und Seele bekümmern mich nicht." Häufig wird für Andere gebetet, für alle Reinen, für die Obrigkeit, um Schutz gegen das Böse und die Bösen." Der Welt erzeige diese Huld, und gieb ihr alles Reine mit Ueberfluss; den Häuptern der Menschen drücke Demuth ins Herz. Du allein bist und giebst Verstand, und keiner ohne dich. — Gieb, o Schöpfer der Welt, dass jedes Oberhaupt thue, was recht und gut ist, nach Herzens Heiligkeit und Reinheit strebe. — Nimm dich des Königs an; er, ein Zweig von Kean, entkräfte die Weltverderber. Zerschlage mit Macht den Uebermuth des Turaniers, des Plagers der Gerechten. — Dass doch dem Ungerechten nicht gelingen seine Worte und Gedanken. — Gieb der Welt auf ihr Verlangen einen König, der das Böse zerstöre; zerschmeisse die Uebelthäter und Dewsverehrer, die Zauberer und die bösen Geister. — Sorge für den König, der gerecht ist, und für einen ahrimanischen sorge nicht; kommt er als Feind, so reiss ihn weg aus dem Volke Gottes. — Gieb Kraft und Grösse den wirksamen, lebendigstarken Helden Irans. — Mein Herz ist liebevoll. Ich will Gutes thun den Freunden des Gesetzes; euer reines Gebet steige empor, und die Uebel werden schwinden. — Gieb deinen Dienern Reichthum an Freuden, lass, reiner Ormuzd, diese Menschen kein

Unglück treffen, die himmlisch denken; o Quell des Segens und des Glücks, o Weisheit und Verstand, erhalte, schütze die Heiligen und Reinen des Herzens bis zur Auferstehung der Todten. Dies thue, o Ormuzd, der du mich gelehrt, dass Alles, was Himmel und Erde enthält, geworden ist durch dein Wort. — Wenn ein Mensch dich aufbringt durch seine Gedanken, durch seine Worte, durch seine Thaten, hingerissen oder nicht hingerissen durch Leidenschaft, und er demüthigt sich tief vor dir und ruft dich an, so sei ihm Freund, o Ormuzd, so wie auch ich dem Menschen, der mich aufbringt, wieder Freund bin, wenn er mich bittet mit Demuth." — Worte so reiner und hoher Gesinnung sind in den iranischen Gesängen völlig eben so häufig wie in den hebräischen Gedichten. Seit die indischen und baktrischen Religionsschriften bekannt geworden, können die hebräischen weder in der Innigkeit und Erhabenheit des Gottesbewusstseins, noch in der Reinheit und Tiefe der Sittlichkeit den ausschliesslichen Vorzug behaupten, welcher ihnen mit Recht beigemessen wurde, so lange kein anderes Denkmal des tief religiösen Geistes, welcher die priesterlichen Theorien des Orients beherrschte, mit ihnen verglichen werden konnte. Wenn die semitische Ausdrucksweise durchschnittlich energischer und eindringlicher ist als die arische, und wenn uns in den zoroastrischen Schriften die hyperbolische Phantastik und die häufigere Einmischung der Engel oder Geister fremdartiger klingt, so ist andererseits unläugbar die iranische Glaubenslehre, welche die ganze Welt in einem grossartigen Heilsplane der Gottheit begreift, der mosaischen, welche von der Schöpfung nur als einer Einleitung in die Geschichte des auserwählten Volkes weiss, ebenso überlegen, wie es ihre Sittenlehre dadurch wird, dass sie das jenseitige Leben zu ihrem eigentlichen Angelpunkte macht, während die Aussichten und Hoffnungen der Hebräer ursprünglich ganz auf diese Erde beschränkt waren. Dadurch wurde die gehässige Ausschliesslichkeit gegen andere Völker wenigstens in der Theorie gemildert, und eine Solidarität des ganzen menschlichen Geschlechts vermittelt, welche das beschränktere jüdische System nur für die Blutsverwandtschaft der eigenen Nation anerkannte. Es versteht sich von selbst, dass auch die iranische Theologie die Sorge für diese Welt nicht aus den Augen setzte, dass Wohlfahrt, langes Leben und irdisches Glück Gegenstände sowohl des Gebetes, wie der Verheissung für die Befolger des göttlichen Gesetzes waren. „Diene mit Ehrfurcht dem Reinen, Heiligen und Guten — spricht Ormuzd — und ich will dir in reichem Ueberfluss geben Korn und Heerden und vollfliessende Bäche. — Wer die Steine betreten hat (eine besondere Reinigungsceremonie) wird reich, wenn er Mangel hat, bekommt Kinder, wenn er kinderlos ist, bekommt viele Güter, wenn er dürftig ist. Wie ein edles Pferd wird er sich vor den Dew des Todes stellen und ihn schlagen. — Wo man das Wort spricht, wo man Hom lobsingt, der Leben und Gedeihen giebt, wird überall der Häuser Schönheit und Gesundheit glänzen. — Gieb meinem Körper Gesundheit und Länge des Lebens — wird gebetet — mache mich gross und mächtig auf Erden das Böse zu zerstören, die Argen zu zernichten, die guten Gaben der Erde zu vermehren. — Erhebe mich, Ormuzd, über den Plager und Verderber, mich, der ich demüthig bin. Nimm dich meiner an, schenke mir Ruhe des Lebens. Gieb mir, gieb deinen Dienern Reichthum an Freuden, gieb mir Sieg, o König Ormuzd. — Ich bitte dich, Himmlischer, für den reinen König, dass er in die Länge lebe, und der Uebelthäter in Kürze der Tage sterbe. Gieb ihm ein heiliges Volk, Städte und Provinzen in reinem Segen, und weite Plätze. — Ihr Lebensgeschöpfe, der himmlische Ormuzd sorgt für euch alle nach seiner erhabenen Weisheit, zeigt den Weg und weidet euch, wo sonst nicht Weide war." — Ein Nachklang der alten Anschauung, welcher die Körperwelt unmittelbar beseelt und belebt war, und welche später dem Walten der Geister in und über den Einzeldingen weichen musste, setzte zuweilen das menschliche Handeln in einen unvermittelten Zusammenhang mit der umgebenden Natur.

„Wenn Menschen nicht zum Guten streben und des Gesetzes Lehrer nicht in reinen Werken wirksam sind, dann wird alle Mühe der Feldarbeiter umsonst und ohne Segen sein." Die Erde erblüht in schönerem Glanze, wo das Gesetz geübt wird, aber sie versagt ihre Gunst, „wenn sie ein Aufenthalt der Unterdrückung und ahrimanischer Geschöpfe wird, wenn gerechte Männer oder reine Frauen mit staubbedecktem Haupte weinend gehen und kommen." Sünden und Laster der Menschen zerrütten die Schöpfung Gottes, und vermehren nicht nur die Macht des Bösen, sondern bringen selbst neue Dews hervor. Indessen treten diese Wechselwirkungen menschlicher Gesinnung und menschlichen Thuns mit der Sinnenwelt und irdischem Glück durchaus in den Hintergrund gegen die Beziehungen auf das Jenseits. Wenn auch der lebendige Glaube, der noch alle Erscheinungen in der Natur und im Menschenleben unmittelbar auf den göttlichen Willen zurückführt, das Walten des Gottes, der seinen Dienern gnädig ist, in den irdischen Geschicken zu erkennen verlangt, und wenn auch nur eine seltene und hohe Abstraction, nimmer die Mehrzahl der Gläubigen, im Ernst und in der Wahrheit auf das Glück der Erde Verzicht leistet, so ist doch in der religiösen Weltanschauung der Idealismus, welcher seinen Ausgang in einem ewigen Leben bei Gott nimmt, jedem anderen an Kraft und Erhabenheit so sehr überlegen, dass der Gedanke der Unsterblichkeit, einmal erfasst, freilich nicht im gemeinen Leben, aber wohl in der tieferen Contemplation alle geringeren Interessen zurückdrängt. Und da der wirklich religiöse Theil heiliger Schriften den Menschen und Stunden tieferer Contemplation seinen Ursprung verdankt, musste auch in der iranischen Theologie die Hinweisung der Gläubigen auf die Dinge dieser Welt weit überragt werden durch die Bitten, Verheissungen und Betrachtungen, welche dem überirdischen Dasein galten. Hier ist die Zeit der Anfechtungen und der Unruhe, dort Erfüllung und Seligkeit.

XXXIII.

„Wer in dieser argen Welt, der Furcht Heimath, mit reinem Sinn und himmlischem Verstande Gott fragt, und von den Ketten der Sünde befreiet ist, der wird aus dieser Welt in die reinen Wohnungen, in jene glücklichen Gegenden der Herrlichkeit übergehen. — Das Wort kommt von mir; wer unter den Menschen es thut, auch mitten in Verfolgung, dessen Lohn, das sage ich, soll Seligkeit des Himmels sein", so spricht der lebendige Gott, „dessen Wille ist, dass Alles gross und himmlisch sei, der selbst Sünder zu heiligen Lichtern macht." Darum wird an unzähligen Stellen gebetet: „Lass mich gelangen zu den Wohnungen der Heiligen, glänzend in Licht und Seligkeit. — Lass mich schauen deine Herrlichkeit. — Wenn ich sterbe, lass Aban und Bahman mich in den Schooss der Freude tragen." Die vorwiegende Beschäftigung mit dem Ueberirdischen führte die theologische Speculation in allmäliger Ausbildung ihrer Dogmen, deren Fortschritt sich in den Erweiterungen der jüngeren Schriften gegen die Einfachheit der älteren erkennen lässt, zu sehr genauen und umständlichen Festsetzungen über das Schicksal der Menschen nach dem Tode und über das Ende der Welt.

Wenn sich im Tode der Geist des Menschen von seinem vergänglichen Theile getrennt hat, bleibt er noch drei Tage neben der irdischen Hülle. Die Seele des Gerechten schwebt um das Haupt des Leichnams; die des Sünders nagt am Gürtel. Sie brennt, sie fühlt das Unrecht, welches sie im Leben gethan, sie stöhnt: „welche Erde soll ich anrufen, o Ormuzd, welches Gebet an dich richten!" Die fromme Seele erblickt eine lichte Gestalt in jungfräulicher Schöne. Das ist ihr eigenes Ideal, das reine Gesetz, welches sie im Leben zu verwirklichen strebte. Weil sie rein war auf Erden, ist sie jetzt „so heilig, so sehr rein, segnend, über alle Furcht hinaus." Unter dem Schutze himmlischer Geister gehen die Seelen der Gerechten auf den Berg Albordsch und über die

Brücke, „die Schrecken einflösst." Engel rufen ihnen entgegen: „wie seid ihr hierher gekommen, reine Seele, aus der Welt der Mühseligkeiten in die Wohnungen, wo der Vater der Uebel keine Gewalt mehr hat? seid willkommen und gesegnet, reine Seelen, bei Ormuzd, bei den Anschaspands und allen Heiligen." Die Seele tritt an den Ort des reinen Gedankens, des reinen Worts, der reinen That; mit dem vierten Schritt geht sie in das Urlicht, und Gott richtet sie nicht, „er richtet nur den, der da wandelte den Weg der Bedrückung, der Schrecklichkeit, der Peinigung, so lange er lebte," die Seele des Ungerechten empfängt an der Brücke Tschanevad ihr Urtheil, und stürzt hinab in den Duzahk, der vierte Schritt führt sie in die Urfinsterniss. Die Sünder sprechen ihr entgegen: „wie bist du böse gestorben, wie hierher gekommen, in diesen Aufenthalt der Tiefe, wie lange Zeit wirst du ächzen?" Brennende Gluth und Fäulniss erfüllen die Hölle, eine so reiche Ausmalung wie in Aegypten, Indien und dem christlichen Mittelalter hat sie bei den Iraniern nicht erhalten. Der Himmel ist Licht und Anschauen Gottes. Nur wenige Auserwählte können gleich zu ihm eingehen, die übrigen müssen auf bestimmte Zeit, oder bis zum Ende der Welt in der Hölle aushalten, können aber durch eigene Bekehrung, oder durch Gebete und gute Werke, welche von frommen Menschen, namentlich Angehörigen, für sie dargebracht werden, vor der Zeit erlöst werden, wie die Seelen der Katholiken aus dem Fegefeuer.

Die spätere Zeit ergab sich gleich manchen Perioden des Christenthums mit grosser Vorliebe eschatologischen Speculationen über die Wiederbringung aller Dinge und die Auferstehung des Fleisches. Die Grundlehren vom Weltende und jüngsten Gericht finden sich indessen schon in den Zendschriften selbst. „Am Ende der Jahrtausende wird Ahriman ohnmächtig sein," hatte Ormuzd verheissen, aber gegen die letzten Zeiten sollte das Reich des Bösen schrecklich wachsen. Eine neue Offenbarung war nach Zoroaster nicht mehr erforderlich, erst am Ende der Tage sollte ein neuer Prophet geboren werden, Sosisch, der Jungfrau Sohn, ein Heiland der ganzen Menschheit, um die dann Lebenden zu bekehren. Von einem Kometen in Brand gesteckt, sollte die Erde im Feuer untergehen. Dann beginnt die Auferweckung der Todten. Zoroaster zweifelte: „der Wind führt den Staub der Körper fort, das Wasser nimmt ihn mit sich, wie soll der Leib dann wieder werden, wie der Todte neu zum Vorschein kommen?" Aber Ormuzd beruft sich auf seine allmächtige Kraft, und antwortet: „sicher und gewiss sollen deine Augen einst Alles neu leben sehen; und ist das einmal geschehen, so wird es nicht zum zweiten Male geschehen. Um diese Zeit wird die verklärte Erde Gebeine und Wasser, Blut und Pflanzen, Haar, Feuer und Leben geben, wie beim Beginn der Dinge. — Alles wird auferstehen und neu leben." Kajomorts, Meschia und Meschiana machen den Anfang, dann folgen alle übrige Menschen. Einer wird den Anderen wiedererkennen: „siehe, mein Vater, meine Mutter, mein Bruder, mein Weib! Jeder wird hier sein Gutes oder Böses sehen. Der Sünder wird sagen zum Gerechten, dessen Freund er hier war: ach, warum hast du mich nicht gelehrt mit Reinheit handeln! Dann wird eine grosse Scheidung sein. Die Gerechten werden zum Himmel gehen, aber die Befleckten werden in die Tiefe sinken. Der Mann wird von der Geliebten, die Schwester vom Bruder, der Freund vom Freunde geschieden sein. Unbefleckte werden weinen über Sünder, und Sünder über sich selbst. Von zwei Schwestern wird eine rein sein, die andere Sünderin. Ihr Lohn wird in ihren Thaten liegen." In einen Metallstrom zerschmolzen fliesst die Erde in den Duzahk hinab, die Sünder leiden in dem Feuer furchtbare Qual, aber dann werden sich alle zu Gott wenden, und er wird sich ihrer erbarmen. „Auch der grundarge Ahriman wird in Ormuzds Welt zurückkehren." Eine Secte lässt Ahriman und seine Genossen im Brande untergehen, eine andere die Bösen im Abgrund bleiben; die Ewigkeit der Höllenstrafen ist auch hier eine Controverse geworden, aber nach der orthodoxen Lehre wird das Böse aufgehoben, und Alles bekehrt sich zu Gott. Dann wird eine neue Erde und ein neuer Himmel vollendet werden, wo alle Wesen in ewigem Lichte wandeln. Nur Gott wird sein und selige Geister.

XXXIV.

Kehren wir von den Gestaltungen der überirdischen Welt zur Erde zurück, so sehen wir, wie die baktrischen Priester in ihren heiligen Schriften ein umfassendes und detaillirtes System für die Ordnung des praktischen Lebens ausgearbeitet haben. Dasselbe schliesst sich durchaus an die religiöse Theorie an. Wenn die Geisterwelt aus einer Verklärung und Idealisirung der sinnlichen Erscheinungen hervorgegangen war, so sollte das irdische Leben nun wieder nach dem typischen Vorbilde des himmlischen gestaltet, die Erde ein Reich Gottes werden. Abgeleitet aus dem Willen der Gottheit und entwickelt in stetem Hinblick auf die Religionsvorschriften, wurden die Sphären der Sitte und des Rechts, wie es in allen Systemen alter Priesterweisheit zu geschehen pflegt, nicht auseinander gehalten. Was die Moral gebot, sollte auch als ein Rechtsgesetz durchgeführt werden. So einsichtig auch in einem grossen Theile der Vorschriften die menschliche Natur, die Grundbedingungen der Gesellschaft und die thatsächlichen Verhältnisse berücksichtigt werden, welche die Theorie nicht schaffen, sondern höchstens modificiren und im Einzelnen umbilden konnte, so sind doch hier nicht anders, wie in den indischen und hebräischen Religionsbüchern eine Menge von Bestimmungen, die als Gesetze auftreten, aber offenbar Unmögliches oder Undurchführbares verlangen, auf die Herstellung eines idealen Zustandes, einer Gottesgemeinde gerichtet, welche nur ein Traum der theologischen Phantasie, in der spröden Realität nicht zu verwirklichen war. In dem alten Verzeichnisse der heiligen Schriften wird der Inhalt des Vendidad dahin angegeben: wie der Mensch sich vor den Werken Ahrimans und vor den Dews bewahren müsse; und das ist in der That der Ausgangspunkt seiner Pflichtenlehre, welche in dem Zwecke der Reinerhaltung und Ausbreitung des vollkommenen, gottgefälligen Lebens ohne strenge Ordnung und Sonderung, aber in sorgfältiger, umsichtiger Durcharbeitung Vorschriften über das Verhalten des Menschen gegen sich selbst und seine Umgebungen, die leblose, wie die lebendige Schöpfung begreift. Den grössten Theil des Buches nehmen diesem Gesichtspunkte entsprechend die Reinigungsgesetze ein. Besondere Sorgfalt wird dann aber auch der Ausbreitung der Cultur durch nützliche Thätigkeit in den ersten Zweigen menschlicher Arbeit, Ackerbau und Viehzucht, gewidmet. „Wer das Land mit Treue und Sorgfalt anbaut, der erwirbt sich ein höheres Maass des Verdienstes vor Gott, als die Wiederholung von zehntausend Gebeten verschaffen kann." Man sieht, dass der civilisirende Einfluss des Priesterthums bestrebt war regelmässige Arbeit zu fördern und zu Ehren zu bringen. Urbarmachung wüsten Landes, seine Bewässerung oder Trockenlegung, Anpflanzung von Getreide und Bäumen, Anlegung von Städten oder Dörfern werden als religiöse Pflichten eingeschärft, Segensverheissungen an Fleiss und Sorgfalt im Betriebe des Landbaus und der Viehzucht geknüpft, ihre Vernachlässigung mit schweren Folgen bedroht. Wird die Erde nicht mit Fleiss umgebrochen, so spricht sie: „reine und gesunde Speisen bleiben weit von dem Orte, wo du wohnst, Dew Nesosch plage dich, und statt guter Früchte zeige dein Land hundertfältige Schrecken." Der misshandelte Stier flucht seinem Verächter: „sei kinderberaubt, weil deine Worte und Gedanken auf Dews gerichtet sind, und du mir nicht des Lebens Nahrung giebst; all deine Habe will ich tödten, dein Weib, dein Kind und deine Heerden." Grosse, zum Theil sogar übertriebene Fürsorge und Milde gegen nützliche Thiere wird eben so zur Pflicht gemacht, wie Austheilung von Korn oder anderen Gaben an dürftige Menschen. Die strafrechtlichen Bestimmungen des Vendidad sind an die Idee der religiösen Sühne angeknüpft, und ihre Einfügung in denselben ist durch diesen Zusammenhang gerechtfertigt." Das Gesetz hat Strafen verordnet, welche (auch dem Sünder) den Uebergang über die Brücke möglich machen." Nicht gesühnt, oder zu häufig wiederholt werden selbst leichtere Vergehen Tanafur, das heisst, sie lassen nicht über die Brücke. Bei schwereren Verbrechen ist das sogleich der Fall. Die regelmässige Strafe für die im Vendidad aufgeführten Vergehungen ist eine bestimmte Zahl von Schlägen, die zuweilen bis in die Tausende steigt, oder eine entsprechende Vermögensstrafe. Ist die Sünde Tanafur, so tritt eine den Schlägen gleiche Zahl von Jahren der Höllenstrafe hinzu; ihr mindestes Maass beträgt 200 Jahre, sie kann aber in den meisten Fällen durch angemessene Sühnopfer abgewendet werden. Diese bestehen gewöhnlich in Gaben oder Handlungen zum Besten der Priester, der Landescultur, des Verkehrs oder der Armen, erscheinen indessen in ihrer näheren Bestimmung nicht selten hyperbolisch und keineswegs wörtlich gemeint, wenn etwa verlangt wird, dass der Uebelthäter „zur Reinigung der Seele und Tilgung der Sünde" mehrere tausend Ladungen von Holz zum Feuer bringen, Tausende von unreinen Thieren tödten, dreissig Brücken über fliessendes Wasser legen, oder 18 Hunde gross ziehen, einen Herrn über 18 Felder setzen, 18 reine Menschen ernähren soll. Es lässt sich annehmen, dass die Praxis sich mit geringeren Bussen begnügt hat. Bei der Classification und der Strafwürdigkeit der Vergehen ist der ethische Gesichtspunkt entscheidend, welcher mehr die sittliche Gesinnung, aus welcher die That hervorgegangen, als die äussere That selbst berücksichtigt. Vergehen, die in der Leidenschaft verübt worden, werden auch, wenn ihre Folgen weit schwerer sind, mit geringerer Strafe bedroht als solche, die aus einer harten, undankbaren oder ungerechten Gesinnung hervorgehen. Wie die Wahrhaftigkeit des Geistes der Reinheit des Körpers entsprechen soll, und die erste Bedingung eines sittlichen Wandels ist, werden die Werke der Unwahrheit als besonders strafwürdig ausgezeichnet; es sind Mithrasünden, weil sie den Mithra als Aufseher der reinen Welt beleidigen, gleichsam Sünden wider den heiligen Geist." Wer borgt in der Absicht es nicht wieder zu geben, wer sein Wort giebt und es nicht hält, wer dem Anderen die Hand auf's Wort giebt ohne Treue im Herzen und in der Absicht zu hintergehen, wer einem zahmen Thiere eine Belohnung zusagt und sie ihm vorenthält, der begeht das Verbrechen des Mithra, er sündigt gegen die Wahrheit." So beten auch die Könige in den persischen Keilschriften, Gott möge ihr Land bewahren vor Sclaverei, vor Entkräftung und vor der Lüge. Das Wesentliche zur Sühne ist immer die bussfertige Gesinnung und die Erkenntniss der Sünde. Darum wird neben den täglichen Gebeten eingeschärft vor dem Schlafengehen Alles zu untersuchen, was man den Tag über gethan. „Wenn Jemand ein Verbrechen begangen hat, muss er mit Gehorsam hören, was das Gesetz der Ormuzddiener über ihn spricht; thut er das nicht, so müssen die Diener des Gesetzes den hartnäckigen Widersetzer von der Gemeinde der Gläubigen scheiden; verweise einen solchen Menschen aus der Gesellschaft des unzweifelbaren Gesetzes, schneide ihm alle Bande ab." Dabei ist wohl mehr an einen religiösen Bann, als an eine eigentliche Verbannnng zu denken, da ähnliche Wendungen auch bei einzelnen Vergehen gebraucht werden, die doch ausdrücklich mit anderer Strafe belegt sind. Dass aber die Strafbestimmungen des Vendidad nicht als bloss geistige Bussen, sondern als eigentlich criminalrechtliche zu betrachten sind, scheint mir unzweifelhaft. Schon die Schwere der Strafen lässt an eine weitere bürgerliche Bestrafung neben ihnen nicht denken; die genauen Abmessungen, die Unterscheidungen zwischen dem Versuch und der vollbrachten That, zwischen Versehen und Vorbedacht sind durchaus strafrechtlicher Natur; die Zusammenstellung der Vermögensbussen, mit denen die Hölle, und derer, mit denen die Schläge abzukaufen sind, beweist, dass letztere keine geistliche Strafe sind, und wenn Verbrechern gesagt wird: der reine Destur (eine besondere Classe der Priester) hat sie zu strafen, so heisst es in einem schweren Falle ausdrücklich: man bringe sie vor den Destur oder vor den König. Gemeint war gewiss ein wirkliches Strafrecht, aber freilich sind eben so gewiss viele Vorschriften der Art, dass sie niemals wörtlich ausgeführt wurden. Wenn Wortbrüchigkeit, Undankbarkeit gegen Wohlthäter oder Lehrer, Nichtbelohnung der Feldarbeiter, Vernachlässigung des Arbeitsviehs oder die Nichtaufnahme einer verlaufnen Hündin mit übermässigen Strafen bedroht werden, oder wenn von hundertfältigem Ersatze, dessen, was durch Betrug erworben worden, gesprochen wird, so kann das nur bedeuten, was der Theorie nach geschehen sollte, nicht was wirklich geschah. Dergleichen Bestimmungen waren ebenso hyperbolisch und symbolisch wie jene Festsetzungen über die Sühnopfer, oder das Heirathsverbot, in welchem von dem, der eine Ungläubige, eine Verehrerin der Dews heirathet, gesagt wird: „er vernichtet ein Drittel des feuchtfliessenden Wassers, ein Drittel des Wachsthums der emporwachsenden, schönen Bäume, ein Drittel der Bekleidung der heiligen, unterwürfigen Erde, ein Drittel der starken, siegreichen, reinen Männer — ein solcher sollte ausgerottet werden wie giftige Schlangen, wie Eidechsen oder Wölfe mit Klauen." Hier bedient sich das Gesetz selbst nicht des kategorischen „er soll", sondern nur des optativen „er sollte". Es war der Versuch eines systematischen, religiös-moralischen Strafrechts; ein grosser Theil seiner Vorschriften mochte gelegentlich in einzelnen Fällen nach Willkür der Machthaber in Vollzug gesetzt werden, eine regelmässige Anwendung war unmöglich. Gegen manche unhaltbare Schlüsse, die aus dem Schweigen des Gesetzes gezogen sind, muss übrigens erinnert werden, dass der Vendidad keineswegs das vollständige Criminalrecht enthält;' die meisten Capitalverbrechen, Raub, Mord, Vergehen gegen die Obrigkeit, kommen gar nicht darin vor, aber nach dem Verzeichniss der verlornen Schriften wurde auch noch in mehreren anderen von dem Gehorsam der Unterthanen, von den Strafen der Frevel, von der Anwendung der Gesetze, von den Richtern und ihren Pflichten gehandelt.

XXXV.

Auch das Privatrecht, die Lehren vom Eigenthum, den Erbschaften und dem Personenrecht, war in den heiligen Schriften enthalten. Im Vendidad findet sich fast nur Einiges über die Organisation der Familie. Zunächst wird ausdrücklich bemerkt, dass die Seelen der Frauen das gleiche Schicksal nach dem Tode haben, wie die der Männer. Das Gesetz gestattet nur eine Frau, aber die Monogamie wird illusorisch durch die Erlaubniss neben der rechtmässigen Ehefrau Concubinen zu halten, wovon die persischen Grossen den ausschweifendsten Gebrauch machten. Die Könige scheinen sich sogar mehrere legitime Frauen erlaubt zu haben, wie aus der Geschichte des Darius zu entnehmen. Die Entdeckung der Richter des Kambyses, dass der König an kein Gesetz gebunden sei, und daher selbst seine Schwestern heirathen könne, mochte auch diese Abweichung rechtfertigen. Die Frauen standen in hohem Ansehn, und übten, wie die Cyrustochter Atossa, oft grossen Einfluss. Seit der Regierung des Xerxes erscheinen aber auch die Gräuel der Haremswirthschaft in blutiger Fülle. Das Gesetz verlangt die Ehe als etwas durchaus Nothwendiges; die Ehelosigkeit ist schimpflich und strafbar; ein Mädchen, welches bis zum zwanzigsten Jahre die Ehe ausschlägt, muss ohne sich durch Opfer lösen zu können bis zur Auferstehung der Todten in der Hölle büssen. Die Ehescheidung ist dem Manne nur aus gewichtigen Gründen gestattet, wenn die Frau seinem Willen hartnäckig nicht gehorchen will, wenn sie ein schandbares Leben führt, wenn sie den Dews oder der Zauberei ergeben ist. Auch die Concubinen geniessen rechtlichen Schutzes; wer ein Mädchen zu sich nimmt, muss sie und ihre Kinder ernähren, und darf sie nicht verstossen. Wird dagegen ein Mädchen im Hause der Eltern, unter deren Aufsicht sie lebt, verführt, so sollen sie, der Verführer und ihr Kind sterben.

Auf die wirthschaftlichen Zustände des Volkes zur Zeit der Abfassung der heiligen Schriften lassen sich nur aus einzelnen Andeutungen Schlüsse ziehen. Der Eifer der priesterlichen Gesetzgeber für Ausdehnung und Verbesserung des Landbaus zeigt, dass sie die ersten Bedingungen eines geordneten Zusammenlebens erkannt, und die Vermehrung des Volkes, so wie die Hebung seiner ökonomischen Lage zu fördern gestrebt haben. Auf Zeiten, in denen es galt die Nation überhaupt aus dem Nomadenthum zur Ansässigkeit hinüber zu leiten, möchte ich auch die ältesten dieser Vorschriften nicht beziehen, aber wohl konnte die Empfehlung der Landescultur im eigenen und im volkswirthschaftlichen Interesse neben der richtigen Würdigung der Arbeit auch durch den Gegensatz gegen die wandernden Stämme veranlasst werden, welche, abgesehen von den feindlichen Turaniern, damals ohne Zweifel in grösserer Menge und in geringerer Unterwürfigkeit, wie noch heutigen Tages einen Theil der iranischen Länder durchzogen. Herodot nennt unter den Persern besondere Stämme, als von der Viehzucht lebend. Solche Nomaden inmitten einer ackerbauenden Bevölkerung pflegen zwar die Vortheile, die höhere Einträglichkeit des Landbaus zu erkennen, sich aber in Verachtung der gebundenen Arbeit für freier und vornehmer zu halten, und raubsüchtige, unruhige Nachbaren zu sein, wenn sie auch zu schwach sind die staatliche Ordnung im Grossen zu gefährden. Eine gewerbliche Arbeitstheilung war noch kaum vorhanden; es werden zwar einzelne Handwerker, namentlich Metallarbeiter erwähnt, wie sie vereinzelt überall und besonders in Städten früh vorkommen, aber eines abgesonderten Standes von Gewerbtreibenden wird nicht gedacht. Es waren noch die Zeiten, in denen jede Haushaltung wesentlich durch die eigene Arbeit sei es 'der Familienglieder, sei es abhängiger Leute für ihre Bedürfnisse sorgt, und die iranischen Länder scheinen bei geringer wirthschaftlicher und industrieller Entwicklung auf dieser Stufe stehen geblieben zu sein. Wenn auch die Sorge für Brücken und Wege, oder die Erwähnung des Kameels, „welches Güter und Schätze trägt, der Menschen Wünsche, als Freund des Menschen grosse

Reisen durch die Welt macht, jugendlich die Städte durchtrabt", auf Handel und Verkehr zu beziehen sind, so können diese doch nicht von Erheblichkeit gewesen sein, kaum mehr als einige Luxusgegenstände betroffen haben. Als Reichthümer werden hauptsächlich die Heerden, Rinder, Pferde und Kameele, dann Teppiche und Kleider, seltner Gold und Silber erwähnt. Selbst das Land an sich, obwohl bei einem industrielosen Volke der Reichthum und die darauf begründeten Ständeunterschiede fast ausschliesslich auf dem Grundbesitze beruhen, wird kaum als Gegenstand des Reichthums betrachtet, sondern erst dann zu einem schätzbaren Vermögensobjecte, wenn Arbeit darauf verwendet, Gebäude errichtet, Vieh und Ackergeräth dafür beschafft worden. Grund und Boden war offenbar noch überflüssig vorhanden, es kam darauf an ihn in Cultur zu setzen, Arbeitskräfte dafür zu gewinnen. Eigentliche Sclaverei zum Zwecke der Nahrungsarbeiten scheint wenigstens nicht in grossem Umfange bestanden zu haben, nur zu häuslichen Diensten, zu Glanz und Pracht wurden seit den Eroberungszeiten von den Vornehmmen grosse Massen von Sclaven gehalten. Wenn sich dagegen Strafbestimmungen finden für diejenigen, die ihr Arbeitsvieh oder die Menschen, welche damit arbeiten, nicht gehörig pflegen und lohnen, und für die, welche den Feldarbeitern oder ganzen Dörfern die Vergeltung versagen, so lässt sich schon daraus schliessen, dass jedenfalls ein grosser Theil des Bauerstandes in factischen oder rechtlichen Abhängigkeitsverhältnissen zu den grösseren Grundbesitzern stand, wie sich denn Reichthum, Adel und Vornehmheit, Besitz- und Standesunterschiede bei völliger Naturalwirthschaft ohne Frohndienste oder irgendwelche Formen der Hörigkeit kaum denken lassen. Geld aber gab es in den Zeiten der Zendschriften wahrscheinlich noch gar nicht. Es wäre zwar möglich, dass unter den Derems, mit welchen die körperlichen Züchtigungen abgekauft werden konnten, nicht ein geringes Gewicht, sondern wie einige Ausleger wollen, kleine Münzen zu verstehen wären, und dass man also zum kleinen Verkehr schon eine dem werthvolleren Gelde regelmässig vorausgehende Art von Scheidemünze gehabt hätte, es scheint indessen kaum, und jedenfalls war der Gebrauch des Geldes äusserst beschränkt. Alle Werthsangaben, von Gold und Silber wie von anderen Waaren, werden nach Hausthieren berechnet; die Vermögensbussen bestehen in anderen Besitzthümern, und sind erst in Pehlevi-Bearbeitungen des Gesetzes in Geldwerthe umgesetzt; auch die nach dem Range der behandelten Personen genau bemessenen Gaben an die Priester für Reinigungen, oder an die Aerzte für Heilungen bestehen regelmässig in Thieren; sie gehen von einem Kameel, einem Pferde, einem starken oder einem kleinen Ochsen bis zu einem Hasen und einem Stück Fleisch herab. Die ersten iranischen Goldmünzen, überhaupt die ältesten, welche sich bis auf unsere Zeit erhalten haben, liess Darius Hystaspis schlagen, die Dareiken, etwa Zwanzig-Francsstücken entsprechend. Auch unter ihm wurden die Abgaben nur nach dem Gewicht erhoben, und die eingegangenen edeln Metalle in den königlichen Schatzkammern zusammen geschmolzen. Seine Ausprägungen erfolgten zunächst nicht mit Rücksicht auf die allgemeine Circulation, sondern nach den jeweiligen Bedürfnissen des Staats- und Hof-Haushaltes, werden daher keinen sehr hohen Betrag erreicht haben. Die geringe Entwicklung der Industrie, des Verkehrs und des Handels erforderte keine erhebliche Quantität von Circulationsmitteln, und bot für nutzbare Capitalsanlagen keine Gelegenheit. Die persischen Grossen folgten dem Beispiel der Könige, und häuften die im Kriege, durch Raub oder durch Erpressung erworbenen Schätze unfruchtbar auf, wie es zu allen Zeiten im Oriente geschehen ist, wo die Masse der zu Luxusgegenständen verarbeiteten oder todt niedergelegten, edeln Metalle im Verhältniss zu den als Geld umlaufenden ausserordentlich gross ist. Die iranischen Länder blieben im Ganzen arm; die von ihnen zu entrichtenden Abgaben waren nach dem Tributverzeichnisse Herodots gering im Vergleich mit denen der Länder, welche wirthschaftlich und industriell mehr vorgeschritten waren, wie Babylonien, Aegypten und Kleinasien.

XXXVI.

Weniger ausgebildet und weniger prädominirend als in den Kastenstaaten, deren Abgeschlossenheit die kriegerische Thätigkeit entschiedener zurückdrängte und den Beschäftigungen des Friedens freieren Spielraum gewährte, hat die iranische Priesterschaft ähnlich den meisten semitischen und namentlich auch der hebräischen zwar in dem ersten und wichtigsten Berufe der theoretischen Classe, in der Herstellung einer allgemeinen Doctrin, der Ausarbeitung der Religion, der Sitte und des Rechts Grosses und Bewunderungswürdiges geleistet, dagegen in den speciellen Wissenschaften durchaus keine glänzenden Erfolge aufzuweisen. Ueber das, was in unmittelbarer Verbindung mit den religiösen und ethischen Speculationen steht, hat wissenschaftlicher Eifer sie wenig hinausgeführt. Die Lehre von der Bestimmung des Menschen, von Seele und Leib, ihrer Verbindung und Trennung führte im Zusammenhange mit dem weitläufigen Ritualgesetze, welches alle Vorkommenheiten des individuellen Lebens umfasste, zu physiologischen Untersuchungen, deren Resultate nur von oberflächlichen Beobachtungen und willkürlichen Annahmen zeugen, wenn auch manche dieser Annahmen in der Physiologie der Zendschriften mit populären Vorstellungen übereinstimmen, denen man noch heutigen Tages begegnet. Aehnlich schloss sich die Beobachtung und Classification des Thierreichs zunächst an die Unterscheidung der reinen und unreinen Schöpfung an. Schon die Arzneikunde scheint nach den darüber erhaltenen Vorschriften auf einer sehr niedrigen Stufe gestanden zu haben, wie denn auch bei den persischen Königen nur ägyptische und griechische, keine einheimischen Aerzte erwähnt werden. Wie weit die astronomischen Kenntnisse, auf denen ihre Kalenderrechnung und ihre Sterndeuterei beruhte sich erstreckten, und in wie fern diese selbständig erworben, oder etwa von den Chaldäern entlehnt worden, lässt sich nicht beurtheilen. Dass wissenschaftliche Kenntnisse und wissenschaftliches Interesse seit den Zeiten der heiligen Schriften und durch die Berührung mit fremder Gelehrsamkeit in den iranischen Ländern irgend erhebliche Fortschritte gemacht hätten, davon finden sich keine Spuren.

Da nicht bloss die ältesten Lieder und kurze Sprüche, die allenfalls mündlich überliefert werden konnten, sondern der grössere Theil der heiligen Bücher frühen Zeiten zugeschrieben werden müssen, ist die Schrift wie bei allen Priesterthümern des Orients auch bei den Baktrern in altem Gebrauch gewesen. Ob sie hier eine selbständige Erfindung gewesen, ist nicht zu entscheiden, weil die überkommenen Schriftproben nicht hoch genug hinaufreichen; wahrscheinlich ist indessen das iranische Alphabet von vorne herein nach indischem oder semitischem Muster gebildet worden; denn die bekannten Cursivschriften schliessen sich an deren Formen an, wenn auch noch im griechisch-baktrischen Reiche in den letzten Jahrhunderten vor Christus eine eigenthümlich gestaltete Schriftart gebraucht ward. Die ältesten iranischen Buchstaben sind uns in den Keilinschriften der Achämeniden erhalten, beginnend mit der einfachen Inschrift über der Statue des Cyrus, „ich bin Cyrus, der König, der Achämenide", merkwürdig, weil sie vielleicht die älteste ist, die geschrieben ward, und die erste, die nach mehr als zwei Jahrtausenden wieder gelesen ist, einigermassen zahlreich nur aus den Regierungen des Darius und Xerxes, dann nur noch vereinzelt vorkommend. Die Formen des Keils sind aus den babylonisch-assyrischen Keilschriften entlehnt, aber statt jener schwerfälligen und complicirten Sylbenschrift ist ein einfaches, der persischen Sprache angemessenes Alphabet von vierzig Buchstaben aus Verbindungen des Keils zusammengesetzt worden, offenbar nach dem Vorbilde eines schon in Gebrauch befindlichen Alphabets; denn der erste Versuch einer Buchstabenschrift können diese persischen Inschriften mit ihrer sorgfältigen Orthographie und Grammatik unmöglich sein. Ebenso ist es bei der häufigen Erwähnung von geschriebenen Befehlen, Briefen, Protokollen, Büchern und Schreibern in der persischen Geschichte unzweifelhaft, dass neben der monumentalen Keilschrift eine Cursivschrift allgemein gebräuchlich war. Es ist kein geringer Triumph der modernen, in Tiefe wie in Ausdehnung gleichmässig wachsenden Wissenschaft, dass wenige Jahrzehnte, nachdem Grotefend durch unermüdliches Vergleichen und scharfsinniges Errathen aus den unbekannten Buchstaben einer unbekannten Sprache ein paar Namen entziffert hatte, die glänzenden Arbeiten Lassens und Rawlinsons mit Hülfe der verwandten Sprachen, des Zend und des Sanskrit, diese Inschriften so vollständig erklärt haben, dass nur wenige einzelne Wörter zweifelhaft geblieben sind. Neben den unmittelbaren, wichtigen Resultaten für Geschichte und Sprachvergleichung haben die beigefügten Uebersetzungen den Schlüssel zur Entzifferung der assyrischen Keilschriften geliefert, und dadurch der historischen Forschung ein neues Feld von weiter Ausdehnung eröffnet.

Eine eigenthümliche Kunst hat es in dem alten Iran nicht gegeben. Weder die Zendschriften, noch irgend welche Denkmäler geben Zeugniss für das Vorhandensein einer älteren Sculptur, oder einer über das Wohnungsbedürfniss hinausgehenden Architektur. Es fehlte hier, wie bei den Hebräern, was bei anderen Völkern die ersten Kunstübungen hervorzurufen pflegt, das religiöse Motiv. Die Gottheit, nicht in menschlicher Gestalt gedacht, duldete keine plastische Darstellung und gebrauchte kein Haus; die Feueraltäre, am liebsten auf Berggipfeln errichtet, verlangten keinen Schmuck. Die Anschauungen der heiligen Schriften rechtfertigen die Angabe Herodots, dass die Perser keine Götterbilder oder Tempel aufrichteten, und die, welche solches thaten, der Thorheit beschuldigten. Erst nach längerer Berührung mit fremden Sitten und Künsten scheint eine religiöse Kunst Eingang gefunden zu haben und auch dann mehr in fremdem, als in einheimischem Gottesdienste verwendet zu sein. Clemens von Alexandrien berichtet aus den chaldäischen Alterthümern des Berosus, dass die Perser später angefangen menschlich gestaltete Götter zu verehren, dass Artaxerxes Mnemon zuerst den Bilderdienst eingeführt, und sowohl in iranischen, als ausserarischen Städten, in Persepolis, Ekbatana und Baktra, wie in Babylon, Damascus und Sardes Bildnisse der syrischen Aphrodite zur öffentlichen Verehrung aufgestellt habe. Auch Strabo erwähnt des semitischen Venusdienstes bei den Persern. Im Ganzen blieb jedoch die Aufnahme fremder Götter sehr beschränkt; wenn die populären Vorstellungen auch eine erheblich mehr polytheistische Färbung trugen als die Theorie der heiligen Schriften, wie es namentlich bei den Persern der ausgedehntere Opferdienst und die häufige, inschriftliche Bezeichnung des Ormuzd als des Hauptes der Götter bezeugen, so stand sie doch in zu entschiedenem Widerspruche mit den Grundbegriffen der iranischen Religion um grosse Ausdehnung zu gewinnen, und die geistigeren Gottesbegriffe der Iranier wirkten sehr viel erfolgreicher auf die westlichen Völker ein, als dass ihre Religion durch letztere modificirt wäre. Eine bildliche Darstellung der höchsten Gottheit findet sich allerdings schon auf den Denkmälern des Darius, die geflügelte, menschliche Figur im Kreise, die wie auf den assyrischen Monumenten über dem Könige schwebt, aber das war eine symbolische Darstellung und nicht zu einem Gegenstande religiöser Verehrung bestimmt.

Zur Verherrlichung weltlicher Grösse, zu den Palästen, Denkmälern und Gräbern der Könige wurde die Kunst fremder Länder zuerst und vorzugsweise in persischen Dienst genommen. An den prachtvollen Resten von Persepolis können wir noch die Hand ägyptischer und assyrischer Künstler erkennen. Der Plan des Ganzen, die mächtige Terrasse, auf welcher die Marmorpaläste des Darius und Xerxes errichtet worden, die Portale mit den geflügelten, menschenköpfigen Stieren, die Symbole der Gottheit, wie die Keilbuchstaben der Inschriften entsprachen assyrischen Vorbildern, nur übertroffen durch das herrliche Material, welches von selbst die reichere Verwendung und die grössere Pracht der Säulen herbeiführen musste. Die Technik in der Behandlung des Gesteins, den Faltenwurf statt der schweren, faltenlosen Gewänder auf den Sculpturen Ninives und manche andere Einzelheiten können wir ägyptischer Einwirkung zuschreiben. Diodor giebt ausdrücklich an, dass die weltberühmten Paläste in Persepolis, in Susiana und Medien nach der Eroberung mit ägyptischen Schätzen und durch ägyptische Künstler errichtet seien. Verbindungen assyrischer und ägyptischer Eigenthümlichkeiten lassen sich häufig erkennen. Schon auf dem Reliefbilde des Cyrus sind die Flügel und die Haltung der Figur assyrisch, dabei trägt er auf dem Haupte einen ägyptischen Götterschmuck, woraus ich freilich nicht mit Letronne eine Verbindung zwischen Persien und Aegypten vor der Eroberung des Cambyses folgern möchte, da es natürlich ganz unerweislich ist, ob das Monument schon bei Lebzeiten des Cyrus errichtet worden. Die Sitten des reichen Mesopotamien scheinen überhaupt auf die Perser vorzugsweise eingewirkt zu haben; Xerxes trägt auf seinem Bilde Haare und Bart so lang und sorgfältig gekräuselt wie die Könige Ninives, was beim Cyrus und Darius noch nicht der Fall ist.

XXXVII.

Haben Kunst und Wissenschaft bei den iranischen Völkern keine selbständige und hervorragende Bedeutung erlangt, so bezeichnet dagegen ihre sociale und politische Organisation eine eigenthümliche und wichtige Stufe in der Entwicklungsgeschichte der Staaten, die höchste Blüthe und zugleich den Abschluss der Periode, in welcher der Schwerpunkt der Geschichte, die geistige und materielle Superiorität in die Reiche des Orients fiel. Seitdem die persische Macht vor der überlegenen Kraft Griechenlands erlag, ist die Herrschaft unwiderruflich an die strebsameren Völker des Occidents übergegangen. Als Grundlage der Gesellschaft nennt die iranische Offenbarung die drei Stände, welche den indischen Ariern die Zweimalgebornen sind, Priester, Krieger und Bauern. Ihre den Sanskritnamen fast gleichlautenden Bezeichnungen sind ein abermaliges Zeugniss für die gemeinschaftliche Entwicklung beider Volkszweige bis zu einer schon vorgeschritteneren Ausbildung. Die Krieger heissen Kschatra, die Bauern Vastrja oder Vanço, die Priester nicht nach der späteren Kaste der Brahmanen, sondern Athrava, entsprechend dem vedischen Atharvan. Die spätere Auffassung fügt den vierten Stand der Gewerbtreibenden hinzu, und nach dem Schahnameh theilt bereits Dschemschid sein Volk in die vier Classen. Die ältere Zeit der heiligen Schriften kennt nur zwei weltliche Stände, Krieger und Bauern; die Handwerker, obwohl erwähnt, hatten noch nicht die Bedeutung oder die Achtung gewonnen als eine besondere Classe in Betracht gezogen zu werden. Es waren Anfangszustände der Gesellschaftsbildung; die bewegenden, vorwärtstreibenden Kräfte industrieller Betriebsamkeit und forschender Wissenschaft störten nicht die stabile Ordnung, aber auch nicht das selbstgenügsame, indolente Beharren in einem beschränkten Kreise der Anschauungen und der materiellen Existenz. Die bürgerliche Gesellschaft blieb im Wesentlichen auf dieser Stufe stehen. Zu einer erblichen, kastenmässigen Abschliessung der Stände kam es dagegen nicht. Die Theorie der Zendschriften spricht nicht von der Angehörigkeit zu einer Classe durch das Recht oder die Pflicht der Geburt, sondern legt nur Gewicht auf die intellectuellen und moralischen Eigenschaften. „Der Erste der Priester sei der weiseste im Gesetz; der Oberste der Krieger sei rein und sehr tapfer; wer für das Feuer die grösste Freigebigkeit, und die grösste Sorge den Heerden beweist, der ist würdig ein Oberhaupt reiner Menschen des Feldes zu sein." Selbst bei dem Priesterthum, dessen theoretisirende Neigungen überall zuerst nach festen Organisationen streben, ist in dem Gesetze weder von der Bedingung der Abkunft die Rede, noch schützt die Geburt den Unwürdigen. Es kommt lediglich auf den heiligen Wandel, die Kenntniss und die Erfüllung des Gesetzes an. Wer die heiligen Gebräuche, die vorgeschriebene Kleidung, die Pflichten seines Berufes nicht beobachtet, „der ist ein Betrüger, ein Diener der Devs, wenn er spricht: ich bin ein Priester"; oder: „wer in dieser argen Welt, der Furcht Heimath, übernachtet ohne Wachsamkeit und Gebet, wer nicht thut, was er gelehrt worden, nicht Sünder reinigen und des Uebergangs der Brücke würdig machen will, der ist ein Lügner, wenn er spricht: ich bin ein Priester." An Ordnung und Disciplin fehlte es dem geistlichen Stande nicht; auf Vernachlässigungen des Dienstes waren strenge Strafen gesetzt, der Tod traf den, der das Feuer verunreinigte. Dagegen wird auch für ihr Ansehn und ihr Auskommen gesetzlich Sorge getragen. Ausser den bestimmten Gaben für Reinigungen sollen die Priester den Zehnten aller Einkünfte erhalten, und wer sich widerspenstig gegen ihre Anordnungen bezeigt, „wer mit Verachtung gegen einen Heiligen redet, der ganz mit Ormuzd und seinem Gesetz beschäftigt ist, und nach seinem Eigenwillen lebt", dessen Sünde ist Tanafur. „Habt ihr den Priester befriedigt, so wird euere Seele den Qualen der Hölle entgehen; ihr werdet Ruhm in dieser und Seligkeit in jener Welt erndten." Es werden mehrere Classen der Priester unterschieden, deren Bedeutung nicht ganz erhellt, ausser dass der Destur besonders mit der Auslegung und Aufrechterhaltung des Gesetzes betraut erscheint. Sie können obrigkeitliche Aemter bekleiden, auch die Waffen tragen, sollen aber die Erwerbsarbeiten der Bauern oder Handwerker nicht verrichten. Da die Descendenz nicht nothwendig dem Berufe des Vaters folgte, sondern in andere Stände übergehen konnte und alsdann den priesterlichen Charakter verlor, war die Erlaubniss weltlichen Erwerbes hier nicht unumgänglich geboten, wie bei den indischen Brahmanen, und wenn auch die Bauern als „Quelle des Segens" gepriesen werden, so erhielt sich doch überall in der Praxis die Abneigung und Geringschätzung gegen die regelmässige, friedliche Arbeit. Bei der allgemeinen Hinneigung zur erblichen Fortpflanzung des Berufs und bei dem Umfange des erforderlichen Unterrichts, so wie seiner nothwendigen Gebundenheit an die Familientradition können wir annehmen, dass auch ohne gesetzliche Vorschrift in der Regel der priesterliche Beruf in den Geschlechtern forterbte, welche einmal dem geistlichen Stande angehörten. Im Westen, bei den Medern führte die feste Organisation der Priesterclasse zu der wirklichen Kaste der Magier, vielleicht nach chaldäischem Vorbilde, ohne dass das Kastenregime bei dem übrigen Volke eingeführt wurde. Cyrus übergab den medischen Magiern auch das Priesterthum bei den Persern, wo der Religionsdienst bis dahin einfacher und unsystematischer gewesen sein mochte. Ohne Zweifel traten dabei auch Perser in die Priesterkaste ein, da sich die bisherige Geistlichkeit des herrschenden Volkes doch unmöglich beseitigen liess. Ausser der Natur der Sache spricht hierfür der Umstand, dass mehrfach Perser als Commentatoren der heiligen Schriften erwähnt werden, Plinius nennt schon den Osthanes, einen Begleiter des Xerxes auf dem griechischen Zuge, Diogenes Laërtius andere.

XXXVIII.

In der äusserlichen Bewegung des Volkslebens war die kriegerische Thätigkeit so sehr der überwiegende Gesichtspunkt, dass feste Classenunterschiede dagegen keine Bedeutung gewinnen konnten. Wenn das Gesetz zwei weltliche Stände, den höheren der Krieger und den niederen der Bauern unterscheidet, so ist dabei nur an den überall wiederkehrenden Gegensatz derer, die durch ihren Besitz der persönlichen Erwerbsarbeit überhoben sind, und der arbeitenden Classe zu denken. Ohne dass die Gränzlinie scharf gezogen oder durch gesetzliche Erblichkeit fixirt zu sein brauchte, musste die Scheidung eine ziemlich constante werden. Der Reichthum, welcher dauernd von der Arbeit befreite, und seinem Inhaber die bevorzugte Stellung verlieh, die der ritterlichen Lebensweise des germanischen Mittelalters entspricht, konnte regelmässig nur in einem hinlänglichen Grundeigenthum bestehen, und in Zeiten, da es getrennt von der Bodencultur weder Industrie noch Capital in irgend erheblichem Maasse giebt, wird dieses sehr fest in den Händen der besitzenden Familien, weil sich in Ermangelung beweglichen Vermögens auf der einen, in Unmöglichkeit des Credits und der Verschuldung auf der anderen Seite Wenige finden, die zu kaufen im Stande, oder zu verkaufen genöthigt wären. Diesen Bevorzugten gegenüber pflegt zwischen den kleineren Eigenthümern, den besitzlosen Freien und den hörigen Leuten kein grosser Unterschied gemacht zu werden; sie sind die Arbeiter, welche nach ihrer Mehrzahl als Bauern bezeichnet werden. Dass unter den Kriegern als Stand eine Art von Adel zu verstehen, bezeugt noch ein alt iranischer Ausdruck für den Krieger, Rathaostar; das bedeutet eigentlich den, der auf dem Wagen steht, bezeichnet also ursprünglich den vornehmen Krieger der alten Zeit, in welcher der Streitwagen die Waffe der Grossen war. Den Namen der Krieger führte die höhere Classe auch hier mehr nach dem, was theoretisch ihr eigentlicher, ehrenvollster Beruf sein sollte, als nach dem, was in der Wirklichkeit ihr charakteristisches Merkmal ausmachte. Denn praktisch war die kriegerische Thätigkeit keineswegs auf sie beschränkt; die ewigen Kriege der iranischen Völker, die ungeheuren Massen, mit denen sie geführt wurden, und die Berichte über die persischen Heeresaushebungen beweisen, dass nicht eine bevorzugte Classe, sondern das ganze Volk im weitesten Umfange der Möglichkeit zum Kriegsdienste herangezogen wurde. Schon das Gesetz versteht unter den Kriegern durchaus nicht immer den theoretisch ausgezeichneten Kriegerstand; denn wenn die Ausrüstung dürftiger Krieger mit den erforderlichen Waffen als verdienstliches Werk oder eine Handlung der Sühne empfohlen wird, so kann nicht an berufsmässige Krieger, sondern nur an Menschen, die im Kriege verwendet werden sollen, gedacht werden; Krieger, die nicht einmal Waffen besitzen, und diese erst von der Grossmuth Anderer erwarten, müssten entschieden verhungern, wenn sie nichts Anderes als Krieger wären.

Mit den beständigen Kriegen, welche die vielen Völkerschaften Irans von jeher, bald unter einander, bald mit ihren Gränznachbaren, und seit der medisch-persischen Zeit als Eroberungskriege im grössten Styl führten, und mit der ausschliesslichen Wichtigkeit, welche der kriegerischen Thätigkeit beigelegt wurde, steht die Mangelhaftigkeit der Kriegskunst in einem auffälligen, nur durch den beschränkten Hochmuth und die conservative Indolenz des Orients zu erklärenden Contrast. Die Baktrer gebrauchten nach den genauen Angaben der Zendschriften über die Ausrüstung der Krieger nicht einmal Schilde, womit Herodots Beschreibung der baktrischen Bewaffnung übereinstimmt. Das ist allerdings nur begreiflich, wenn nach Art der Parther und der Mongolen das Hauptgewicht auf die Reiterei und den Kampf aus der Ferne gelegt wurde. Die Perser trugen nach den Sculpturen von Persepolis und nach den griechischen Berichten zwar Schilde, die aber sehr schlecht, nur gegen Pfeile und Wurfspiesse dienlich, für den Kampf in der Nähe ganz unbrauchbar waren. Vollständige Rüstungen trugen nur einzelne Vornehme, und die Kriegsübungen der Jugend sollen nur im Bogenschiessen und im Reiten bestanden haben. Herodot erzählt, dass erst Cyaxares die verschiedenen Waffen gesondert, Bogenschützen, Lanzenträger und Reiter in getrennte Corps geordnet habe, und das mag für die Meder und ihre Stammgenossen richtig sein, für Asien überhaupt freilich nicht. Auf den älteren assyrischen Monumenten sind die Truppentheile nach ihren Waffen geschieden, und werden bei Belagerungen wie in Schlachten offenbar nach taktischen Regeln bald einzeln, bald combinirt verwendet. Die Assyrer erscheinen übrigens auch weit besser gerüstet, namentlich für das entscheidende Gefecht in der Nähe, als es die Masse der Perser jemals war. Zu einer taktischen Ordnung und Gliederung der Heere in kleinere, geschlossene und bewegliche Truppenkörper kam es nie. Die Kriege wurden mit ungeheueren, aber gänzlich untergeordneten Massen, und mit schonungsloser Verachtung des Menschenlebens geführt. So war es unter Cyrus, so noch unter Darius Codomannus. Daher gewannen die Perser zwar gewaltige Erfolge gegen die ähnlich fechtenden orientalischen Völker, scheiterten aber vollständig in dem Zusammentreffen mit der höheren griechischen Kriegskunst.

XXXIX.

Auf diesen in voller Harmonie und Wechselwirkung stehenden Grundlagen einer priesterlichen Theorie, auf deren festem Boden die Völker in ihren religiösen und sittlichen Anschauungen geeinigt waren, einer kriegerisehen Praxis, welche die Thätigkeit im Kriege als die ideale Lebensaufgabe des Ariers, „des guten Mannes", betrachtete, und der einfachsten Wirthschaftsverhältnisse, welche weder durch industrielle Fortschritte wesentlich modificirt wurden, noch durch verheerende Kämpfe auf die Dauer zerrüttet werden konnten, erwuchsen die iranischen Staaten. Die Nothwendigkeit militärischer Consolidation führte auch hier erst zu den grösseren Staatenbildungen der in Nationalität, Religion und Sitte verwandten Völker. In der ewigen Fehde mit den andrängenden Turaniern bildete sich das erste grössere Reich, das baktrische, das Stammland iranischer Gesittung. Die mittleren Stämme blieben schwach und zersplittert; die ältere Geschichte weiss nichts von ihnen als ihre Namen. Im Westen entstanden die ausgedehnteren politischen Verbindungen spät in historischer Zeit. Wie die germanischen Stämme im Kampfe mit der Uebermacht Roms zum Bewusstsein ihrer nationalen Zusammengehörigkeit kamen, und sich in ihren festeren Verbänden zusammenschlossen, so die Meder und Perser in den Kriegen mit den Assyrern. Wiederholt und lange unterworfen, lernten zuerst die Meder die Nothwendigkeit der Einigung. Selbst nach der dauernden Befreiung von der fremden Herrschaft fielen sie wieder in kleine Gaue auseinander. Herodot denkt sich allerdings die Ver-

hältnisse zu beschränkt, wenn er den Dejoces wie einen
Friedensrichter von localem Ansehn schildert, oder den Cyrus
das persische Volk zu einer Feldarbeit und einem Feste ver-
sammeln lässt, aber das können wir sicher annehmen, dass
erst dem wiedererstarkten Reiche von Ninive gegenüber etwa
um 700 vor Christus unter Dejoces der geordnete medische
Staat gegründet wurde. Ihrer Kraft bewusst geworden, unterwarfen sich die Meder sämmtliche iranische Völker, endlich
im Bunde mit Babylon Assyrien selbst, und ordneten anscheinend das Reich nach dem assyrischen Vorbilde, indem
sie bei den bezwungenen Nationen tributpflichtige Unterkönige aus deren Mitte einsetzten oder bestehen liessen. In
dem verhältnissmässig kleinen Persien fand der assyrische
Divanubara noch 27 Könige zu überwinden; das Volk muss
also in unabhängige Stämme von sehr geringem Umfange
zerfallen sein, wie denn die Perser noch zur Zeit des Cyrus
ein armes und rohes Volk waren, und wurde vielleicht erst
durch die Meder unter einen abhängigen Gesammtfürsten gestellt, da der erste König Achämenes nach dem Stammbaum
des Darius ungefähr in die Zeit der beginnenden medischen
Eroberungen fallen muss.

Dieser dauernden Kriegsthätigkeit, in der die wichtigsten
Völkerschaften Irans lange Jahrhunderte hindurch theils in
kleinen Stammfehden, theils gegen auswärtige Angriffe ver-
harrten, bis sie endlich nach ihrer nationalen Erstarkung zur
Eroberung übergingen, ist es zuzuschreiben, dass zwar nicht
der religiöse Sinn des Volkes, wohl aber der Einfluss der
contemplativen Classe auf seine Culturzustände weit unter dem
Maasse der Kastenstaaten blieb, und dass sich die politische
Gewalt entschiedener bei den Kriegsfürsten concentrirte.
Wenn das theokratisch-militärische System dort unter dem
überwiegenden Einflusse der Priester die höchsten Blüthen
der Wissenschaften, Künste und Industrie entfaltet hat, so
ist es hier zu den grössten Erfolgen kriegerischer Anstrengungen gediehen. Den Königen stand die ganze Volkskraft
zu den Zwecken des Kriegs und der Politik unbeschränkt

zur Verfügung. Keine feste Ständegliederung, kein sociales oder politisches Gesetz stand ihrem Willen auch nur der Theorie nach entgegen. Statt einer selbständigen Macht mussten die Priester sich begnügen, einen berathenden Einfluss auf die Könige zu üben. Was auch thatsächlich geschehen mochte, ein indisches oder ägyptisches Priestercollegium würde niemals gleich den persischen Oberrichtern zugestanden haben, dass der König rechtmässig Alles thun könne, was er wolle. Selbst in religiösen Dingen sprach hier der König das entscheidende Wort; schon Zoroaster setzte seine Reform nicht durch das Priesterthum, sondern durch den König Gustasp in das Werk, ebenso reformirte Cyrus die Religion der Perser, und Darius bezeugt, dass er nach dem Sturze des magischen Usurpators die von ihm eingeführten Gebräuche verboten und den Gottesdienst geordnet habe. Die Völker fühlten sich diesem unbedingten Despotismus gegenüber keineswegs als Sclaven, seine Rechtmässigkeit und Nothwendigkeit wurde nie in Zweifel gezogen. Das Königthum, mit allem Glanze weltlicher Macht und aller Heiligkeit religiöser Weihe bekleidet, war die Verkörperung des Volkslebens in seinen höheren Richtungen, in dem, was die ideale Theorie als seinen wahren Beruf hinstellte, in dem religiösen Denken und dem kriegerischen Thun. So erscheint es in dem Gebet und der Liturgie, so in den Darstellungen zu Persepolis. Während in den ägyptischen Tempeln und den assyrischen Palästen der König historisch dargestellt wird in der Schlacht oder im Triumph, wird hier nur die Idee des Königthums an sich verherrlicht. Die individuelle Persönlichkeit tritt nicht hervor, als könnte die Majestät darunter leiden; da ist kein König grösser und kleiner. Trabanten, Hofstaaten und Tribut bringende Gesandte erfüllen in feierlicher Haltung die Wände der Terrassen in der heiligen Nähe des Thrones. Der König überwindet als priesterlicher Vertreter seines Volkes phantastische Ungeheuer, die feindlichen Mächte der Finsterniss. In ihren Inschriften nennen sie sich Könige von Gottes Gnaden oder nach dem Rathschluss Gottes; Ormuzd hat ihnen die Herrschaft verliehen, und seine besondere Gnade waltet über seinen Auserwählten. Je grösser das Reich, je ferner und unnahbarer der König der Mehrzahl seiner Unterthanen wurde, desto mehr musste sich freilich das Band des gemüthlichen Zusammenhanges lösen, desto herrischer und kälter der Despotismus hervortreten, aber das eigene Volk im Gegensatz gegen die unterworfenen Provinzen hörte darum nicht auf, sich als eine grosse Familie, den König als deren natürliches Haupt zu betrachten. So entwürdigend und verworfen die knechtische Gesinnung häufig vor rücksichtslosen Tyrannenlaunen erschien, so darf doch nicht vergessen werden, dass auch der verzerrten Servilität eine sittliche Idee, eine ideale Anschauung der unantastbaren Würde zum Grunde lag. Das Beispiel des Prexaspes verdient in dieser Beziehung beachtet zu werden. Wie der rechtmässige König seinen Sohn durch das Herz schiesst, nur um zu zeigen, dass er nicht zu viel trinke, sondern eine feste Hand habe, da antwortet der Unglückliche an der geöffneten Leiche dem frohlockenden Despoten, Gott selbst könne nicht sicherer zielen, aber derselbe Mann bedenkt sich nicht dem usurpirenden Magier furchtlos entgegen zu treten, und wählt den freiwilligen Tod, um dessen Betrug zu enthüllen. Diese Heiligkeit der legitimen Gewalt bestand in den Augen des Volkes so unerschütterlich fort, dass wir ausser dem Abfall der Perser vom Cambyses innerhalb des Stammlandes von keiner Empörung und von keinem Dynastiewechsel hören. In der eigenen Familie freilich und in der Hofumgebung der Könige wurde diese Heiligkeit sehr wenig geachtet, seit die imponirenden Persönlichkeiten der ersten grossen Regenten zu Grabe gegangen waren; nach Darius Hystaspis sind nur zwei persische Könige natürlichen Todes gestorben.

XL.

Wie das Königthum in dem Drange zwingender Verhältnisse die politischen Einigungen der Nationen geleitet und die grösseren Staaten gegründet hatte, so vertrat es auch später in der That den kriegerischen Geist des Volkes, hielt den Idealismus aufrecht, welcher Krieg und Eroberung als den reellen Lebensberuf hinstellte. In beschränkten Gebieten, wo kleine Gemeinden, Stämme oder Herrschaften unabhängig neben einander bestehen, oder in Zuständen rechtloser Gewaltthätigkeit erhalten die persönlichen Leidenschaften, hervorgehend aus nachbarlichen Reibungen, gegenseitigen Beleidigungen, Rachsucht und Raubsucht, die kriegerische Thätigkeit lebendig, und machen sie zu einem Bestandtheil der täglichen Lebensordnung. Im grösseren, fester geordneten Gemeinwesen treten diese unmittelbaren Antriebe zurück, die Menschen gewöhnen sich an die friedliche Existenz, und die Mehrzahl beginnt den Krieg als eine Last und ein Uebel zu betrachten. Wenn dann auch noch die gesellschaftliche Ordnung und die politische Theorie auf den Krieg gerichtet ist, die Poesie seine Thaten verherrlicht, und die Idealisirung des Lebens nur den kriegerischen Tugenden Anerkennung zollt, so gehört die Führung der Waffen doch nicht mehr zu den regelmässigen Beschäftigungen des Volkes. Bei einzelnen Personen, allenfalls der höheren Volksschicht überhaupt bleibt der kriegerische Eifer rege durch ein Bedürfniss der Thätigkeit und Kraftübung, durch ein Streben nach Auszeichnung, nach Macht und Ehre, oder nach Reichthum und Genuss, welchem die verachteten oder unbekannten Arbeiten der Industrie und Wissenschaft in der Ruhe des Friedens keine Befriedigung gewähren. Je mehr aber bei fortgesetzten Eroberungen die Unternehmungen an Ausdehnung wachsen und in fernere Gegenden gerichtet werden, in desto beschränkterem Maasse wirken diese Anregungen; denn auf der einen Seite werden die Vorbereitungen und Zurüstungen immer schwerfälliger und umfangreicher im Verhältniss zu der wirklichen Kriegsführung, und machen die Freude an dieser erkalten, auf der anderen wird die Zahl derer, die mit einiger Wahrscheinlichkeit auf Ruhm oder Bereicherung hoffen können, bei der Grösse der Züge verhältnissmässig geringer, concentrirt sich mehr und mehr auf einzelne vornehme und hervorragende Führer, und diese wiederum befinden sich grossentheils schon in Lagen, wo die Hoffnung auf Gewinn durch die Furcht vor Verlust oder die Liebe zum ruhigen Genuss des Erworbenen überwogen wird. Ohne das Hinzutreten solcher persönlicher Motive ist das lebendige Gefühl für den nationalen Beruf und die nationale Grösse zu selten und zu wenig mächtig, um in weitem Kreise eine dauernde kriegerische Begeisterung wach zu rufen, wenn es sich nicht um die Vertheidigung vaterländischer Ehre und Unabhängigkeit, sondern um Angriff und Eroberung handelt. Diese Wendung sehen wir bei den Persern sehr bald eintreten, wo freilich hinzukam, dass, nachdem die erste Generation den bekannten Umfang der civilisirten und reichen Länder unterworfen hatte, kaum noch etwas vorhanden schien, was sich erobert oder beherrscht zu werden lohnte. Die Liebe zum Kriege ward eine Fiction, welche durch die Furcht aufrecht erhalten werden musste. Die zahlreichen Heere wurden nur durch strenge Maassregeln aufgebracht und zusammengehalten. Unter des Xerxes Regierung waren selbst die Grossen in des Königs Umgebung sehr einig in der Stimmung gegen den griechischen Zug, obwohl sie ihr Widerstreben nicht auszusprechen wagten, und schon Darius fand es nöthig, gegen die Abneigung wider den Krieg ein furchtbares Beispiel aufzustellen, als ein angesehener Perser bat, einen seiner Söhne von dem scythischen Feldzuge zu dispensiren; er sollte alle drei behalten — als Leichen. Und Darius war nicht grausam, zeigte vielmehr bei wiederholten Gelegenheiten selbst gegen Beleidiger und Empörer eine im Orient ungewöhnliche Milde. Das Königthum vertrat fast allein die Politik der Eroberung, die nescia virtus stare loco*), den Thatendrang, welcher dem auserwählten Volke Gottes den Erdkreis zu unterwerfen, und dessen Gränzen zu erreichen dachte. Das ganze Land jauchzte dem Glanze solcher Thaten Beifall, aber die Einzelnen waren

---

*) Das kühne Streben, welches kein Stillestehen kennt. Lucan.

wenig bereit, durch ihre Anstrengungen und ihre Leiden zu diesem Ruhme beizutragen. Die Zeiten, in denen ganze Völker von einem mächtigen Streben in die Ferne, von einer Leidenschaft sich nach aussen zu bethätigen, von einem patriotischen oder religiösem Enthusiasmus ergriffen und in eine thatkräftige Bewegung gesetzt werden, sind nicht häufig und meistens schnell vorübergehend. Gewöhnlich gehen sie aus der Reaction gegen einen Druck äusserer oder innerer Verhältnisse hervor, und führen zu grossen Erfolgen, wenn ein heroischer Charakter mit der fortreissenden Energie des Gebieters die vorhandenen Kräfte zu sammeln und auf bestimmte Zwecke zu lenken weiss. Eine solche Zeit war es, als Cyrus die persische Volkskraft gegen die Fremdherrschaft aufrief, und von Eroberung zu Eroberung weiter führte. Es ist bemerkenswerth, dass der Stifter der persischen Monarchie denselben Namen führt, wie die älteste grosse Dynastie der indischen Arier, Curus oder Qurus, und scheint darauf zu deuten, dass der Name auch bei den Indern ein Ehrentitel war; denn Cyrus ist nur ein Beiname; nach Strabo hiess er vor seinem Siege über die Meder Agradatas.

Wenn nicht selten die Frage aufgeworfen ist, was denn eigentlich die despotisch regierten Völker des Orients davon gehabt hätten, ob sie dem Namen nach herrschten oder beherrscht wurden, so wird das ideale Element des Nationalgefühls übersehen, welches sich zu allen Zeiten sträubt die Ueberlegenheit und die Herrschaft eines fremden Volkes anzuerkennen. Und während das Gefühl der individuellen Würde und Selbständigkeit dem militärischen Despotismus gegenüber wenig entwickelt ist, pflegt der Nationalstolz dieser Völker bei der Geringfügigkeit des Verkehrs, der Abgeschlossenheit gegen einander, der Unkenntniss und daraus hervorgehenden Verachtung des Fremden und bei der durchgreifenden religiösen Ueberzeugung von der eigenen bevorzugten Stellung zur Gottheit sehr gross zu sein. Diese natürliche und durch die Grausamkeit der Kriege genährte Abneigung gegen fremde Gewalt verband sich aber mit sehr handgreiflichen und starken Interessen. Das herrschende Volk pflegte von allen regelmässigen Abgaben, namentlich der sehr erheblichen Grundsteuer befreiet zu sein, sein Gebiet unterlag nicht den verheerenden Durchzügen und der Besetzung mit fremden Truppen, es stand nur unter den eigenen localen Obrigkeiten, war nicht den Gewaltthätigkeiten und Erpressungen ausländischer Befehlshaber, Einquartierungen und Steuerbeamten unterworfen; unter den Beamten, Gefolgschaften und Haustruppen des Königs wie der Statthalter fanden Vornehme wie Geringe in bedeutender Zahl eine bequeme, zum Theil angesehene und gewinnbringende Existenz, und die höheren, Macht und Reichthum eintragenden Stellen in der Nähe des Königs, in der Verwaltung der Provinzen oder an der Spitze der Heeresabtheilungen waren den Grossen des herrschenden Volkes fast ausschliesslich vorbehalten. Nur einige wenige Meder kommen im persischen Reiche in hohen Stellungen vor, wie Harpagus, der bei der Erhebung des Cyrus eine hervorragende Rolle gespielt hatte, als Statthalter in Kleinasien; auch ein Sohn von ihm soll in einer lybischen Inschrift als solcher erwähnt sein, und Datis, der unglückliche Feldherr von Marathon, war ein Meder. Als Rathgeber wurden häufig Ausländer gebracht, aber an gebietender Stelle erscheinen stets persische Grosse; noch im Kriege gegen Alexander den Grossen wurde es für unmöglich gehalten, einen anderen als einen Perser mit einem Oberbefehl im Heere zu bekleiden.

XLI.

Die Meder scheinen zwar das assyrische System, die unterworfenen Länder durch Unterkönige regieren zu lassen, beibehalten, die Provinzen aber doch in festerer Botmässigkeit gehalten zu haben, als es bei den Assyrern wenigstens mit den entlegeneren Territorien der Fall war. Mit der Bezwingung Mediens gingen alle abhängigen Landschaften, also ganz Iran und das obere Mesopotamien, in die Gewalt des Cyrus über; ebenso fiel ihm mit der Eroberung Babylons

Syrien einschliesslich der phönicischen Städte und mit der Besiegung der Lyder der grösste Theil Kleinasiens zu. Die Lydier suchten ihre Unabhängigkeit zu behaupten, die Karer und die griechischen Städte sie bei dem Sturze ihres bisherigen Gebieters wieder zu erringen, aber bei systemloser Kriegführung unterlagen sie vereinzelt der Uebermacht. So erstreckte sich das persische Reich vom Mittelmeer bis zu den Indusländern. Cyrus verliess die bisherige Politik der erobernden Völker, die einzelnen Länder durch abhängige Fürsten verwalten zu lassen. Er liess von seinen gewaltigen Heeren überall Occupationstruppen zurück, deren Generale die Herren im Lande waren; in Lydien wird eines besonderen Tributerhebers gedacht, und es ist möglich, dass schon unter ihm die Abgabenverwaltung in den Provinzen regelmässig von den militärischen Befehlshabern unabhängig war. Diese Anfänge der persischen Herrschaft, die Ueberschwemmung der Länder mit grossen Heeresmassen, das Vorwärtsschieben der Hauptmacht von einem Kampfplatz zum anderen, die militärische Occupation zur Behauptung der Eroberungen, lassen voraussetzen, dass damals in der That ein grosser Theil des Volkes in das Lager überging und in dem Lager verharrte. Sie wiederholen sich getreu in den Eroberungszügen der Mongolen, wie auch das Auftreten Tschingiskhans, sein Ruf an das Volk zu den Genüssen der Herrschaft lebhaft an das Vorbild des Cyrus erinnert. Freilich waren die Perser weit entfernt von der grausamen Wildheit, der vernichtenden Zerstörungssucht mongolischer Horden, Cyrus würde sich nimmer gleich einem Hulagu als Gottesgeissel bezeichnet haben, von Gott in seinem Grimme erschaffen um Verderben über die Erde zu bringen, aber die Beherrschung des Reiches aus dem stehenden Feldlager war eben so einfach soldatisch, nur aus dem ersten Bedürfniss der Besitzergreifung hervorgegangen und ohne jegliche Bürgschaft der Dauer wie dort, und die allgemeine Erhebung der unterworfenen Nationen nach den Wirren der magischen Usurpation beweist, dass auch der Erfolg derselbe gewesen sein würde, wie bei dem raschen

Zerfall der mongolischen Reiche, wenn nicht auf den weltstürmenden Eroberer alsbald die seltnere und höhere Kraft einer ordnenden Intelligenz gefolgt wäre, Darius. Der wilde Sohn des Cyrus fügte Aegypten zum Reiche hinzu; aber während seiner mehrjährigen Abwesenheit erhob sich unter dem Namen seines ermordeten Bruders der medische Magier Gomates wider ihn, und brachte die Perser zum Abfall. Auf der Rückkehr aus Aegypten starb Cambyses. Seitdem die Urkunden des Darius die Berichte Herodots selbst in ihren Details auf das genaueste bestätigt haben, seitdem sich dort die Geschichte des falschen Smerdis — Bartius nennt ihn die Inschrift — die Namen der Verschworenen, selbst das Pferdeorakel — „hier gab mir Gott die Herrschaft vermittelst eines herrlichen Pferdes", spricht der König — wieder gefunden haben, können, oder vielmehr müssen wir den Angaben Herodots auch in den Einzelheiten der geschichtlichen Thatsachen eine ganz andere Bedeutung beilegen, als Niebuhrs Skepsis ihnen zugestehen wollte. Die Abschiedsrede des Cambyses entspricht in ihren Wendungen, in dem Fluch über die Perser, falls sie sich feige unter das medische Joch beugen sollten, so sehr den Anschauungen und dem Styl der Zendschriften und der Denkmäler, dass ich überzeugt bin, Herodot hat sie so wenig erfunden, wie die politischen Berathschlagungen der Verschwornen, sondern sie aus einer persischen Quelle erhalten. Dann weinte er über sein Schicksal, schliesst der griechische Schriftsteller; er konnte sein Unglück nicht tragen und starb, sagt der persische König. Die Revolution des Gomates bezeichnet den politischen Versuch des Meders und den theokratischen des Priesters, die höchste Gewalt an sich zu reissen. Er scheiterte an der Energie der persischen Grossen, und Darius aus dem königlichen Geschlecht der Achämeniden wurde auf den Thron erhoben. Er schaffte die Anordnungen des Magiers ab, stellte wieder her, was er aufgehoben hatte, gab die heiligen Aemter den Geschlechtern zurück, denen jener sie entrissen hatte; „durch die Gnade Gottes arbeitete ich, dass sich Gomates

der Magier nicht erheben sollte über unser Geschlecht."
Aus dem colossalen Felsendenkmal von Behistan ersehen wir,
dass von Babylon bis zum fernen Osten fast alle Nationen
zu den Waffen griffen um das persische Joch abzuschütteln,
und dass Darius in seinen ersten Regierungsjahren das Reich
des Cyrus vollständig von neuem erobern musste. Die langen
Inschriften, die einzigen historischen persischer Könige, erzählen diese Thaten vom Ende des Cambyses an in einfachen
Zügen. In ihrer Mitte prangt das Symbol der Gottheit in
der bekannten assyrischen Gestalt. Darunter steht Darius,
vor ihm die gefesselte Reihe der überwundenen Empörer,
unter seinen Füssen der falsche Smerdis. Jede Figur ist
durch eine Ueberschrift bezeichnet, welche darthut, wie überall wirkliche oder vorgebliche Sprösslinge der alten Königs-
geschlechter an der Spitze der nationalen Empörungen standen.
„Dieser Phraortes war ein Betrüger; er sprach: ich bin Xan-
thrites vom Stamme des Cyaxares, ich bin König von Medien";
ähnlich lauten sie alle. Von diesem geschichtlichen Sinne
findet sich weiter auf den Denkmälern der Achämeniden
keine Spur. Die übrigen Keilinschriften enthalten fast nur
Namen und Titel der Könige, Gebetsformeln, oder Anrufungen
des göttlichen Schutzes über den König, sein Haus, seine
Werke und sein Volk. In seiner späteren Zeit unterwarf
Darius noch die indischen Länder bis an den Indus, machte
die Thracier und Macedonier in Europa, Cyrene und Barka
in Afrika, auch einen Theil von Arabien zinspflichtig, ohne
dass sie unmittelbar dem Reiche einverleibt wurden, unternahm einen erfolglosen Zug gegen die europäischen Scythen,
warf den Aufstand der griechischen Städte in Kleinasien
nieder, und starb, nachdem seine Feldherrn zum ersten Mal
an der athenischen Entschlossenheit auf dem Felde von
Marathon gescheitert waren, über den Rüstungen zu dem
grossen Rachezug gegen die Griechen. Aber ungleich wichtiger als diese kriegerische Thätigkeit war die von ihm begründete innere Ordnung des Reiches.

XLII.

Unzweifelhaft hatte das Orakel den bedeutendsten unter den bedeutenden Männern aus der Schule des Cyrus zur Regierung berufen. Wie den Tschingiskhaniden Oktai sein chinesischer Minister erinnerte, das Reich sei zu Pferde erobert worden, lasse sich aber nicht vom Pferde herab regieren, oder wie ein moderner Staatsmann es ausdrückte, man könne sich auf Bayonnette stützen, aber nicht darauf setzen, so erkannte Darius, dass die soldatische Occupation nicht ausreichend sei, sondern eine regelmässige politische Organisation eintreten müsse, um Bestand und Kraft des Reiches zu sichern; und wenn die weiten Lande trotz der Erbärmlichkeit seiner Nachfolger zwei Jahrhunderte lang im Wesentlichen zusammengehalten haben, so ist dieser glänzende Erfolg seiner staatlichen Ordnung zuzuschreiben. Er war das grösste organisatorische Genie, welches die Geschichte des Orients kennt, und fast die einzige Persönlichkeit dieser Art, welche individuell lebendig heraustritt. $\Delta\alpha\varrho\varepsilon\tilde{\iota}o\nu$ $\upsilon\tilde{\iota}o\nu$ $\check{\alpha}\nu\alpha\varkappa\tau\alpha$ *) nennt ihn der grosse athenische Dichter, der ein Mann war, und wusste, was er sagte.

$\Theta\varepsilon o\mu\acute{\eta}\sigma\tau\omega\varrho$ $\dot{\varepsilon}\varkappa\iota\varkappa\lambda\acute{\eta}\sigma\varkappa\varepsilon\tau o$ $\Pi\acute{\varepsilon}\varrho\sigma\alpha\iota\varsigma$, $\Theta\varepsilon o\mu\acute{\eta}\sigma\tau\omega\varrho$ δ' $\check{\varepsilon}\sigma\varkappa\varepsilon\nu$.**)

Seine grossartig entworfenen und consequent durchgeführten Einrichtungen bilden den wesentlichen Fortschritt über das rohe Plünderungs-System und den lockeren Zusammenhang der älteren erobernden Reiche, bezeichnen den Gipfelpunkt der orientalischen Staatenbildung, und blieben das Musterbild grosser politischer Organisationen weit über die Dauer und den Umfang des persischen Reiches hinaus. Sie finden sich noch in späten Zeiten im vorderen Asien und selbst in Indien wiederholt. Der ganze Ländercomplex ward mit Ausnahme des eigentlichen Persien, wo das herrschende Volk in seinen alten Einrichtungen keiner Zwischengewalt

---

*) Darius, der einzige König.
**) Weisheit Gottes hiess er den Persern, Weisheit Gottes war er.
                                            Aeschylus.

unterworfen wurde, in zwanzig Statthalterschaften getheilt, und an die Spitze einer jeden als militärischer und administrativer Befehlshaber der königliche Satrap gestellt. Er war der höchste Verwaltungsbeamte und der oberste Richter in seiner Provinz, und hatte ausser einer Leibwache, die nur aus echten Persern zu bestehen pflegte, die Besatzungen der wichtigeren Plätze und die Truppen, welche sonst zur Vertheidigung der Gränzen oder Erhaltung der inneren Ordnung für erforderlich erachtet wurden, unter seinem Befehl. Für grössere Combinationen wurden indessen die Heereskräfte mehrerer Satrapien unabhängig von deren Gränzen unter einem Obercommando vereinigt. Nur die Finanzverwaltung war von dem Satrapen unabhängig, und in jeder Provinz einem unmittelbar von dem Hofe ressortirenden, königlichen Schreiber oder Rechnungsführer untergeordnet. Der Satrap erhielt bestimmte Gelder, Naturalien, auch Domainen für seinen Hof und seine Haustruppen angewiesen. Für jede Provinz wurden die Abgaben festgesetzt, welche an den Schatz des Königs abzuführen waren; sie wurden wahrscheinlich der Regel nach vom Grund und Boden erhoben, und vom Tributerheber so vertheilt, dass ihm Ueberschüsse blieben; nur ausnahmsweise scheint den griechischen Städten eine feste Summe auferlegt worden zu sein, welche sie selbstständig unter sich aufbrachten. Die an die Centralregierung einkommenden Abgaben beliefen sich nach Herodots Berechnung jährlich auf ungefähr zwanzig Millionen Thaler preussischen Geldes, und wenn man auch die Bevölkerung des Reiches auf siebzig Millionen Menschen geschätzt hat, so erscheint diese Summe bei der geringen Entwicklung der Industrie und des Verkehrs in einem grossen Theil der Länder ansehnlich genug, da ihnen ausserdem die Kosten der Provincial- und Localverwaltung, der Unterhalt der sehr beträchtlichen Heere, und manche sonstige Naturaldienste und Lieferungen zur Last fielen. In ihren Provinzen regierten die Satrapen ziemlich unabhängig, aber abgesehen von dem Kriegswesen beschränkte sich ihre Verwaltung in der Regel auf grössere, allgemeinere Maassregeln, wenn sie auch gelegentlich auf Anrufen Betheiligter, aus eigenem Interesse, oder aus Laune der Willkür despotisch eingriffen. Im Ganzen liessen die Perser die inneren Einrichtungen, Recht, Sitte und Religion der einzelnen Länder unverändert fortbestehen, die Völker blieben in ihrem alten Geleise, und wenn sie ihre Abgaben bezahlten, und gelegentlichen Befehlen von oben her nachkamen, konnten sie im Uebrigen meistens thun, was sie wollten. Die persischen Gebieter sahen in der Regel viel zu hochmüthig auf die Beherrschten herab um sich weiter um sie zu bekümmern, als es ihr militärisches oder finanzielles Interesse erforderte. Unter den Gebirgsvölkern dauerten wahrscheinlich verschiedenartige Stamm- und Clan-Verfassungen in bunter Mannichfaltigkeit fort, wie sie sich stets im Orient erhalten haben. In den dichter bevölkerten, ackerbautreibenden Landschaften pflegten Localobrigkeiten, zuweilen unter dem Beirath angesehener Familienhäupter, die gemeinsamen Angelegenheiten zu verwalten, Polizeigewalt und Gerichtsbarkeit meist nach dem Herkommen, selten nach geschriebenem Gesetz zu üben, und für die Vollziehung höherer Befehle verantwortlich zu sein. Die Zendschriften erwähnen Oberhäupter der Ortschaften, der Städte, ihrer einzelnen Strassen oder Quartiere und grösserer Districte. Ausgebildetere Organisationen, Gemeindeverfassungen mit politischen Rechten und geregelter Theilnahme der Bürger gab es bei den iranischen und semitischen Völkern mit alleiniger Ausnahme der Phönicier nicht. Das städtische Wesen mit seinem regeren Verkehr und seiner freieren Bewegung war zu wenig entwickelt um neben den priesterlichen Lebensordnungen und den militärischen Rücksichten innerhalb der despotischen Staaten selbständige Ordnungen aufkommen zu lassen. Zwischen Stadt und Land war politisch kein Unterschied, wenn die Städte auch wirthschaftlich die Centralpunkte der Industrie, des Handels und des Reichthums wurden. Es war keine Abweichung von der Regel, sondern stimmte mit dem Grundsatz die inneren Verhältnisse der Unterthanen sich selbst zu überlassen vollkommen überein, dass die phönicischen und griechischen Städte ihre Autonomie behielten, nur ward ihre Stellung den persischen Gewalthabern gegenüber dadurch thatsächlich eine andere, dass sie durch ihre feste Organisation, ihre Macht und ihren Reichthum weit besser als andere Unterthanen im Stande waren Bedrückungen und Eingriffe entweder durch Bestechung abzuwenden oder mit Gewalt zurückzuweisen. Wie eine kräftige Widersetzlichkeit häufig von der Trägheit der Regierenden gute Bedingungen ertrotzte, werden die Satrapen in der Regel geneigt gewesen sein sich gütlich mit ihnen abzufinden um gefährliche Händel zu vermeiden, und von der Centralgewalt wurden sie begünstigt, namentlich die fügsameren phönicischen Städte, weil sie grosse Einkünfte gewährten und fast ausschliesslich die Seemacht bildeten. Entsagte doch selbst Cambyses dem beabsichtigten Angriff auf Carthago, weil die Phönicier widerstrebten zur Unterwerfung ihres wichtigen Stapelplatzes die Hand zu bieten. Dessenungeachtet kam es bei den Griechen häufig zu Aufständen, bei den Phöniciern nur einmal gegen das Ende des Reiches wegen der Tyrannei des in Sidon residirenden Satrapen, in Folge dessen diese Stadt grausam zerstört wurde. Um sich den Gehorsam der griechischen Städte einigermaassen zu sichern pflegten die Perser Alleinherrscher bei ihnen einzusetzen, oder deren Emporkommen zu befördern, weil diese ihren Rückhalt gegen die Freiheitsliebe der Bürger bei ihren Beschützern suchen mussten; in den phönicischen regierten meist die alten Dynastien unter verfassungsmässiger Theilnahme der Bürgerschaften weiter. Ausser diesen Städten scheint es zur Zeit des Darius innerhalb des Reiches nur ein abhängiges, erbliches Königthum gegeben zu haben, in Cilicien, wo Cyrus wahrscheinlich in Folge freiwilliger Unterwerfung das alte Fürstengeschlecht hatte fortregieren lassen.

XLIII.

Die Regierung des Darius stellt den Höhepunkt des persischen Reiches dar. Die grossen Thaten der Nation waren an der ersten Generation der Eroberer nicht ohne kräftige Anregung vorübergegangen, sondern hatten den Blick erweitert und mannichfaltigen Interessen erschlossen. Der Kunst ward in Persien eine Stätte geschaffen, grosse Heerstrassen wurden angelegt, regelmässige Posteinrichtungen für den königlichen Dienst getroffen, Seefahrten zur Erforschung unbekannter Meere unternommen, in Aegypten ein Canal vom Nil zum Rothen Meere eröffnet. Im Anfange musste Darius gegen die persischen Grossen sowohl am Hofe, wie in den Provinzen leise und vorsichtig auftreten, aber nachdem er sich in der Regierung befestigt hatte, machte er seine Autorität mit gewaltiger Energie geltend, und verfuhr unnachsichtlich gegen jede Anmaassung der Statthalter, welche das königliche Ansehn gefährden konnte. Auch blieb unter ihm seit der Wiedereroberung der abgefallenen Länder die Ruhe und Ordnung im Innern des Reiches ungestört, und die Macht seiner grossen Persönlichkeit wirkte noch während der Regierung seines schwächeren Nachfolgers fort. Es war eine Zeit des Friedens über den Orient gekommen, wie sie noch nicht gewesen war. Freilich wurden die Zeiten schlimmer, als mit der Kraft der Regenten, dem Gemeinsinn der Grossen und der Kriegstüchtigkeit des Volkes auch die Ordnung im Reiche sank; aber wenn wir die persische Herrschaft selbst in ihrer Entartung mit der Weise vergleichen, in welcher zuvor die mächtigen Völker das Uebergewicht ihrer Waffen geltend machten, mit den beständigen Raub- und Verwüstungszügen der Assyrer oder der Aegypter in ihrer kriegerischen Zeit, so müssen wir diese letzte Periode der orientalischen Staatsentwicklung als eine verhältnissmässig ruhige und glückliche betrachten, und anerkennen, dass die Perser den politischen Beruf, welchen die berühmten Verse Virgils für die Siebenhügelstadt in Anspruch nehmen, die

Völker zu beherrschen pacisque imponere mores*) nach dem Maassstabe der damaligen Cultur wohl erfüllt haben. Die Schroffheit der nationalen Gegensätze milderte sich, die Völker vergassen der ewigen Kriege, erholten sich von den Verheerungen derselben, und traten in einen friedlichen Verkehr. Wenn auch die engen Grundlagen dieser antiken Civilisation, welche nur die Religion und den Krieg als vollberechtigte Elemente des Lebens anerkannte und die treibenden Kräfte der Wissenschaft und der Industrie durch beharrliche Verachtung unterdrückte, den Fortschritt hemmten, und ihn unendlich langsam erscheinen lassen gegen den mächtigen Aufschwung, welchen er bei den strebsameren und vielseitigeren Völkern des Abendlandes in Epochen der Ruhe nach grossen Erschütterungen genommen hat, so haben sich doch unzweifelhaft Gewerbfleiss, Handel, Wohlstand und Wohlbefinden der Völker in bedeutendem Maasse entfaltet. Freilich giebt uns die alte Geschichtschreibung in ihrer ausschliesslichen Berücksichtigung der politischen und kriegerischen Interessen geringe Kunde hiervon, aber doch fehlt es in einzelnen Nachrichten, in dem allgemeinen Wohlstande, welchen die Griechen bei der macedonischen Eroberung in diesen Ländern fanden, und in den Schilderungen der späteren Zustände nicht an ausdrücklichen Zeugnissen. Die Völker dieses Culturgebietes haben das wohl erkannt. So erhoben die Juden das Glück, welches die persische Oberherrschaft über die Länder gebracht, gegen das Elend der vorhergehenden Verwüstungen, so knüpften noch spät die nationalen Restaurationen an die persischen Zeiten und die persischen Formen an, und die bisher feindlich getrennten Volksindividualitäten fügten sich willig in den Zusammenhang des Reiches. Innerhalb der Gränzen, welche die ähnlich organisirten semitischen und iranischen Völker einschlossen, und welche die Natur der Dinge dem einheitlichen Reiche als die möglichst weiten anzuweisen schien, haben seit seiner Consolida-

---

*) und die Sitten des Friedens aufzulegen.

tion nur noch zwei nationale Auflehnungen von einiger Bedeutung Statt gefunden, die der früher herrschenden Meder und die der entlegenen, vor Alters mächtigen Baktrer unter dem Darius Nothus, beide ohne Erfolg. Was freilich ausserhalb dieser Marken lag, war zu fremdartig um assimilirt zu werden, und zu ferne um mit Gewalt behauptet zu werden, als die Energie der Centralregierung gesunken war. Die nur zinspflichtigen Völkerschaften Europas und Afrikas fielen bald wieder ab, und die indischen Gränzländer gingen wenigstens dem grössten Theile nach verloren, ohne dass Versuche zu ihrer Wiederunterwerfung gemacht wären. Die asiatischen Griechen behaupteten mehrere Menschenalter hindurch mit Hülfe der europäischen Landsleute ihre Unabhängigkeit, und Kleinasien wurde in Folge der griechischen Kriege ein Schauplatz häufiger Unruhen und wechselvoller Kämpfe. In Aegypten endlich war die Abgeschlossenheit der Kastenordnung, die Antipathie der Sitten und der Religion, der Hass gegen die Fremden, genährt durch den Hohn und die Grausamkeit der ersten Eroberung, so stark, dass schon gegen das Ende des Darius eine Empörung zum Ausbruch kam; aber dieses reiche Land war ein zu hoher Kampfpreis, als dass selbst schlaffe Regierungen den Versuchen seiner abermaligen Bezwingung entsagt hätten, und so wurde es, obwohl mehrmals längere Zeit unabhängig, wiederholt von neuem unterjocht. Partielle Auflehnungen theils der Unterthanen gegen die Statthalter, theils dieser gegen die Centralgewalt blieben allerdings auch in den inneren Landestheilen nicht aus, aber weder diese Unruhen, noch ihre gewöhnlichen Veranlassungen, die willkürlichen Einmischungen, die rohen Erpressungen und die ungerechten Gewaltthätigkeiten der Machthaber, waren in jenen Zeiten so verderblich und so unerträglich, wie sie es für unsere ordnunggewöhnten und ordnungsbedürftigen Wirthschaftsverhältnisse sein würden, und ihr Eintreten war selten, ihre Ausdehnung beschränkt im Vergleich mit den unsäglichen Leiden, welche die Völker in den Kriegen der früheren Periode gegenseitig über einander verhängt hatten.

XLIV.

Für die Masse des herrschenden Volkes konnten die Zeiten des Friedens im Wesentlichen nur dieselben Folgen haben, wie für die unterworfenen, die Entwöhnung vom Kriege und einigen Fortschritt in Gewerben und Wohlstand. Ein grosser Umschwung der Lebensverhältnisse trat durch die veränderte Machtstellung nur für die vornehmen Classen ein, welche zur wirklichen Handhabung der politischen Gewalt berufen waren. Die persischen Grossen, welche bis dahin auf ihren Gütern gesessen, kleine Fehden geführt, ein locales Ansehn unter einem armen Volke genossen, oder die kameradschaftliche Umgebung eines kleinen Fürsten gebildet hatten, fanden sich plötzlich in der Lage Armeen zu commandiren, reiche Länder zu verwalten, den Rath und den Hof eines Königs auszumachen, dessen Allmacht nur durch die Gesetze der Natur beschränkt schien. Die meisten Menschen suchen in weltlicher Macht nur den Reichthum und Genuss welchen sie gewährt, und das um so mehr, je weniger ihr Besitz bei geringer Entwicklung eines freien Selbstgefühls und einer gebildeten Intelligenz durch das idealere Streben eigene Conceptionen in der Welt zu verwirklichen verklärt wird. Ausserdem pflegen rohe Völker sehr begierig nach allen Sinnesgenüssen zu trachten, die sie im Verkehre mit gebildeteren kennen lernen. Herodot hebt dies bei den Persern als besonders charakteristisch hervor. Als daher der Luxus und die Genüsse der civilisirteren Nationen mit den Mitteln zu ihrer Befriedigung den Siegern zur Disposition gestellt waren, ergaben sie sich ihnen leidenschaftlich. Nur dürfen wir nicht annehmen, dass Luxus und Ueppigkeit die Mehrheit des Volkes angegriffen hätten. Die Reichthümer, welche durch Plünderung oder Beherrschung fremder Länder erworben werden, häufen sich in den Händen der Führer und Vornehmen an, werden aber nicht der Menge in hinreichendem Maasse zu Theil um deren Lebensgewohnheiten dauernd zu ändern. Es waren die höheren Classen, welche in Raub und Erpressung die Mittel fanden verschwenderischen Prunk zur Schau zu stellen, üppige Schwelgerei zu treiben, sich den Ausschweifungen entnervender Sinnengenüsse im Uebermaass zu überlassen. Da indessen diese Classen die politischen und kriegerischen Angelegenheiten des Volkes leiteten, wurden diese auch durch ihre Umwandlung bestimmt. Der Erwerb und die Verwendung des Reichthums mussten gleich demoralisirend wirken. Jener gründete sich unter fortdauernder Verachtung der Arbeit und geistiger Anstrengung wie in den früheren Zeiten lediglich auf den Raub, denn der alte, ererbte Besitz konnte nicht die Mittel für die Befriedigung der neuen, hochgesteigerten Luxusbedürfnisse gewähren, und da die erworbenen Schätze nicht productiv zur Ergänzung weiterer Vermögenswerthe angewendet, sondern nutzlos aufgespeichert, oder in der Unterhaltung eines zahllosen Hausstandes und sonstigen Prunkes vergeudet wurden, mussten immer neue im Raube gesucht werden; aber während früher die Beute in wirklicher kriegerischer Thätigkeit unter Anstrengungen und Gefahren verfolgt ward, wurde sie jetzt in bequemer Sicherheit den beherrschten Nationen abgepresst. So verloren sich die höheren moralischen Eigenschaften, der kräftige Muth, das treue Zusammenhalten, die Hingebung an gemeinsame Zwecke, welche die kriegerische Thätigkeit adeln, es blieben die Habgier, die Raubsucht, die rücksichtslose Härte gegen die Besiegten, welche auch nach der Unterwerfung als Gegenstände gewaltthätiger Ausbeutung betrachtet wurden. Und was die Verwendung des Reichthums betrifft, so diente er nicht einer gesunden, bequemen Verschönerung des Lebens, nicht der Hebung intellectueller Bildung, sondern wie es bei der reich gewordenen Rohheit zu geschehen pflegt, träger Pracht und sinnlichen Genüssen, deren Maass und Raffinement mit den Mitteln zu ihrer Befriedigung gesteigert wurden. Weder anspannende Thätigkeit, noch die Interessen geistiger Bildung wirkten der depravirenden Richtung entgegen, welche indolenten materiellen Genuss als das einzige Ziel des Lebens verfolgte. Hegel fasst das Phänomen nicht richtig, wenn er meint, dass der Geist der Asiaten Kraft und Selbständigkeit verliere, zur Verweichlichung übergehe, sich sinken lasse, sobald er sich der Bildung und mannichfaltigen Interessen eröffne. Gerade den Mangel an geistiger Bildung und vielseitigen Interessen müssen wir als die Ursache betrachten, dass sich die nicht zur Arbeit um der Existenz willen genöthigten Classen lediglich einer erschlaffenden, die Energie des Geistes abstumpfenden Sinnlichkeit überliessen. Um die Wissenschaften anderer Völker bekümmerten sich die Perser wenig, und von den Völkern, mit denen sie in die nächste und dauerndste Verbindung traten, konnten sie auch nicht viel lernen. Der Unterricht der Jugend blieb fortwährend auf die heiligen Gegenstände beschränkt, Religion und Moral, die Magie des Zoroaster, das Sprechen der Wahrheit, Gerechtigkeit und Tapferkeit, wie Plato es beschreibt; aber Religion und Moral erwiesen sich als schwache Zügel für die Herren der Erde. Dazu kam, dass den Gesetzen der Moral fast überall nur Gültigkeit innerhalb der Gränzen des Volkes, dem sie durch die Offenbarung gegeben waren, zugeschrieben wurde. Gegen die Feinde der Götter und des Volkes galt fast Alles für erlaubt, und diese allgemeine, zum Theil bis in unsere Zeiten fortgeerbte Ansicht eximirte die Politik gegen auswärtige Völker von den Regeln der gewöhnlichen Moral. Als die Politik in den erweiterten staatlichen Verhältnissen eine grössere Bedeutung gewann, und vermehrte Kräfte in hohen Stellungen in Anspruch nahm, ward diese Exemtion von dem Verfahren gegen die Feinde auf die Behandlung der inneren Angelegenheiten übertragen; was früher gegen das Ausland gestattet schien, erlaubten sich die Herrschenden auch gegen die Unterthanen und unter einander, und indem die Grundsätze der Gewalt und der Hinterlist aus dem Dienste der allgemeinen Interessen zu den rein persönlichen der Machthaber herabgezogen wurde, verdrängte die politische Immoralität mehr und mehr die reinere Privatmoral. Der Hof und die Satrapen, so wie letztere unter einander betrachteten und behandelten sich nicht selten wie feindliche Mächte. Und je mehr der kriegerische Beruf der höheren Volksclassen zu einer blossen Fiction wurde, je mehr unter dem Schilde der alten Maxime, dass Arbeit und Industrie die rechtmässige Beute der kriegerischen Nationen seien, der Raub nicht mehr im Kampfe mit streitbaren Feinden, sondern durch Bedrückung friedlicher Unterthanen gesucht ward, je mehr seit der ungeheueren Ausdehnung des Reiches an die Stelle des anregenderen Weiterstrebens die erlahmende Sorge des blossen Erhaltens trat, desto mehr verdrängte auch die Politik des Betruges und der Intrigue, wie sie ohnehin der trägen Genusssucht entsprach, die Thaten der Kühnheit und Energie. Zur Gewalt ward nur gegriffen, wo sie gegen den Starken unumgänglich nothwendig oder gegen den Schwachen gefahrlos war. Aber es blieb von der alten, gewaltthätigen Rohheit die blutige Grausamkeit der Rache, in deren Gräuelgeschichte sich auch die Gebieterinnen des Harems, eine Amestris und Parisatis, schreckliche Namen erworben haben, um so entsetzlicher contrastirend mit der üppigen Weichlichkeit der Thuenden wie der Leidenden, und gestachelt durch das Bewusstsein der Schwäche, welche an dem Besiegten die Furcht, die er ihr eingeflösst hatte, rächte. Indessen scheinen die Fälle besonderer Grausamkeit bei den Persern keineswegs häufiger gewesen zu sein als in anderen orientalischen Reichen, und während sie Einzelne vernichtend trafen, war die Regierung im Ganzen weder grausam, noch besonders drückend.

XLV.

Alle die Einflüsse, welche die Thatkraft der Vornehmen erschlafften, wirkten in erhöhtem Maasse auf die höchsten Träger der Gewalt, und führten die Erscheinung herbei, welche sich bei allen Dynastien erobernder Völker, und besonders im Orient nach befestigter Herrschaft wiederholt. Nachdem das Erreichbare an Macht und Herrlichkeit erreicht worden, bleibt der vergötterten Gewalt kein Raum zu ernstem Streben. Sie thront wie ein Gott auf Erden, in ihrem Wahn bedürfnisslos, in der That bedürftig der Anbetung und des Genusses. Und während höhere Antriebe fehlen, gesteigerte Genüsse das Ziel der Herrschaft werden, jede Uebung wirklicher Thätigkeit erlahmt, macht die vergötternde Schmeichelei, welche schon leisen Andeutungen der königlichen Meinung gegenüber trotz besserer Erkenntniss kaum einen demüthigen Vorschlag wagt, den Herrscher rath- und haltungslos in seinem Thun, bis ihn eine hereinbrechende Gefahr zu spät aus der geträumten Göttlichkeit aufschreckt. Es ist ein gutes Zeugniss für die iranische Ethik, dass die persischen Könige, soweit wir sie individuell erkennen können, ungeachtet der Verlockungen und gelegentlichen Ausschreitungen eines genusssüchtigen Despotismus durchgängig guten Willen, Billigkeit und selbst Milde zeigen. Aber zur Aufrechthaltung der Autorität in dem weiten Reiche gegen aufrührerische Unterthanen oder widerspenstige Satrapen reichten ihre Kräfte nicht aus. Eine hervorragende Persönlichkeit hat seit dem Darius Hystaspis nicht mehr den Thron bestiegen. Für die Erhaltung kriegerischer Zucht und Thatkraft bei den Herrschern wie bei den Beherrschten war ohne Zweifel das assyrische System der beständig wiederholten Kriegszüge mehr geeignet, als die persische, zu einer regelmässigen Organisation der besiegten Länder fortgeschrittene, eine friedliche Herrschaft als Resultat des Kampfes erstrebende Staatskunst. Hier hörten grosse auswärtige Unternehmungen bald vollständig auf. Seit dem Zuge des Xerxes gegen Griechenland erfolgte kein allgemeines Aufgebot der Kräfte des Reiches mehr bis zu dem macedonischen Kriege. Im militärischem Sinne liess Aeschylus mit vollem Recht nach der salaminischen Niederlage die alten Streitgenossen des Darius wehklagen.

τὸ Περσῶν δ' ἄνθος οἴχεται πεσόν.*)

Die Vertheidigung der Gränzprovinzen wurde ihnen selbst

---

*) Der Perser Blüthe fällt in jähem Fall.

überlassen. Regelmässige Beziehungen wie zwischen ebenbürtigen Mächten wurden nur mit den griechischen Staaten unterhalten, und auch hier ruhte die Leitung der auswärtigen Politik sowie die Vertheidigung des Reiches fast ganz in den Händen der kleinasiatischen Satrapen. Seitdem der erste entscheidende Zusammenstoss die Ueberlegenheit der griechischen Waffen für immer festgestellt hatte, wurde jedem Versuche einer Gränzerweiterung entsagt, und selbst die Vertheidigung gegen die Angriffe der Griechen wurde meistentheils sehr schwach geführt, aber eine gewandte Politik der Intrigue, der Bestechungen und wohlberechneter Parteinahme wurde mit solcher Zähigkeit und solchem Erfolge gehandhabt, dass nicht nur der Territorialbestand trotz aller Niederlagen im Felde wiedergewonnen und behauptet, sondern sogar während der schwächsten Zeiten des Reiches ein entscheidender Einfluss in den Angelegenheiten Griechenlands geübt ward.

Im Inneren wurde die Verbindung des Ganzen desto lockerer, die Selbständigkeit einzelner Befehlshaber oder Landschaften desto unbeschränkter, je schlaffer die Träger der Centralgewalt sich zeigten, je schwerer sie sich zu einer energischen Kraftentwicklung aufrafften, je geneigter sie wurden sich mit einem oberflächlichen Schein des Gehorsams zu begnügen, und selbst offne Widersetzlichkeit zu ignoriren oder zu verzeihen statt durch bewaffnetes Einschreiten Unterwürfigkeit zu erzwingen. Manche Völker in unzugänglichen Gegenden, namentlich in den kleinasiatischen und kurdischen Gebirgen waren von Anfang an nur dem Namen nach unterworfen und sich selbst überlassen geblieben; jetzt verstanden sie sich nur selten zu einer Tributzahlung, und befanden sich unaufhörlich im kleinen Kriege mit den umliegenden Provinzen, deren Statthalter sich meistens auf die Vertheidigung gegen ihre Einfälle beschränkten. Den Uxiern entrichtete sogar der König der Könige, um die Strasse zwischen seinen Residenzen Ekbatana und Susa frei zu haben, unter dem Namen von Geschenken einen förmlichen Tribut. Auch gefügigere

Unterthanen befehdeten sich, und selbst die Statthalter übten bisweilen offene Feindseligkeiten gegen einander, die wohl gar vom Hofe absichtlich genährt wurden um einen gefürchteten Satrapen durch seine Nachbaren in Schranken zu halten. Einige Statthalterschaften wurden erbliches Familieneigenthum, doch nur in den entlegeneren und häufiger von Kriegen heimgesuchten Provinzen; so entstanden ausser dem cilicischen Reiche in Pontus eine Dynastie persischen Ursprungs und in Karien die des Mausolus, welche zeitweise die persische Oberhoheit gar nicht anerkannte. Man vergleicht häufig diese Zustände des persischen und noch mehr des parthischen Reiches, welches regelmässiger zu dem System erblicher Unterkönige zurückkehrte, mit den Lehnsverfassungen des germanischen Mittelalters; indessen beschränkt sich die Aehnlichkeit nur auf das, was überall nach grossen Eroberungen zu geschehen pflegt, wenn es ohne die moderne Kunst einer centralisirten Verwaltung nothwendig ist eine Organisation zu schaffen, die mehr auf das Behaupten des gewonnenen Bestandes als auf dessen Erweiterung gerichtet ist, nämlich dass ziemlich selbständige und vorwiegend militärische Befehlshaber die Leitung grösserer oder kleinerer Bezirke übernahmen, und dass der Zusammenhang des Ganzen nur in der Unterordnung dieser Befehlshaber unter eine Centralgewalt besteht, welche sich um Ordnung und Verlauf der gewöhnlichen Angelegenheiten wenig zu bekümmern pflegt. Dagegen fehlte Alles, was den germanischen Feudalstaat charakteristisch auszeichnet, die persönliche, privatrechtliche Verbindung zwischen dem Lehnsherrn und Vasallen, die Gegenseitigkeit bestimmter Rechte und Pflichten, die hierarchische Gliederung der ganzen Gesellschaft nach der höheren und niederen Lehnsherrlichkeit, die regelmässige Verknüpfung der Vasallendienste mit dem Besitz von Grund und Boden. Der orientalische Satrap oder Unterkönig mochte thatsächlich gegen einen schwachen Oberherrn eine nach Umfang und Dauer fast unbeschränkte Macht erringen, aber rechtlich war er immer nur ein Diener der souverainen

Gewalt, nicht zu bestimmten Diensten, sondern jedem Befehle nachzukommen verbunden, ohne irgend einen Rechtsanspruch lediglich von dem Willen des Herrschers abhängig.

XLVI.

Was die persischen Machthaber in die Bahn der Empörung trieb, war häufig nicht der Ehrgeiz, nicht die Absicht sich dem Reichsverbande zu entziehen, sondern die Frage der Selbsterhaltung. Wer Feinde und Neider am Hofe hatte, wer in ein Zerwürfniss gerathen, oder sich einer Verschuldung bewusst war, der war verloren, wenn er die Macht aus den Händen gab. Er musste daher, wenn Bestechung oder Intrigue nicht ausreichten, suchen sich auf jede Gefahr hin zu behaupten und zu dem Zwecke seine Macht nach Kräften zu befestigen und zu erweitern. Entschlossenes Trotzbieten konnte die Regierung einschüchtern oder hinhalten, bis der Empörer eine Gelegenheit fand seinen Frieden zu machen, vielleicht durch Aufopferung eines Genossen in der Auflehnung. Wer aber nicht mehr gefürchtet oder gebraucht ward, durfte nicht erwarten, dass ihm Verträge oder Versprechungen gehalten wurden. Auf Treu und Glauben war in der Politik nicht zu rechnen. Nur die Interessen zählten, und wo diese nicht verbanden, war Treulosigkeit und Feilheit überall vorauszusetzen. Mit der verwirrten, ränkevollen Politik des Betruges und der Verrätherei wuchs die Abneigung gegen den Krieg und die Unfähigkeit ihn zu führen. Beides wurde bestärkt durch die nothgedrungene Ueberzeugung von der Unzulänglichkeit der eigenen Organisation und der Ueberlegenheit der griechischen Kriegskunst. Wahrscheinlich erhielt man sich den hochmüthigen Trost, dass das bevorzugte Volk immer noch den Vorrang behaupten werde, wenn man nur ernstlich wollte, aber inzwischen ergab man sich indolent in sein Schicksal. Eine wirkliche Gefahr für den Bestand des Reiches schien zu keiner ausserordentlichen Anstrengung aufzufordern, und war auch in der That bei der Zerfahrenheit der griechischen

Staaten nicht vorhanden, bis eine neue Macht mit concentrirten Kräften auf den Schauplatz trat. In der späteren Zeit fing man an sich in den inneren Kämpfen griechischer Miethstruppen zu bedienen, die, gleich den Lanzknechten des späteren Mittelalters räuberisch und verwildert, oft verrätherisch, aber stets tapfer waren, sowohl im Solde der Regierung wie in dem der empörten Statthalter oder Provinzen fochten, und auf beiden Seiten den Kern des Heeres bildeten. Die asiatischen Völker entwöhnten sich des Krieges, und ergaben sich den friedlichen Beschäftigungen, wie es bei den Lydern als die Folge einer politischen Maassregel des Cyrus nach ihrem unterdrückten Aufstande geschildert wird. Sie förderten damit ohne Zweifel ihr materielles Wohlbefinden, mussten aber endlich mit dem Verluste der nationalen Unabhängigkeit und selbständigen Entwicklung dafür büssen. In der Zeit von Xerxes bis auf den letzten König ging der kriegerische Muth und das Wenige, was an Disciplin und Ordnung vorhanden gewesen war, verloren. An dem furchtbaren Tage von Plataeä erkannten die Griechen an, dass die Perser in persönlicher Tapferkeit nicht hinter ihnen zurückstanden; mit verzweifeltem Muthe warfen sich die Schlechtbewehrten immer auf's Neue gegen die geschlossenen Reihen der geharnischten Spartaner und suchten ihnen die Lanzen aus den Händen zu reissen. In den Schlachten Alexanders liefen die zusammengetriebenen Massen überall auseinander. Nur die kleinen Schaaren griechischer Söldner behaupteten auf Schlachtfeldern wie in Belagerungen den Ruhm ihrer Tüchtigkeit.

In den letzten Zeiten stellte ein ruchloser, aber energischer Eunuch im Namen des Königs Ochus mit Hülfe des rhodischen Mentor und griechischer Truppen die Ordnung im Reiche in einer Vollständigkeit wieder her, wie sie seit der Regierung des grossen Darius nicht mehr bestanden hatte. Später rottete er die königliche Familie aus, und setzte den Darius Codomannus auf den Thron, der nur durch seine Mutter aus dem Hause des Hystaspes stammte. Dieser hat die Theilnahme gefunden, die sich an den tragischen

Ausgang eines grossen Geschicks zu knüpfen pflegt; in der Vertheidigung seines Reiches hat er weder Einsicht noch Entschlossenheit gezeigt. Er hatte einen Mann, der ihn retten konnte, den Rhodier Memnon. Aber er gehörte nach der Eintheilung Macchiavellis weder zu denen, die selbst das Richtige zu finden, noch zu denen, die es einzusehen wissen, wenn es ihnen von Anderen gezeigt wird, sondern in die dritte Classe, die zu nichts taugt. Mit dem Sturze des Achämeniden-Reiches endet die Periode, in welcher die theokratisch-militärische Organisation grosser Massen die mächtigste Staatsbildung und die bewegende Kraft in der politischen Geschichte repräsentirte. Dem Völkerkreise, welcher ihr gegenüber die Rolle des Fortschritts übernahm, hat sie einen gewaltigen Impuls gegeben durch den Aufschwung, welchen im Zusammenstosse mit ihr die geistige und materielle Entwicklung Griechenlands nahm. Auf die politische Gestaltung des Occidents hat sie weiter nicht unmittelbar gewirkt. Den Einflüssen ihrer Cultur und Religion werden wir noch wiederholt begegnen. Der Orient aber hat sich über diese Stufe nicht wesentlich erhoben, und in ihm war die altiranische Bildung noch zu einer langen und glänzenden Restauration berufen. Wenn die Oberherrschaft der Perser die Form gewesen, in welcher die Völker zuerst in einen regelmässigen friedlichen Verkehr traten und die schroffen Gegensätze sich milderten, so setzte sich in den macedonischen Reichen die Amalgamirung der Nationen fort. Freilich war das griechische Element zu fremdartig um sich mit dem orientalischen zu verschmelzen und zu schwach vertreten um es innerlich umzugestalten. Aber als die nationale Reaction zunächst unter Führung der bis dahin wenig beachteten Parther die Herrschaft der Seleuciden wie der baktrischen Griechen stürzte, und als nun die Küstenländer gänzlich in die Civilisation der Mittelmeer-Staaten hineingezogen wurden, traten die inneren Lande in einer weit homogeneren Verbindung auf. In dem Reiche der Sassaniden waren nicht nur zwischen den Stämmen Irans die Schranken gefallen, sondern auch die Völker Mesopotamiens hatten sich in Sprache, Sitte und Religion mit ihnen assimilirt. Sie verehrten nicht mehr den persischen Gott wie den persischen König als einen fremden, siegreichen Gebieter, sie gehörten jetzt selbst zu dem Volke des Ormuzd. In der relativen Weltstellung liess sich allerdings das neue Reich nicht mit dem altpersischen vergleichen; es war in keinem Augenblick das mächtigste auf Erden, es konnte nie den Anspruch erheben die Geschicke des Abendlandes zu bestimmen. Aber in Wissenschaft und Industrie, in bürgerlicher Ordnung und auch in wirklicher kriegerischer Kraft hatte es gewaltige Fortschritte gemacht. Bereitete es doch vorzüglich durch seine jetzt schwergepanzerten Reiterschaaren selbst den römischen Waffen wiederholte Niederlagen, wie sie die Griechen nie von den Achämeniden erlitten hatten. Es waren wiederum glückliche Zeiten für diese Länder gekommen, und ihre Gestalten sind es vor allen, welche die glänzende Poesie Persiens mit anmuthvollen Bildern erfüllen. Zoroasters Religion herrschte nochmals in einem weiten Reiche, und sie erlag erst der weltbezwingenden Kraft des Islam, als bei Kadesia das treue Symbol iranischer Selbständigkeit für immer sank, das uralte Banner der Sage, unter welchem in den Tagen Feriduns der Schmidt von Ispahan den Zohak überwunden, welches beim Untergange des letzten Darius gerettet worden, und welches Ardoschir Babagan von neuem siegreich erhoben hatte.

Die Phönicier.

XLVII.

In das persische Reich war auch der südwestliche Winkel Syriens aufgegangen, das Land Kanaan — Kanana nennen es altägyptische Denkmäler — welches bestimmt war durch zwei nahe verwandte Völker, die Phönicier und die Israeliten, in verschiedenen Richtungen einen unermesslichen, mit ihrer politischen Bedeutung in keinem Verhältniss stehenden Einfluss auf die Entwicklung der Weltgeschichte zu üben. Die Phönicier, wie ihre Stammgenossen von Osten her eingewandert, hatten sich in uralter Zeit am mittelländischen Meere niedergelassen, und waren ohne Zweifel durch nachziehende Stämme, oder durch den Rückstau der aus Aegypten vertriebenen Semiten in die felsige Küste gedrängt worden, welche ihnen den gewöhnlichen Unterhalt durch Landbau und Viehzucht versagte, und sie nöthigte neue Wege des Erwerbes einzuschlagen. So wurden sie die erste rein industrielle, handeltreibende und seefahrende Nation der Erde. Die ersten Lebensbedürfnisse, Korn, Oel und Schlachtvieh, mussten sie von ihren Nachbaren eintauschen, dafür gewährten sie ihnen feinere Genüsse des Lebens und Erzeugnisse ferner Länder. Sie vermittelten in Zeiten, als von griechischer Schifffahrt noch kaum die Rede sein konnte, den Handel an allen Küsten des Mittelmeers, besuchten England und die Ostseeländer, durchzogen das vordere Asien mit ihren Karavanen und segelten von den Häfen des rothen Meeres aus, wie später die römischen Handelsflotten, bis nach Indien. Ihre Städte, zu stark, um durch vorübergehende Angriffe der zu langen. Unternehmungen noch wenig geschickten Nachbarn ernstlich gefährdet zu werden, und die waldigen Berge des Libanon, welche ihnen das vortreffliche Bauholz für ihre Schiffe lieferten, waren fast ihr einziges Besitzthum auf dem Festlande. Ausser zur unmittelbaren Vertheidigung führten sie niemals Landkriege, aber auch seewärts suchten sie etwa mit Ausnahme einiger nahe gelegenen Inseln keine Eroberungen. Die zahlreichen Colonien dienten ihnen zur Entladung der überflüssigen Bevölkerung und für ihre Handelsbeziehungen, eine politische Herrschaft übten sie nicht über dieselben. Sie waren die einzige Nation der alten Welt, welche kriegerische Thätigkeit und politischen Ehrgeiz grundsätzlich ablehnte, sich mit Ausdauer und Energie den Künsten des Friedens zuwendete, und trotz der Ueppigkeit und Verderbtheit, welche Arbeitsverachtung oder Neid ihrem Reichthum vorwarf, den kräftigen Muth behauptete, der ihre Flotten zu allen Zeiten auch den tapfersten Völkern furchtbar machte, und ihre Freiheit gegen die mächtigsten Eroberer mit aufopferndem Heldenmuth vertheidigte.. In früher Zeit hatten sie sich auf Cypern und Kreta, auf den Inseln und Küsten des Archipelagus, sowie auf Sicilien festgesetzt, und wenn ihnen hier der Aufschwung des griechischen Volksstammes eine überlegene Concurrenz machte, so hatte ihre Colonisation den grössten und dauerndsteen Erfolg an der Nordküste Afrikas, wo sie in den Berbern eine verwandte, sich leicht mit ihnen mischende Rasse fanden. Hier gelangte ihre Tochterstadt Karthago zu einer politischen Macht und Weltstellung, welche die altphönicischen Städte weit überragte. Wir können diese massenhaften Auswanderungen nicht von den Städten der phönicischen Küste allein herleiten, sondern müssen sie einer weiteren Völkerbewegung zuschreiben, die vielleicht unter ihrer Vermittlung den Weg über das Meer nahm. Sie hing nach der Zeit, wie nach historischen Ueberlieferungen unzweifelhaft mit der Vertreibung der Hyksos aus Aegypten, wahrscheinlich auch mit der am Schlusse dieser Periode erfolgten Niederlassung der Israeliten in Kanaan und der dadurch bedingten Austreibung eines Theils der früheren Bewohner zusammen. Der Name der Phönicier wurde ursprünglich nicht auf den schmalen Landstrich an der syrischen Küste eingeschränkt, sondern dem Volksstamme in weiterem Umfange beigelegt, wie denn auch die Septuaginta häufig die Kanaaniter des alten Testaments mit Phöniciern übersetzt. Dadurch erklärt sich die Beziehung phönicischer Niederlassungen auf Aegypten und das Schwanken der Sagen über ägyptische oder asiatische Herkunft von Einwanderern. Diodor hat die richtige Anschauung dieser Verhältnisse bewahrt, indem er Danaus und Kadmus gleichzeitig mit den Israeliten aus Aegypten fortziehen lässt, aber nicht als Aegypter, sondern als Fremde. Als die Völkerwanderungen in diesen Gegenden zum Stillstande gekommen waren, hörten auch die phönicischen Colonisationen in dem grossen Maassstabe auf. Ein vorzügliches Augenmerk richteten die Phönicier bei ihren Niederlassungen auf die Bergwerke, wie denn der Handel mit Metallen eine hervorragende Wichtigkeit hatte, und so finden wir in sehr früher Zeit alle Silber- und Kupfer-Gruben an den Gestaden des Mittelmeeres in ihren Händen, auf Cypern, in Thasos, an den thracischen Küsten und in Spanien, dessen Pflanzstädte zugleich die Zwischenstationen wurden um das dem Alterthum für die Broncebereitung unentbehrliche Zinn aus England herbeizuschaffen. In den alten und neuen Städten entfaltete sich neben dem Handel eine reiche Industrie. Die Metallarbeiten, die Glasfabriken, die Webereien und Färbereien Phöniciens waren von Alters her berühmt; die letzteren blieben unübertroffen, und noch in der römischen Kaiserzeit wurde die mit tyrischem Purpur gefärbte Wolle mit Gold aufgewogen. Bei der Unsicherheit des Verkehrs wurde der überseeische Handel ähnlich dem Karavanenhandel auf dem Lande gewöhnlich in grösseren gemeinschaftlichen Unternehmungen betrieben, und die Waffen, welche zu seinem Schutze nothwendig waren, wurden nicht selten zu Raub und Unterdrückung gemissbraucht. Die Expeditionen waren lang und gefahrvoll, dafür warfen sie aber auch überaus hohe Gewinne ab. Mit fernen Ländern gestaltete sich der Handelsverkehr der Phönicier zunächst wegen der Grösse und Schwierigkeit seines Betriebes zu einem thatsächlichen, dann wegen seiner Vortheile häufig zu einem gewaltsam aufrecht erhaltenen Monopol.

XLVIII.

In diesem friedlichen Hinausgehen über die eigenen Gränzen, dem ersten welches die Geschichte kennt, und staunenswerth in seiner Grossartigkeit, sind die Phönicier wahre Emissäre der Civilisation geworden. Ueberall haben sie Gewerbfleiss und nützliche Kenntnisse ausgebreitet. Ein unvergänglich sichtbares Denkmal haben sie sich in der Buchstabenschrift gesetzt, welche von ihnen auf alle Völker Europas übergegangen ist. Aber während sie in weitem Umfange Keime geweckt, die Anfänge der Cultur bei fremden Nationen mächtig gefördert und damit auf die Gestaltung des wirklichen Lebens eine nachhaltige Wirkung geübt haben, sind uns von ihrem unmittelbaren Dasein wenig Spuren geblieben. Ihre Litteratur ist bis auf einige in zweiter Hand bewahrte Fragmente, ihre Kunst bis auf einige Gräber und ein paar Sarkophage untergegangen. Die Geschichte ihres Wachsthums und ihrer Blüthe ist von den kriegerischen Interessen des Alterthums vernachlässigt worden, nur wo sie zu Grunde gehen, haben wir spärliche Nachrichten. Ihre Sprache war, wie durch die karthagischen Inschriften, die punischen Worte beim Plautus und den kürzlich gefundenen Sarg des sidonischen Königs Esmunazar erwiesen ist, mit der hebräischen fast ganz identisch. Die Inschrift des letzteren erinnert in Stil und Wendungen an die hebräischen Propheten. Es gab eine alte heilige Litteratur, die bis in das dreizehnte Jahrhundert vor Christus hinaufgerückt und an die Namen Mochos von Sidon und Sanchuniathon von Berytus geknüpft wird; unter letzterem glaubt man eine gelehrte Classe verstehen zu dürfen. Ihre Kosmogonie und Theologie schloss sich im wesentlichen an die der übrigen semitischen Völker an, nur modificirt durch ägyptische Einflüsse, die sich in der Kabirenverehrung und dem osirischen Adoniscultus beurkunden, oder durch specielle, volksthümliche Beziehungen, die den tyrischen Melkarth zu dem thatenreichen, in die Ferne strebenden Gott machten, in dem die Griechen das Urbild ihres Herakles wiederfanden. Die ägyptische Seelenwanderung ist nicht zu ihnen übergegangen; das jenseitige Leben beschränkte sich auf ein Schattenreich, ähnlich dem alttestamentlichen Scheol, mit einer schwachen Unterscheidung von Guten und Bösen. Dies bestätigt die sidonische Sarginschrift, da flucht der König dem, der den Deckel des Sarges heben, oder die Ruhe des Grabes stören würde: „er soll keine Stätte finden bei den Schatten, er sei des Begräbnisses beraubt, hinterlasse weder Söhne noch Nachkommenschaft, die Götter müssen seine Seele in der Hölle halten". Von dem Zustande der phönicischen Wissenschaft ist nichts überliefert. Aus der Beschreibung des von tyrischen Künstlern erbauten Tempels zu Jerusalem liesse sich schliessen, dass ihre Architektur sich an die der mesopotamischen Stammgenossen reihte. Der vorwaltende Ziegel- und Holzbau war beiden gemeinsam; nach einem angeblichen Fragmente Sanchuniathons wollten die Tyrier sogar die Kunst des Ziegelformens erfunden haben. Die vortrefflich gearbeiteten Sarkophage gleichen ägyptischen Mumiensärgen, dagegen weicht die schöne weibliche Figur auf dem Marmorsarge völlig vom ägyptischen Stile ab, so dass man sie als ein Vorbild griechischer Kunst betrachtet, ein französischer Archäologe sogar eine specielle Aehnlichkeit mit der Pallas von Velletri darin entdeckt hat; letzteres muss ich freilich in das Reich der Phantasie verweisen.

Die hebräischen Propheten entrollen ein glänzendes Bild von diesen Mittelpunkten des Weltverkehrs, obwohl sie Handel, Industrie und den durch sie gewonnenen Reichthum als von Gott abwendend, als Hochmuth, Sünde und

Verderben bringend schmähen, und nicht selten das Gericht Gottes auf die üppigen Städte herabrufen; sie zählen die Waaren her, die auf ihren Märkten feilgeboten wurden, die Völker, die dort zusammentrafen, sie schildern den Luxus ihrer Schiffe und Paläste, die Pracht und den Reichthum namentlich von Tyrus, „dessen Kaufleute Fürsten sind". Durch sie hören wir auch, dass sich die Phönicier früh in Landkriegen fremder Söldner bedienten. Von ihrer häuslichen und gesellschaftlichen Oekonomie wissen wir leider gar nichts. In staatlicher Hinsicht nehmen sie eine besondere Stelle ein, indem ihre Handelsrepubliken die ersten und im Orient die einzigen Punkte waren, in denen sich freie, städtische Gemeindeverfassungen entwickelten, zum klaren Beweise, dass die Anfänge der politischen Organisationen Griechenlands und Italiens nicht einer Verschiedenheit der ursprünglichen Anlage, nicht einer natürlichen Ueberlegenheit im Vergleiche mit den begabten Völkern des Orients, sondern äusseren Verhältnissen und Bedingungen zuzuschreiben sind, deren gesetzmässiges Wirken bei den semitischen Phöniciern dieselben Erscheinungen hervorrief wie bei den Hellenen und Römern. Die kleinen, vereinzelten Gemeinwesen, die nothgedrungene Wendung zu Handel und Industrie, die freie Bewegung, welche diese erfordern, die umsichtige, selbstvertrauende Kühnheit, welche das Meer den Seefahrern verleiht, die Gewöhnung der Einzelnen an selbständige Thätigkeit und grosse Unternehmungen liessen weder ein übermächtiges Priesterthum, noch einen militärischen Despotismus aufkommen, und riefen mit der Theilnahme grösserer Kreise am Staatswesen und einer dem entsprechenden, geordneten Verfassung das kräftige Bürgerthum hervor, welches sich im Glück durch glänzende Erfolge, im Unglück durch heroische Standhaftigkeit bewährt hat. Und wenn die Frage aufgeworfen würde, warum die phönicische Entwicklung nicht zu einer politischen Macht führte, wie es bei den Städten Griechenlands oder Italiens der Fall war, so liegt auch hierfür der Grund nahe, die phönicischen Republiken waren in ihren

Anfängen nicht klein unter kleinen, schwach unter schwachen, sondern fanden sich von dem Beginn ihrer Existenz an, nach Raum und Volkszahl beschränkt, massenhaften Reichen gegenüber, so dass an kriegerische Erfolge, an Eroberung und Herrschaft bei ihnen gar nicht zu denken war, sie sich vielmehr nur auf den friedlichen Verkehr mit den kriegerischen Völkern des festen Landes hingewiesen sahen. Ihre Verfassungen bewegten sich in aristokratischen Formen, wahrscheinlich auf Geburt und auf Reichthum beruhend, an der Spitze gewöhnlich erbliche, aber verfassungsmässig beschränkte Könige, zuweilen gewählte Vorsteher, Suffeten oder Richter. Vom Einzelnen ist sehr wenig bekannt. Zeitweise scheinen die Städte in einer geregelten Conföderation, gestanden, und häufig wenigstens einzelne Unternehmungen gemeinschaftlich ausgeführt zu haben. Die mächtigste unter ihnen war meistens Tyrus. Die Zurückführung dieser uralten Stadt auf eine sidonische Colonie scheint auf ihre Wiederherstellung nach einer Zerstörung durch die Aegypter bezogen werden zu können. Lange Jahrhunderte hindurch behaupteten sie sich politisch unabhängig; die assyrischen Könige konnten ihnen nur vorübergehend Tribute oder Brandschatzungen abnöthigen, erst Nebukadnezar unterwarf sie dauernd der babylonischen Herrschaft, nicht bevor Tyrus, oder wenigstens der auf dem Festlande gelegene Haupttheil der Stadt nach vieljähriger Belagerung zerstört war. Dann gingen sie in das Reich der Perser über. Sie mussten den neuen Herrschern ihre Seekriege hauptsächlich führen, im übrigen behielten sie ihre Autonomie, und scheinen sich im Ganzen wohl befunden zu haben. Dass sie von ihrer alten Bedeutung relativ herabsanken, ist nicht der persischen Oberherrschaft, sondern der steigenden Macht der Griechen zuzuschreiben. Das allmälige Zurückweichen vor diesen hatte schon weit früher begonnen. Von allen Städten Asiens leistete Tyrus Alexander dem Grossen den hartnäckigsten Widerstand. Nach dieser Zerstörung erholte es sich nicht mehr. Andere Gegenden hatten inzwischen eine gleiche oder höhere Stufe der industriellen Entwicklung erreicht, in welcher einst die Städte Phöniciens den Vorrang behauptet hatten, eine politische Bedeutung zu beanspruchen waren sie in den Stürmen der macedonischen Zeiten zu schwach, und ihre commercielle Blüthe erlosch vor dem aufgehenden Gestirn Alexandriens.

Die Israeliten.

XLIX.

In einer ganz anderen Weise als die Phönicier haben ihre hebräischen Stammgenossen, die Israeliten, auf die Bildung der Welt gewirkt. Wenn jene bei roheren Völkern die Gestaltung des praktischen Lebens gefördert, in weiten Kreisen Saaten ausgestreut haben, die, wie fernhin sich auch ihre Wirkungen erstreckten, doch schnell aufgingen, und in unmittelbarer Berührung reiche Früchte der Civilisation hervorbrachten, ist es bei dem Volke Israel die religiöse Theorie, deren nachhaltiger und greifbarer Einfluss sich bis in unsere Tage erstreckt, da sie die Grundlage für die Form des Monotheismus geworden ist, welche bei den hauptsächlichsten Völkern der späteren Geschichte zur Herrschaft gelangte. Die Phönicier trieb die kosmopolitische Thätigkeit der Industrie und des Handels in der Zeit ihrer politischen Blüthe rastlos hinaus über die eigenen Gränzen, anderen nützend, indem sie das Ziel des eigenen Wohlseins energisch verfolgten. Als ihre staatliche Existenz aufhörte, ging auch ihre Nationalität in den Mischungen der Völker auf. Die Israeliten haben ihre besten Kräfte, und je enger und trüber sich das äussere Volksleben gestaltete, desto ausschliesslicher auf die religiösen Theorien gewendet, welche das geschichtliche Werk und das unvergängliche Denkmal dieses Volkes geworden sind. Es dauerte lange, ehe sie ihre vollständige Ausbildung erhielten und zur wirklichen Durchdringung des

Lebens gelangten. Ihre Ausarbeitung erfolgte in dem ausschliessenden Geiste nationaler Beschränkung, welche der antiken Civilisation und namentlich der priesterlichen eigen ist. Nur die äusserste Noth und zwingende Gewalt trieben dieses Volk aus seinem heiligen Lande. Der religiöse Nationalgeist drängte es in sich zusammen, schloss es gegen alles Fremde ab und erfüllte es mit der unverwüstlichen Hartnäckigkeit, welche sein staatliches Dasein vernichtete, aber sein nationales noch in der Zerstreuung über die ganze Erde erhielt. Der einseitige Eifer für das Heiligthum der priesterlichen Ordnung liess es äusserlich niemals auf die Dauer zu einer glücklichen, erfreulichen Lage gedeihen, und machte aus ihm um seiner Treue willen, was sein Gott einst der Untreue gedroht hatte „einen Spott und ein Scheusal unter allen Völkern, ohne bleibendes Wesen und ohne Ruhe" — in Wahrheit „eine Niobe der Nationen". Die Tage, auf welche es mit Stolz und Freude zurückblicken konnte, waren selten und kurz, lang die Zeiten der Bedrängniss und des Leidens. Durch seine ganze Geschichte geht der Ton schmerzlicher Sehnsucht nach dem verheissenen Heil, das nimmer erscheinen wollte, der Klage und des Zwiespalts, dass die Thatsachen dem Glauben, die Zustände den Ansprüchen so wenig entsprachen. Der Staat musste in Trümmer fallen, die Theorie selbst unter Befreiung von den nationalen Schranken eine neue Gestalt annehmen, ehe sie andere Völker ergreifen und der Ausgangspunkt einer neuen Entwicklung werden konnte. Da das Christenthum als eine Fortsetzung und Verklärung der hebräischen Offenbarung betrachtet wurde, gewannen nicht nur ihre eigentlichen Religionsbegriffe, sondern auch ihre sonstigen Anschauungen und Speculationen einen mächtigen Einfluss auf die Bildung des Occidents. Allerdings musste die priesterliche Gesetzgebung über das tägliche Leben, die bürgerlichen und politischen Einrichtungen als unbrauchbar beseitigt werden, in so weit wurde dann behauptet, sie sei nur für das jüdische Volk bestimmt gewesen, aber man berief sich auf ihre Vorschriften und Festsetzungen, wo diese der geltenden Theorie zweckmässig schienen, und namentlich wendeten sich stets die theokratischen oder hierarchischen Bestrebungen dem jüdischen Priesterthum als einem idealen Vorbilde zu. Bis in die neuere Zeit gaben die Schriften und Ueberlieferungen der Juden das einzige vollständige Beispiel einer von dem religiösen Geiste des Orients durchdrungenen, das ganze Leben umfassenden Gesetzgebung. Es fehlte an jedem Maassstabe einer vergleichenden Beurtheilung. In die fremde Welt des Abendlandes hineingeworfen erregte dieses Volk mit seiner abgeschlossenen Sonderbarkeit die Verachtung und den Widerwillen der griechisch-römischen Bildungskreise. Der christlichen Anschauung bestätigte die Fremdartigkeit der Erscheinung den Glauben an die besondere Berufung und Lenkung des Volkes. Der schlecht unterrichtete Hass und die ehrfurchtsvolle Scheu waren gleich wenig befähigt die theokratischen Einrichtungen in ihrer Einseitigkeit und ihrer Grossartigkeit zu würdigen. Nicht gewöhnt gleichmässig wirkende Gesetze in der Entwickelungsgeschichte der Völker zu suchen und unbekannt mit den ähnlichen Ordnungen des Alterthums, griff man zur Erklärung der auffallenden Erscheinung, statt sie aus dem innersten Wesen antiker Religiosität herzuleiten, nach äusserlichen Motiven, welche der Weisheit Gottes oder der Willkür des Gesetzgebers untergelegt wurden. Wie schon römische Schriftsteller dem mosaischen Gesetze einen bewussten Gegensatz, eine gehässige Scheidung von allen anderen Völkern zuschrieben, so geschah dies noch in den neuesten Zeiten. Andere fanden in der Strenge und Peinlichkeit der Festsetzungen ein Mittel der Zucht, oder gar eine göttliche Strafe für die Sündhaftigkeit des Volkes. Josephus sprach in der Rechtfertigung seiner Nation gegen die Angriffe des Apio die ächte jüdische Ansicht aus, indem er rühmt, dass dieses heilige Gesetz, für welches die Väter begeisterungsvoll gehandelt und gelitten, das ganze Leben auf jedem Schritte in allem Thun und Lassen mit göttlicher Bestimmtheit leite, dass das Volk sich mit Sicherheit und Freude in seinen festen Schranken bewege, dass es von ihm sein zeitliches und ewiges Heil erwarte. Und jetzt wissen wir, dass diese vielfachen, den sittlichen und bürgerlichen Geboten gleichgestellten Gebräuche, diese weitläufigen Vorschriften über Reinigungen, Ceremonien, Opfer und Speisen, welche eine Besonderheit des Judenthums ausmachen sollten, ihm gerade gemeinsam mit allen den Organisationen sind, auf welche ein ausgebildetes Priesterthum erheblichen Einfluss geübt hat. Wenn der Offenbarungsglaube früherer Zeiten auch in dem Einzelnen dieser Gesetze die göttliche Weisheit bewunderte, der selbst das Geringfügige nicht zu klein erschienen, oder das Unfassliche in gezwungene Allegorien deutete, wenn dagegen seit dem vorigen Jahrhundert der Geist der Opposition, in welchem Voltaire das Christenthum als die absurdeste und blutigste der Religionen darstellte, in den Lehren, Sitten und Thaten der Hebräer nur Rohes und Widerwärtiges finden wollte, haben allmälig die unermüdlichen Anstrengungen, welche dieses Gebiet der Alterthumskunde mehr als jedes andere durchforscht haben, aus Vorurtheilen und Missverständnissen die Thatsachen erarbeitet, welche die israelitische Geschichte und Bildung gleich jeder anderen als das nothwendige Resultat innerer Entwicklung und äusserer Einwirkungen hinstellen. Das genügende Material ist in der hebräischen Litteratur enthalten, und theils deshalb, besonders aber wegen ihres nachhaltigen Ansehns ist es nöthig zunächst auf die heiligen Schriften des Volkes einen Blick zu werfen, namentlich auf die wichtigsten derselben, die sogenannten Bücher des Moses.

L.

Qui mysterium intelligit, taceat*); so schrieb der gelehrte Aben Esra, als er in der dunklen Nacht des zwölften Jahrhunderts anzudeuten wagte, dass der Pentateuch nimmer von Moses geschrieben sein könne. Und man hat geschwiegen.

---

*) Wer das Geheimniss erkennt, der schweige.

Selbst der Rabbi Abrabanel, der im fünfzehnten Jahrhundert die übrigen Bücher des alten Testaments und die herkömmlichen Annahmen über ihre Abfassung einer eingehenden Kritik unterwarf, überging die Autorschaft des Moses mit Stillschweigen. Der Talmud setzt einen gar zu schweren Fluch darauf, und schliesst unerbittlich von den Freuden des Paradieses aus den Frevler, der da zu bezweifeln wagt, dass jeder Vers des Werkes von Moses herrühre. Auch die Christen beugten sich diesem Anathema. Erst ein halbes Jahrtausend nach Aben Esra kam ein anderer Jude, Spinoza, „der todte Hund", dessen Geist noch immer lebendig ist, und wies mit kühner Schärfe den Unsinn der alten Fabeln nach. Ihm folgte noch im siebzehnten Jahrhundert ein katholischer Priester Frankreichs, Richard Simon, der eine noch heute interessante und lesbare Geschichte des alten Testaments schrieb. Sein Werk musste in Holland gedruckt werden, damals die Zufluchtsstätte freier Geistesbewegung. Dann nahm die protestantische Gelehrsamkeit Deutschlands die Untersuchung auf, und brachte sie zum Abschluss.

Da das entscheidende Detail dieser Arbeiten den Laien wenig bekannt zu sein pflegt, führe ich einige der Einzelheiten an, welche die späte Abfassung des Pentateuchs ausser Zweifel setzen. Die Beziehung auf den Tempelberg Moriah, die Erwähnung des Königsthals, wahrscheinlich nach dem Denkmal Absaloms so benannt, die Anwendung später Namen, wie im Buche Josua schon Jerusalem genannt wird, die Anspielungen auf geschichtliche Ereignisse wie die Ueberlassung israelitischer Krieger an die Aegypter unter dem Könige Manasse und die Empörung der Cyprier gegen Tyrus zur Zeit Salmanassars beweisen klar, dass das Werk nicht vor der königlichen Zeit geschrieben worden. Die Genesis zählt die Könige der Edomiter mit dem ausdrücklichen Bemerken auf, dass sie regierten, ehe die Kinder Israel Könige hatten. Im Numerus wird schon ein älteres Geschichtswerk „das Buch der Kriege Jehovahs" citirt. Die Worte, „der Kanaaniter war damals im Lande", und die

Stelle des Leviticus, welche die Austreibung der Kanaaniter als etwas Vergangenes erwähnt, konnten wenigstens nicht vor der Besitzergreifung des Landes geschrieben sein; eben so wenig konnte Moses die späteren Stammgebiete überblicken. Die Thaten und der Tod˙ des Moses werden als längst vergangene Begebenheiten erzählt; die wiederholte Wendung „bis auf diesen Tag", und die Behauptung, dass niemals wieder ein Prophet wie Moses in Israel aufstand, können nur einer viel späteren Zeit angehören. Die Bezeichnung des Moses als des Mannes Gottes würde schwerlich von ihm selbst gebraucht sein. In den Büchern selbst fehlt jede Andeutung, dass sie von Moses verfasst wären, vielmehr sagt das Deuteronomium nur: „Moses schrieb das Gesetz", wie auch das Buch Josua eines schriftlichen Gesetzwerkes gedenkt, von dem sich in der Geschichte keine Spur findet; unter diesem Gesetz kann doch unmöglich das Buch selbst verstanden sein, in welchem die Erwähnung steht, und der Zusatz, dass ein Exemplar des Gesetzes in die Bundeslade gelegt sei, wird durch das Buch der Könige widerlegt, denn als die Lade bei der Ueberführung in den Tempel geöffnet ward, fand sich nichts darin als die steinernen Tafeln mit den zehn Geboten. Eben so entscheidend wie solche einzelne Stellen und wichtiger für die geschichtliche Betrachtung sind die allgemeineren Gründe, welche die allmälige und späte Entstehung des Pentateuchs darthun. Widerstreitet schon der geringe Abstand seiner Sprache von den jüngeren Schriften des alten Testaments der Annahme, dass eine lange Reihe von Jahrhunderten dazwischen verflossen, so machen es die Verschiedenheiten des Stils, die Wiederholungen und Abweichungen der Berichte über dieselben Dinge, die Widersprüche in den Thatsachen, Anschauungen und Vorschriften, der ganze Inhalt der Gesetze völlig unmöglich das Werk einem Manne und einer Zeit zuzuschreiben. Eine so umfassende und minutiöse Gesetzgebung konnte niemals mit einem Schlage ersonnen und durchgeführt werden, am wenigsten aber einer Zeit angehören, in

welcher die zehn Gebote als vollkommener Ausdruck des
Rechts und der Sitte aufgestellt wurden. Ausser diesen mögen
noch einzelne Vorschriften alterthümlicher Fassung und
ein paar Lieder in die mosaische Zeit hinaufreichen, mehr
gewiss nicht. Die systematische Ausbildung und Aufzeichnung
umfassender Gesetze ist überall die Sache langer und
collectiver Arbeiten gewesen, die dann in der Folge auf einen
einzigen grossen Namen übertragen wurden. Was Manu
den Indern, Zarathustra den Iraniern, Thot den Aegyptern
ward Moses der hebräischen Sage. Der Pentateuch enthält
ferner mancherlei Bestimmungen, die nach dem Zeugniss der
übrigen Bücher in der älteren Zeit gar nicht bekannt waren,
sondern erst sehr spät zur Geltung kamen, und andere, die
sich nur auf späte Verhältnisse beziehen, wie die Gesetze
über das Königthum. Endlich beweist der weitere Verlauf
der Geschichte, dass es während der Ausbildung und Blüthe
des hebräischen Staats ein allgemein anerkanntes, oder für
heilig gehaltenes Schriftwerk gar nicht gab. Erst etwa vierzig
Jahre vor der Zerstörung Jerusalems übergab der Hohepriester
dem Könige Josia ein Gesetzbuch, welches als Reichsgesetz
eingeführt ward, aber auch da wird es keineswegs
für ein Werk des Moses ausgegeben. Im zweiten Buch der
Könige heisst es nur das Gesetzbuch, ohne dass Moses dabei
erwähnt wird, die viel spätere Chronik nennt es „das
Gesetz des Herrn, von Moses gegeben." Moses wird überhaupt
im alten Testament nur als der Urheber des Gesetzes,
nicht als der Verfasser eines Buches bezeichnet.

Wohl kann die Sicherheit, mit welcher Ewald die Verfasser
der ursprünglichen Werke charakterisirt und fast die
Titel ihrer Bücher angiebt, als hätte er neben ihrem Schreibtisch
gestanden, ein ungläubiges Lächeln hervorrufen, nichtsdestoweniger
muss das Resultat als gesichert betrachtet werden,
dass der Pentateuch aus mehrfacher Ueberarbeitung
verschiedener älterer Werke, deren grössere Bruchstücke sich
zum Theil noch erkennen lassen, in gesetzgeberischem Interesse
hervorgegangen ist; nur das Deuteronomium, welches

sehr verschieden von dem Stil der anderen Bücher den Moses als prophetischen Redner vor seinem Tode in weichen, rührenden Worten das Gesetz wiederholen und einschärfen lässt, ist ein Werk aus einem Gusse, und jedenfalls nicht lange vor dem Könige Josia geschrieben. Unter dem damals aufgebrachten Gesetzbuch müssen die fünf Bücher in ihrem wesentlichen Umfange verstanden werden; sie waren das heilige Gesetz, auf welches die Propheten anspielen, um welches sich in der Verbannung der Kern des Volkes sammelte, welches aus der tiefen Schmach zur Anerkennung und zur Herrschaft über alle Völker gebracht werden sollte. Spinoza hielt den Esra für den Verfasser des Pentateuchs, gestützt auf die jüdische Ueberlieferung, dass er das verloren gegangene Gesetz aus dem Gedächtniss wiederhergestellt habe, und auf das hohe Ansehn, dessen er als Schöpfer heiliger Bücher und Gründer des Schriftgelehrtenthums genoss. Wenn dies auch nicht richtig ist, scheint es doch sehr wahrscheinlich, dass von Esra oder seiner Schule eine letzte Ueberarbeitung des Werkes ausgegangen ist; dafür spricht ausser jener Sage die Aufnahme einzelner Stücke, deren Anschauungen aus dem iranischen Glaubenskreise stammen, und der fortlaufende Zusammenhang, in welchen die sämmtlichen geschichtlichen Bücher von der Genesis bis zu den Büchern der Könige gebracht sind, da namentlich die letzteren in ihrer jetzigen Gestalt nicht vor dem Exil verfasst sein können. Man pflegte bei den Juden wie anderswo mit älteren Werken sehr frei zu schalten, unbedenklich zu ändern oder zuzusetzen, was neuere Anschauungen und Bedürfnisse erforderten. Durch solche fortgesetzte Arbeit, bei welcher die individuelle Willkür durch die organisirte Verbindung des Priesterthums und durch die Nothwendigkeit sich nach den bestehenden und geltenden Theorien zu richten in Schranken gehalten ward, wurden angesehene Schriften zu wahren Nationalwerken, und gelangten zu einer Autorität, welche sie in ihrer ursprünglichen Gestalt nicht gewonnen oder nicht behauptet haben würden. Eine andre Behandlung tritt ein, wenn sich der Begriff einer eigentlich heiligen Schrift gebildet hat; dann verbietet die Scheu vor dem Heiligthum und zugleich die Verbreitung des Gebrauchs in weiteren Kreisen jede tiefer greifende Abänderung, es erwacht die Sorgfalt für die Feststellung und Erhaltung des richtigen Textes; statt an dem Werke selbst zu rütteln werden Glossen und Commentare dazu geschrieben, und höchstens darin zurückgeschoben oder umgedeutet, was sich in neue Auffassungen oder Verhältnisse nicht fügen will. Diesen Wendepunkt bezeichnet für den Pentateuch die Schule Esras.

LI.

Als aber „das Gesetz", wie die Juden das Werk nennen, schon längst als eine heilige Schrift galt, ward es doch noch keineswegs für ein Werk des Moses gehalten. Josephus wird der älteste Zeuge sein, der die fünf Bücher unzweideutig dem Moses zuschreibt. Auch die christliche Kirche schwankte lange Zeit. Origenes erwähnt die Annahme, dass die Schrift nicht von Moses, sondern von Mehreren herrühre. Clemens von Alexandrien sagt geradezu, die Genesis namentlich sei nimmer das Werk des Moses, und noch die Säule orthodoxer Gelehrsamkeit, der heilige Hieronymus, stellt es anheim, ob man den Pentateuch dem Moses oder dem Esra zuschreiben wolle. Erst als Autoritätsglaube und kirchliche Rücksicht den Rest wissenschaftlichen Sinnes verdrängten, machten es die Christen mit dem Talmud zu einem Glaubenssatz: Moses schrieb das Gesetz. Indessen mit diesem Dogma schloss die Wirksamkeit des grossen Gesetzgebers nach der jüdischen Theorie noch keineswegs ab; vielmehr wurden nach dem allgemeinen theokratischen System, welches jede spätere Willkür läugnet und jede Satzung als ursprüngliche Offenbarung ansieht, alle die zahllosen Lehren und Vorschriften, welche die Folgezeit von den Pharisäern an bis zum Abschlusse des Talmud in grübelnder Spitzfindigkeit aufbrachte, als heilige Tradition auf ihn zurückgeführt, ihm dem wahren Inhalte nach sämmtliche heilige

Schriften zugeschrieben, sowohl das alte Testament, nach der jüdischen Eintheilung ausser dem Pentateuch Propheten und Hagiographen, als auch der Talmud, die gegen 200 Jahre nach Christus gesammelte Mischna und die noch spätere Glosse dazu, die Gemara. Man wollte das schon aus der Stelle des Exodus folgern, wo Jehovah zum Moses spricht: ich werde dir steinerne Tafeln geben, und Gesetz und Vorschrift, die ich geschrieben habe, um sie zu lehren. Dazu bemerkt eine rabbinische Erklärung: „was heisst das? Die Tafeln sind die zehn Gebote, das Gesetz ist der Pentateuch, Vorschrift die Mischna, „welche ich geschrieben habe", Propheten und Hagiographen, „um sie zu lehren" die Gemara; das beweist, dass alle diese dem Moses auf dem Sinai übergeben worden." Wir glauben heutigen Tages schwer, welche Erläuterungen und Beweisführungen der theologischen Philosophie in den Zeiten ihrer wirklichen Herrschaft gerechtfertigt schienen. Die christliche Exegese des Mittelalters, wie sie etwa in der Glossa ordinaria niedergelegt worden, ist nicht besser als die jüdische; sie bringt namentlich in allegorischen Deutungen die willkürlichsten und absurdesten Dinge zu Tage, so dass man mit Recht bemerkt hat, selbst die Rinder und Kameele des alten Testaments hätten es sich jederzeit gefallen lassen müssen symbolisch verwendet oder in Engel und Geister verwandelt zu werden. Es ist wesentlich dieselbe Methode, welche wir bei den Indern und Arabern, bei den Juden und in der Scholastik des Mittelalters wiederfinden, eine gegebene Doctrin ihrem ganzen Inhalte nach als feststehend anzunehmen, aber auf die Ausbildung und Entwicklung der Einzelheiten einen gewaltigen Aufwand von Mühe und Scharfsinn zu verwenden, und die Resultate der eigenen Speculation unter dem Anschein formeller Folgerichtigkeit an diese Einzelheiten anzuknüpfen. Allerdings haben es die Juden, auf den dürftigen Umfang ihrer einseitigen Litteratur beschränkt, von den speciellen Wissenschaften und einer reicheren Bewegung des praktischen Lebens fast gänzlich ausgeschlossen, in der Kunst allmälig selbst aus gelegentlichen Andeutungen oder einzelnen Worten bald mit grübelnder Consequenzmacherei, bald mit willkürlicher Dichtung umständliche Lehrsätze oder lange Geschichtserzählungen herauszuspinnen besonders weit gebracht. Ich führe ein Beispiel an, in welchem durchaus kein dogmatisches oder praktisches Interesse obwaltet. Man hat vor einem berühmten Kunstwerke der Neuzeit erinnert, dass Nimrod nach der Bibel nichts mit dem Thurmbau in Babel zu schaffen habe. Das ist auch ganz richtig. Die Genesis erwähnt den Gewaltigen vor dem Herrn sehr kurz, und offenbar mit Achtung. Josephus weiss von seinem Nabrodes schon mehr zu erzählen, und giebt die Sage, dass er an der Spitze derer gestanden, die den Thurmbau unternommen und sich damit wider Gott aufgelehnt hätten. Im Talmud wird dann viel über ihn speculirt. Schon sein Name wurde von Marad (sich empören) abgeleitet; weil dabei aber das anfängliche N weggelassen war, setzten Andere ihn aus Nin (Spross) und Marad zusammen, erklärten ihn als Sohn der Empörung, und leiteten aus diesem untergeschobenen Nin wieder Ninus und Niniveh ab. Aben Esra that Einspruch gegen solche Spielereien, und warnte nicht für jeden Namen in der Schrift eine Ursache zu suchen, wenn keine angegeben sei. Aber das war eine Stimme in der Wüste. Keine dogmatisch oder historisch bedeutsame Erwähnung blieb verschont; zwischen Kain und Abel spielt ein Roman eifersüchtiger Liebe, und Kain ermordet den Bruder, nachdem er gesehen, wie der Satan einen Vogel mit einem Stein erschlagen; die Fabeln, welche das Leben Davids begleiten, beginnen mit einer langen Erzählung von seiner Geburt, der Untreue Isais und der List seiner Mutter. Manche dieser Dichtungen sind charakteristisch für die Geschichte der Theologie, manche poetisch, manche unglaublich läppisch. In den Büchern Moses, wie in den übrigen Geschichtserzählungen des alten Testaments werden vielfache Offenbarungen Gottes berichtet; er erscheint seinen Auserwählten, greift persönlich in den Gang der Ereignisse ein, thut seinen Willen kund, giebt Verfassungen, Gesetze oder Aufschlüsse. Aehnlich wird in den Schriften der Propheten hin und wieder erwähnt, dass die Verfasser auf Gottes besondere Anweisung über bestimmte Gegenstände oder auf bestimmte Art geredet, geweissagt oder geklagt. Kein Werk behauptet von sich selbst, dass es als Ganzes ein unmittelbarer Ausfluss göttlichen Willens sei. Aber wie sich bei allen grossen Priesterthümern und in allen Religionen des Orients der Glaube entwickelte, dass ihre heiligen Schriften von den Göttern gegeben worden, wie namentlich auch bei den Iraniern neben den einzelnen Offenbarungen Gottes die ganzen Zendschriften als offenbart betrachtet wurden, so entstand allmälig bei den Israeliten die Annahme, dass die heilige Litteratur das unmittelbare Werk Gottes sei. Hier bildete sich dieser Begriff sehr spät, vor dem babylonischen Exil findet sich keine Spur davon; auch blieb er lange vage und unbestimmt, wurde sehr verschieden aufgefasst. Die Verfasser waren begeistert, getrieben vom heiligen Geiste. Die Art der göttlichen Einwirkung ward dahin gestellt. Einige liessen nur den Hauptinhalt der Schriften offenbart werden, daneben den Verfassern freien Spielraum, Andere dachten sie als blosse Werkzeuge, willenlos, zuweilen in dem Grade, dass sie nicht wissen sollten, was sie schrieben. Je grösser das Ansehn der Schriften, je strenger der Buchstabenglaube ward, desto straffer wurde das Dogma der Inspiration gespannt. Der Talmud stellte endlich den einfachen, durchgreifenden Grundsatz auf, dass Gott den Pentateuch Wort für Wort dem Moses dictirt, dieser keinen Vers auf eigene Autorität geschrieben habe. Der Alexander Philo hielt sogar die griechische Uebersetzung der sogenannten Septuaginta für inspirirt, freilich ebenso hart für Kenner des Hebräischen wie das Verbot des tridentinischen Concils die Richtigkeit der lateinischen Kirchenübersetzung zu bezweifeln. Die Talmudisten dagegen verabscheuen die Septuaginta wegen ihrer willkürlichen Zusätze und Abweichungen von dem heiligen Urtexte; da heisst es: „an dem Tage, als das Gesetz griechisch geschrieben wurde in den Zeiten des Königs

Ptolemäus, da kam Finsterniss über die Erde", oder: „der Tag war schwer für Israel gleich dem, an welchem das Kalb gemacht wurde." So verschieden befanden fromme Männer nach den Vorurtheilen ihres Standpunktes über Heiligkeit und Offenbarung.

LII.

Wie das Dogma der Inspiration konnte sich auch die darauf gestützte Annahme einer heiligen Litteratur erst spät ausbilden. Da selbst das erste und grösste Werk, auf welches dieser Begriff angewendet werden kann, „das Gesetz", erst wenige Jahrhunderte vor der Zerstörung des Reiches zu allgemeiner Autorität gelangt, kann von einer Anerkennung anderer heiliger Schriften vor dem Exil kaum die Rede sein. Jedenfalls erfolgte die Sammlung und Feststellung des Kanons erst geraume Zeit nach demselben. Die jüdische Tradition schreibt den Haupteinfluss darauf der angeblichen Synagoge des Esra zu, und ein Theil der recipirten Schriften ist noch weit später verfasst. Wohl wird es schon in alter Zeit Aufzeichnungen von Liedern, Sagen, Gesetzen und Ritualien gegeben haben, was die Bekanntheit der Schrift und das Vorhandensein eines geschlossenen Priesterthums voraussetzen lassen, aber gleichzeitige geschichtliche Nachrichten und eine wirkliche Litteratur können vor der Zeit der Könige nicht angenommen werden. In den Anfängen des Königthums traf der glänzende Aufschwung des Volkes, die Entwicklung seiner Macht, seiner Cultur und seines nationalen Selbstgefühls, mit der Concentration der geistigen Kräfte, welche wir den kurz zuvor durch Samuel gestifteten Prophetenschulen und der Sammlung der Priesterschaft um den Tempel in Jerusalem zuschreiben müssen, zusammen um ein höheres Interesse und eine künstlerische Bethätigung desselben für das Alterthum, die Geschichte, die Religion und die Gesetzgebung des Volkes wach zu rufen. Diesen Zeiten gehörten die älteren Schriftwerke an, welche in die historischen Bücher des alten Testaments verarbeitet worden sind. Die frühere Geschichte konnte sich höchstens auf Sagen und Ueberlieferungen stützen, die im Laufe der Jahrhunderte dichterisch ausgeschmückt, oder nach der religiösen Theorie umgebildet waren, eine Auffassung, die sich an die Phantasie und das Gemüth wendet, bald Ideen in Thatsachen einkleidend, bald Thatsachen nach Ideen gestaltend. Zu einer ächt geschichtlichen Litteratur, zu einer Erforschung der Vergangenheit im Sinne wissenschaftlicher Wahrheit kam es hier so wenig wie bei den Iraniern oder Indern. Seit der Königsherrschaft wurden Reichsjahrbücher geführt, an welchen Geschichtsschreibung und Chronologie einen Anhalt finden konnten. Wenn die historischen Theile der Schriften, die den Büchern Moses und Josua zum Grunde liegen, die wunderbare Leitung des Volkes bis zu seiner Festsetzung im heiligen Lande, die Stiftung der theokratischen Einrichtungen, die Thaten der grossen Führer, oder vielmehr die Thaten Gottes durch sie berichten, so giebt das Buch der Richter in Bruchstücken aus den weiteren Schicksalen des Volkes eine planmässig dargelegte, an einer Reihenfolge gleichmässiger Ereignisse aufgezeigte Bethätigung der göttlichen Vorsehung, welche Fluch und Segen, Glück und Unglück des Volkes als unmittelbare Folge an die Treue und den Gehorsam gegen seinen Gott und dessen Gebote knüpfte. In stets wiederholtem Wechsel folgte auf die Abtrünnigkeit Niederlage und Unterdrückung als Strafe des göttlichen Zornes, auf die Bekehrung Sieg und Freiheit, zu welcher die wiedergewonnene Gnade durch göttlich erweckte Helden führte. Die Bücher Samuel, nach ihrem Haupthelden benannt, dem dann die späte Sage gelegentlich ihre Abfassung, wie auch die des Buches der Richter zuschrieb, umfassen in anschaulich lebendiger Schilderung die Zeit der Erhebung unter dem grossen Priester und den beiden von ihm gesalbten Königen. Allerdings bezeugen manche Widersprüche und mit Abweichungen wiederkehrende Erzählungen, dass sie aus verschiedenen Quellen zusammengesetzt sind, und einzelne Einschiebungen und Anachronismen — wenn z. B. David das Haupt des

Goliath nach Jerusalem bringt, welches erst unter seiner Regierung den Jebusitern entrissen wurde — verrathen die Hand eines späten Bearbeiters, aber das Aufhören der handgreiflichen Wunder, die Beschränkung des göttlichen Eingreifens in die Geschichte auf prophetische Offenbarungen, der natürliche Zusammenhang der Begebenheiten und die individualisirten Charaktere der handelnden Personen beweisen, dass die Berichte, aus welchen diese Darstellungen geflossen sind, sowohl den Zeiten, welche sie schildern, näher standen, als auch weniger durch Ueberarbeitungen in theoretischem Interesse entstellt sind, wie es bei den übrigen Büchern der Fall ist, welche die israelitische Geschichte vor dem Exil behandeln. Die Bücher der Könige, welchen ausser Annalen und prophetischen Ermahnungsschriften für ihre ältere Zeit auch ein grösseres einheitliches Geschichtswerk vorausgegangen zu sein scheint, können nicht vor dem Exil eine der jetzigen ähnliche Gestalt erhalten haben. Mit Ausnahme der Geschichte Salomos gelten ihre ausführlichen Darstellungen meist der Wirksamkeit der Propheten in den beiden hebräischen Reichen. In ihnen wird zuerst die Chronologie sorgfältiger berücksichtigt; bekundet sich darin ein Fortschritt, so stehen sie in geschichtlicher Treue offenbar weit hinter den Büchern Samuel zurück. Der vorherrschende didaktische Gesichtspunkt, die steten Hinweisungen auf die Gesetze, die häufigen Verknüpfungen der Ereignisse mit angeblichen Weissagungen, das Zurücktreten der natürlichen Zusammenhänge, die Rückblicke und Ueberblicke beweisen, dass das Sammeln und Ordnen des Stoffes den geschilderten Begebenheiten schon ferne stand. Dem entspricht auch die Zunahme der Wunder und Visionen. Wenn Gott auch nicht so persönlich und übermächtig in die Geschicke des Volkes eingreift, wie in den Sagen der Urzeit, so verrichten doch die Propheten wieder gewaltige Wunderthaten; sie erwecken Todte, kommen und verschwinden durch die Luft, gebieten über Feuer vom Himmel. Ton und Anschauung entsprechen den düster werdenden Zeiten. Eine jüdische Sage nennt offenbar fälschlich den Jeremias als Verfasser des Werkes. Die letzte gemeinschaftliche Ueberarbeitung, welche alle diese geschichtlichen Bücher erfahren haben, gehört wahrscheinlich der Schule des Esra, also der Zeit nach 450 vor Christus an.

LIII.

Die Juden rechnen nicht nur die in den gewöhnlichen Bibelübersetzungen aufgeführten prophetischen Schriften (mit Ausschluss des Daniel), sondern auch die heiligen Werke über ihre ältere Geschichte bis auf den Pentateuch, der eine Classe für sich vor allen anderen bildet, in die Kategorie der Propheten. Erst die Christen haben in der Sucht überall Beziehungen auf Christus und seine Kirche zu finden das Weissagen zum Hauptmerkmal des Prophetenthums gemacht und demgemäss die vier grossen und zwölf kleinen Propheten ausschliesslich zu solchen gestempelt. In ihren dichterischen Zukunftshoffnungen, ihren vieldeutigen Verheissungen, ihren messianischen Erwartungen wurden Vorhersagungen des Christenthums gesucht; wie selbst heidnische Orakel und namentlich die Sibyllen, so wurden vorzugsweise die hebräischen Propheten als Vorläufer und Verkündiger Christi aufgefasst, in ihren Schicksalen und Reden bald bestimmte Weissagungen, bald allegorische Andeutungen gefunden, welche die Juden allerdings mit leichter Mühe zurückweisen konnten. Dass man hier allegorischen Beziehungen nachging, kann um so weniger befremden, da die christliche Orthodoxie selbst die sinnlich glühenden Liebesverse des hohen Liedes — das schönste Lied heisst es eigentlich — auf das Verhältniss des Erlösers zu seiner Braut, der Kirche, deutete. Das Mittelalter übertrug diese Liebhaberei auch auf profane Schriftsteller; sahen doch die Ausleger Petrarcas in seiner Laura bald die Religion, bald die Tugend, bald die Wissenschaft verherrlicht. Den Hebräern war der Prophet, Nabi, ursprünglich nur ein Redner oder Dolmetscher. Wie Moses der Prophet Jehovahs, so war Ahron der Prophet des Moses.

Als Redner Gottes hatten sie seinen Willen, seine Wahrheit zu verkünden, sein Gesetz auszulegen und zu erhalten, zu ermahnen, zu warnen, zu strafen, den Ungehorsamen die göttlichen Strafgerichte, den Reuigen Gnade und Segen zu verheissen. Zu diesem Behufe stiftete Samuel die Prophetenschulen, und daher wird im Buch der Könige, wie auch im Buch Esra das Gesetz den Propheten, nicht ausschliesslich dem Moses zugeschrieben. Sie waren die geistliche Macht, welche die Gesetze und Einrichtungen des Volkes fortbildeten. Die religiöse Gesinnung, welche alle höheren Ideen auf unmittelbare göttliche Eingebung zurückführte, betrachtete die Männer, welche das Recht und die Wahrheit Gottes aussprachen, als begeisterte. Je grösser und angesehener ein Prophet war, desto mehr war der Geist seines Gottes in ihm lebendig. Eine wundergläubige Zeit erwartete allerdings von denen, die im Namen der Gottheit auftraten, Wunder und Zeichen, vor allem sichere Offenbarungen über die Zukunft; sie wurden als berathende Seher und Orakel in Anspruch genommen; es wurde als Wahrzeichen eines ächten Propheten aufgestellt, dass seine Weissagungen eintrafen; geschieht das nicht, „der Prophet hat aus Vermessenheit geredet, vor ihm scheue dich nicht". Aber das war eine Nebensache in ihrem Berufe, und um so weniger von entscheidender Bedeutung, als auch die Macht falscher Propheten, Zauberer oder Götzendiener Wunder zu thun und zu weissagen keineswegs bezweifelt wurde. Das Deuteronomium macht daher zum sicheren Merkmal ausdrücklich die Wahrheit der Lehre, und warnt vor falschen Propheten, wenn sie auch Wunder thun und ihre Zeichen eintreffen. Solchen soll man nicht gehorchen, „sondern sollst ihn erwürgen", gerade wie in den Zendschriften der, welcher gegen das offenbare Gesetz handelt, ein Lügner ist, wenn er sich einen Priester nennt. Das alte Testament scheut sich auch nicht Weissagungen wahrer Propheten mitzutheilen, die nicht eintrafen. Selbst der grosse Elias verkündet dem Ahab die Ausrottung seines Hauses ohne Erfolg; das wird freilich damit gerechtfertigt, dass Gott seinen Willen ändert, und wegen der Reue des Königs erst über seinen Sohn das rächende Unglück hereinbrechen lässt. Jesaia erwartete im achten Jahrhundert die Zerstörung von Tyrus durch die Assyrer, die nicht eingetreten ist, und wollte man ganz ungehörig noch eine Erfüllung seiner Prophezeiung in der Einnahme durch Nebukadnezar im sechsten Jahrhundert finden, so hat die Stadt jedenfalls nicht siebzig Jahre wüste gelegen. Auch Jeremias Verkündung, dass Babylonien siebzig Jahre nach der Zerstörung Jerusalems zur Wüste gemacht werden sollte, ging nicht in Erfüllung; es blieb die reichste Provinz des persischen Reiches. Die sogenannten Weissagungen der Propheten in ihren Schriften über das eigene oder fremde Völker sind sehr allgemeiner, unbestimmter Natur, Hoffnungen und Drohungen, wie sie sich einestheils aus der sittlichen Idee der Gerechtigkeit Gottes und seiner Liebe zu dem auserwählten Volke und andererseits aus den jedesmaligen geschichtlichen Verhältnissen ergaben. Jesaia drohte mit den Assyrern, Jeremia mit den Chaldäern, und wenn diese Zerstörer als Werkzeuge des Zornes in der Hand Gottes gegen die sündigen Juden und Heiden betrachtet wurden, so erwartete man wiederum an ihnen die Rache von den Medern oder Persern.

Von den älteren Propheten, welche nicht nur auf einzelne Angelegenheiten des Privatlebens oder der Politik, sondern auf die ganze Bildung des Volkes, sein Recht und seine Sitte einen entscheidenden Einfluss übten, werden keine Schriften erwähnt. Die prophetische Litteratur entstand erst mehrere Jahrhunderte nach den Schulen Samuels, wahrscheinlich erst gegen 800 vor Christus; ihre Blüthe fällt in die Zeit von der Mitte des achten Jahrhunderts bis in das Exil. Nach diesem schrieben nur noch Haggai, Zacharia und Maleachi, welche sahen, dass sie die letzten waren, und dass der heilige Geist abhanden kam, wie Salomon Raschi bemerkt. Auch bei diesen späteren können natürlich die wenig umfangreichen Schriften, mögen diese nun von ihnen selbst oder ihren Schülern zusammengestellt sein, nicht als ihre Hauptthätigkeit betrachtet werden, diese blieb das persönliche Wirken und Lehren. Mit ihren Werken sind mannichfache Aenderungen vorgenommen; so ist dem Jesaia ausser mehreren Einschiebungen vom vierzigsten Capitel an eine Schrift angehängt, die erst nach der Zerstörung Jerusalems verfasst sein kann, und das Leben in der Verbannung voraussetzt; ähnlich sind dem Zacharia Bruchstücke einverleibt, die vor dem Falle der Stadt geschrieben sein müssen. Die jüdische Orthodoxie behauptet auch gar nicht, dass die Bücher immer von denen herrühren, deren Namen sie tragen, sondern nur dass sie ihre Weissagungen enthalten. So wird der Jesaia gleich den kanonischen Schriften, welche den Namen Salomos führen, dem Collegium des Hiskia, Hesekiel und die zwölf kleinen Propheten, die bei den Juden nur ein Buch ausmachen, der Synagoge des Esra zugeschrieben; es wird sogar behauptet, dass letzteres so sein müsse, weil prophetische Werke nicht ausserhalb des heiligen Landes geschrieben werden könnten, offenbar ein Satz, der gegen prophetische Anmaassungen der nachpalästinischen Zeit gerichtet ist. In den trauervollen Zeiten während der Verbannung und nach der Rückkehr mussten diese Werke durch ihre zuversichtlichen Verheissungen, ihre tröstenden Aussichten in eine verklärte Zukunft eine unermessliche Wirkung auf das gläubige Volk üben. War der Jammer, den sie verkündet, furchtbar hereingebrochen über die Ungehorsamen und Abtrünnigen, wie sollte man nicht vertrauen, dass ihre begeisterten Hoffnungen herrlich in Erfüllung gehen würden an denen, die sich mit ganzer Seele wieder zu ihrem Gott gewendet? Einem Theile dieser Schriften sichern ihre dichterische Kraft, der Schwung ihrer Sprache, die Erhabenheit ihrer Anschauungen, der ergreifende Ton ihrer Klagen, die Energie des patriotischen Glaubens an ihr Volk und ihren Gott einen hohen Platz in der Litteratur aller Völker und Zeiten. Dass diese Werke heilig wurden, war kein Wunder.

LIV.

Mit dem Königthum begann, wahrscheinlich durch die Propheten vorzugsweise geübt, auch die Blüthe der lyrischen und didaktischen Poesie, deren Reste sich in einem Theile der Psalmen, den Sprüchen Salomos, dem hohen Liede und dem Buche Hiob erhalten haben. Einige der Psalmen, und zwar der schwungvollsten und erhabensten, wenn auch bei weitem nicht alle, die seinen Namen tragen, rühren ohne Zweifel von David her. Andere dieser meist religiösen, theilweise zum liturgischen Gebrauch bestimmten Hymnen und Lieder sind erst in und nach dem Exil geschrieben, so dass die Sammlung erst spät veranstaltet sein kann. Die Spruchdichtung, welche im Orient von Alters her sehr beliebt ist, mag am Hofe Salomos geübt sein, und ein Theil der Sprüche, die nach der Sitte der Uebertragung auf einen berühmten Namen ihm persönlich zugeschrieben wurden, in der That aus seiner Zeit herrühren. Das Lehrgedicht Hiob, wahrscheinlich der späteren Königszeit angehörend, ist das einzige Beispiel einer grösseren planmässigen Dichtung. Zu den höheren Gattungen der Dichtkunst haben die Hebräer es eben so wenig gebracht wie zu ausgebildeteren Kunstformen. Statt des Versmaasses oder Reims kennt ihre Poesie nur ein gewisses Ebenmaass des Rythmus, kürzer und rascher als der Rythmus, dessen sich auch die Propheten, namentlich die älteren, zu bedienen pflegen, und der leicht in eine schwunghaft bewegte Prosa übergeht, im eigentlichen Liede meist einem Parallelismus der Glieder entsprechend, einer wiederholenden oder antithetischen Wendung der Gedanken. Aber wenn die Form wenig entwickelt ist, wird die Sprache durch eine seltene Kraft der Beredtsamkeit charakterisirt; die Innigkeit und Glut religiöser Empfindung hat in den Psalmen einen Ausdruck gefunden, der in allen tief religiös erregten Gemüthern und Zeiten nachgezittert hat. An diesen Dichtungen besassen die Verbannten neben dem Gesetz und den damals vorhandenen prophetischen Schriften eine dritte Classe der vaterländischen Litteratur, welcher sich gleich den Propheten des Exils die Busspsalmen und Klagelieder dieser Zeit anschlossen. Als seitdem das Hebräische, von der syro-chaldäischen Sprache verdrängt, im Leben unterging, sich nur als heilige und gelehrte Sprache erhielt, wurden allmälig alle Ueberreste der alten Zeit, oder was die kritiklose Gewohnheit als solche ansah, zu heiligen Schriften. Wie die Brahmanen ohne Rücksicht auf den Inhalt die Gedichte der vedischen Zeit heilig sprachen, so fanden auch bei den Hebräern die witzigen Einfälle oder Klugheitsregeln der Sprüchwörter und die Liebesverse des hohen Liedes unbedenklichen Eingang. Vielleicht wurde ihnen schon früh ein mystischer Sinn untergeschoben, doch ist diese Annahme bei der Ehrfurcht vor dem idealen Alterthum und ihrem innigen Zusammenhange mit den religiös sittlichen Anschauungen keineswegs nothwendig. Aber den prophetischen Schriften konnten doch diese Erzeugnisse weltlichen Scharfsinns oder weltlicher Einbildungskraft nicht gleichgestellt werden. Ausserdem wurde der Kanon der Propheten in dem weiteren jüdischen Sinne wahrscheinlich mit den Arbeiten der Esra'schen Schule definitiv geschlossen, und so bildete sich aus Werken, die wegen ihrer jüngeren Zeit oder geringeren Würde darin keine Aufnahme gefunden hatten, die dritte Classe heiliger Schriften, Hagiographen, deren Verfasser zwar auch als inspirirt galten, aber doch nicht in einem so nahen Verhältnisse zur Gottheit gedacht wurden, wie die Urheber der prophetischen Schriften. Der Abschluss dieser heiligen Litteratur und ihre Abscheidung von anderen angesehenen Schriften erfolgte erst spät, jedenfalls nicht lange vor der Zerstörung Jerusalems durch die Römer. Josephus zählt zuerst die heiligen Schriften des alten Testaments (unter Ausschluss der Apokryphen) vollständig auf, und über einzelne Werke scheint man noch später geschwankt zu haben. Allerdings behauptet die jüdische Orthodoxie, dass die letzten ihrer heiligen Schriften um die Zeit des Esra unter der Regierung des Artaxerxes Longimanus geschrieben seien, und hat die Werke, welche auch

nach ihrem Dafürhalten einer späteren Zeit angehören, von
dem Kanon ausgeschlossen, aber unzweifelhaft sind manche
der aufgenommenen ziemlich lange nach Esra geschrieben, so
schon die Bücher Esra und Nehemia selbst, obwohl wirkliche Aufzeichnungen ihrer Helden in ihnen verarbeitet
worden sind. Das Buch Esra gehört wahrscheinlich, vielleicht
auch das Buch Nehemia demselben Verfasser an wie die
Chronik. In letzterer mögen hin und wieder geschichtliche
Nachrichten benutzt sein, die von den älteren erhaltenen
Werken unabhängig waren; ihre Abweichungen und Zusätze
sind indessen sehr wenig glaubwürdig, und wo sie von Erheblichkeit sind, meist theokratischem Interesse oder willkürlicher Dichtung zuzuschreiben. Sie verfällt nicht selten
völlig in den Stil orientalischer Mährchenerzählung, und
macht sich maassloser Uebertreibungen schuldig; wenn nach
dem Buche Samuel David eine Leibwache von 600 Mann
hat, müssen sich in der Chronik 288,000 Krieger im regelmässigen Dienste ablösen; in einem Treffen zwischen den
beiden kleinen Reichen lässt sie 500,000 Streiter erschlagen
werden; zum Tempelbau muss David mehrere tausend Milliarden unseres Geldes aufhäufen, und um ihre Nachrichten
in das rechte Licht zu stellen lässt sie dazu schon persische
Dareiken einzahlen, die erst ein halbes Jahrtausend später
geschlagen wurden. Das absurde und widerwärtige Buch
Esther, welches mit seiner niedrigen Auffassung und seinen
geschichtlichen Unmöglichkeiten wohl nur als Erklärung des
Purimfestes Aufnahme in den Kanon gefunden hat, und das
skeptische Buch Koheleth, welches Alles für eitel erklärt und
sich selbst dem weisen Salomo in den Mund legt, gehören
wahrscheinlich dem vierten Jahrhundert vor Christus an.
Beide haben wegen ihres irreligiösen Sinnes bei Juden und
Christen Bedenken erregt, indessen entschied die Autorität
der Tradition für ihre Heiligkeit. Das Buch Daniel, welches
von den Christen unter die Propheten gestellt ist, ward nach
seinen geschichtlichen Anspielungen wahrscheinlich erst zur
Makkabäerzeit um die Mitte des zweiten Jahrhunderts ge-

schrieben. Seine Sprache, die Einfügung chaldäischer Stücke, der Gebrauch einiger Lehnworte aus dem Griechischen verweisen es gleichfalls in eine späte Periode. Der Verfasser, dem sich das Werk beilegt, soll ohne Zweifel der Daniel sein, den Hesekiel neben den mythischen Personen Noah und Hiob als einen weisen und gerechten Mann nennt, womit freilich im Widerspruch steht, dass er erst nach der Zerstörung Jerusalems als Knabe nach Babylon gekommen sein will. Die Anachronismen, das willkürliche Durcheinanderwerfen geschichtlicher Namen und die grellen Wunderberichte beweisen, dass das Buch jedenfalls nicht in dem Zeitalter seines Helden verfasst worden. Die Juden schreiben es der Synagoge des Esra zu, und dass sie es trotz seines prophetischen Stils und Inhalts nicht unter die Propheten gerechnet haben, deutet auf eine erheblich spätere Zeit der Abfassung nämlich nach der Feststellung der prophetischen Abtheilung.

LV.

In den Jahrhunderten nach Esra ward es unter den Juden allmälig eine schriftstellerische Sitte Bücher unter dem Aushängeschilde berühmter Namen des Alterthums zu verfassen, auch Geschichten und Visionen zum Zwecke der Ermunterung oder Belehrung zu erdichten. Zu den Werken der letzteren Kategorie gehört das Buch Judith. Die theologisirende Gelehrsamkeit Englands quält sich noch heutigen Tages damit ab eine geschichtliche Constellation aufzufinden, in welche seine Erzählung gehören könnte, da sie doch in keine passt; die deutsche Wissenschaft ist längst darüber einig, dass es eine reine Novelle ist, spät in der Makkabäerzeit gedichtet um durch das Beispiel, wie Gott sich selbst eines schwachen Weibes bedienen könne ein mächtiges Feindesheer zu zerstreuen, zum ausharrenden Widerstande gegen den syrischen König aufzumuntern. Die mythologische Behandlung der Geschichte, ihre sagenhafte Ausschmückung, das herkömmliche Streben in allen Ereignissen den Heilsplan Gottes für sein Volk nachzuweisen und die Begebenheiten der Gegenwart mit Vorzeichen oder Weissagungen des Alterthums zu verknüpfen musste leicht zu derartigen Versuchen führen. Es kam den Verfassern auf die Wirksamkeit ihrer Ermahnungen an, nicht auf die Wahrheit ihrer thatsächlichen Behauptungen; aber das Wunderbare fand leicht Glauben. Die historische Kritik war ebenso wenig entwickelt wie der historische Wahrheitssinn. Für die andere Art des Erdichtens, die falsche Namengebung, wurde durch die Freiheit, welche man sich mit der Umarbeitung und Verschmelzung älterer Werke nahm, durch die Namenlosigkeit der alten Litteratur und durch die spätere Sitte Schriften der Vergangenheit nach berühmten Männern zu benennen, ohne dass man sie wörtlich oder vollständig von diesen verfasst dachte, ein Anlass geboten. Es war eine Form der Einkleidung Lehren oder Prophezeiungen Weisen der Vorzeit in den Mund zu legen. An einen litterarischen Betrug, woraus sich übrigens das theologische Alterthum nirgends ein Gewissen machte, ist dabei zunächst kaum zu denken, obwohl hin und wieder ein falscher Name gewählt, oder absichtlich in Umlauf gesetzt sein mag um die Aufmerksamkeit für ein Werk zu gewinnen, oder seinen Inhalt eindringlicher zu machen. Es liegt sogar eine Art von Selbstverläugnung darin, welche lediglich um der Sache willen arbeitete; schriftstellerischen Ruhm suchte der Einzelne in den alten Priesterschaften nicht; die wirklichen Verfasser der heiligen Schriften vom Nil bis zum Ganges sind fast niemals genannt worden, und doch haben sie mächtiger und dauernder gewirkt, als die Werke der berühmtesten Namen.

Im jüdischen Kanon sind wir nur zwei Werken später Zeit begegnet, die sich Männern des Alterthums zuschreiben, dem Buche Daniel und dem Prediger Salomo; unter den Apokryphen finden wir noch einen Baruch, der dem babylonischen Exil angehören will — der heilige Hieronymus übergeht ihn mit dem Bemerken, dass er bei den Hebräern nicht gelesen werde — und die Weisheit Salomos, welche einem gräcisirten Juden Aegyptens wahrscheinlich nicht lange vor Christus angehört. Die schriftstellerische Thätigkeit des alten Königs ward auch hiermit noch nicht beschlossen; es ging ein Zauberbuch auf seinen Namen, welches Josephus für ein ächtes Werk von ihm hielt. Wir sehen daraus, dass Salomo früh in den Ruf des Zauberers und Geisterbeschwörers kam, welcher sich von Alters her mit orientalischer Grösse und Weisheit zu verbinden pflegt; der Ruhm seiner Zaubermacht war im Mittelalter unter Christen und Mohamedanern verbreitet, und dauert im Morgenlande noch heutigen Tages fort. Man ging aber in der Benutzung alter Namen noch viel weiter, man machte sogar den vorsündfluthlichen Henoch, der nach der Genesis ein Leben mit Gott führte, zum Schriftsteller und Propheten. Ein Buch unter seinem Namen, welches in einer äthiopischen Uebersetzung den Sturm der Zeiten überdauert hat, giebt eine Uebersicht der Natur, des Geisterreichs und der Geschichte mit einer dem Buche Daniel ähnlichen Offenbarung, nach welcher auf eine Reihe heidnischer Herrscher das grosse Reich des Messias folgen soll. Wahrscheinlich verdankt es der fromme Henoch diesem litterarischen Rufe, dass Alexander Polyhistor ihn als Erfinder der Astrologie nannte, und dass die Araber sich viel mit ihm und seinem angeblichen Bruder Sabi beschäftigt haben. Es muss indessen anerkannt werden, dass die Juden bei der Auswahl ihrer heiligen Schriften ziemlich strenge verfahren sind. Sie haben uns nicht nur mit salomonischen Zauberbüchern oder einer Apokalypse Henochs verschont, sondern wegen ihres unzweifelhaft späten Zeitalters selbst Bücher von ihrem Kanon ausgeschlossen, die zu den besten Erzeugnissen der jüdischen Litteratur gehören, wie das erste Buch der Makkabäer, die Sprüche des Jesus Sirach und die Weisheit Salomos, welche letztere wegen ihres griechischen Geistes und ihrer Betonung der Unsterblichkeitslehre in der christlichen Kirche hohes Ansehn erlangte. Die griechische Bibelsammlung der ägyptischen Juden machte nicht den scharfen Unterschied der palästinischen Schulen zwischen den heiligen und den bloss angesehenen Schriften, sondern nahm die apokryphischen Bücher mit auf; wahrscheinlich war zur Zeit ihrer Entstehung der Begriff der heiligen Litteratur auch in Palästina noch schwankend. Die Christen glaubten zwar der jüdischen Lehre zu folgen, hielten sich aber bei der allgemeinen Unkenntniss des Hebräischen an die alexandrinische Uebersetzung, und vermengten in Folge dessen die von den Juden getrennten Classen. Nur einzelne Gelehrte, wie Hieronymus, hielten den Unterschied fest, und verwarfen die Apokryphen; Andere, wie Augustinus, waren sich wenigstens des Gegensatzes zwischen der kirchlichen und jüdischen Annahme bewusst; im allgemeinen wurden die Apokryphen zu den heiligen Schriften der Kirche gezählt. Doch blieb die Frage eine offne, bis das tridentinische Concil auf ihre Heiligkeit und Kanonicität einen seiner Flüche setzte. Die Protestanten sind zu der jüdischen Theorie zurückgekehrt, und erkennen diese Bücher nicht als inspirirt an.

Die allmälige Entstehung und Fortbildung der Werke wie des Begriffes göttlicher Offenbarung liegt in der Geschichte der heiligen Schriften dieses Volkes so klar zu Tage, dass ihr Entwicklungsgang ein helles Licht auf die heilige Litteratur anderer Völker wirft, bei denen das Material zur Erkenntniss des ähnlichen, gesetzmässigen Verlaufes nicht so vollständig vorhanden, oder weniger durcharbeitet ist. Nachdem die an anderen Gegenständen geübte Methode wissenschaftlicher Forschung erfolgreich auf die Geschichte der Hebräer angewendet worden, kann diese jetzt auf das richtige Verständniss anderer Bildungen mächtig zurückwirken.

LVI.

Das Volk Israel und seine Geschichte beginnen mit dem Auszuge aus Aegypten. Die Sage seiner heiligen Schriften geht, wie wir es ausnahmslos bei allen Völkern finden, bis auf den Ursprung des Menschengeschlechts zurück. Anfänglich füllt sie lange Epochen mit wenigen Namen aus, die zum Theil auf irgend einer Ueberlieferung beruhen mögen, zum Theil rein theoretisch erdichtet sind, wie Adam nur den Menschen, Seth einen Sprössling bedeutet und ähnliche Bezeichnungen von Vater und Sohn sich mehrfach wiederholen. Allmälig treten Namen und Beziehungen etwas reichlicher ein. Dem entsprechend leben die Menschen bis zur Sündfluth gegen tausend Jahre, die ersten Generationen nach der Fluth an fünfhundert, die folgenden etwas über, die Patriarchen nicht mehr ganz zweihundert, die Helden des Auszugs nur wenig über hundert Jahre. Während ein paar vereinzelte Begebenheiten mythischen Charakters die erste Entwicklung der Menschen bezeichnen, stellt eine genealogische Uebersicht alle ihr bekannt gewordenen Völker, nämlich die Semiten in dem heutigen Sinne und einige anwohnende Nationen von Aegypten und Kleinasien bis zu den Gränzen Irans, nach der angenommenen Verwandtschaft unter den Namen ihrer angeblichen Stammväter zusammen. Aus ihnen treten die Patriarchen als die besonderen Vorfahren der Hebräer hervor, aber zu einem Volke werden sie erst in Aegypten. Bis dahin giebt es nach der Anschauung der Genesis nur eine Familie. Wie die epischen Dichtungen der Inder und Griechen Götter- und Heldenkreise als ideale Vorbilder der Familie hinstellen, so waren die Erzväter das vor- und sinnbildliche Haus Israel. Ihre Schilderungen lehren, wie sich die spätere Zeit das nomadische Leben der vorägyptischen Vergangenheit dachte, und wenn auch manche Anschauungen, Gebräuche, heilige Orte der nachmosaischen Zeiten in das Alterthum hineingetragen, oder durch Beziehungen auf dasselbe geheiligt werden, so wird doch im Ganzen ein Unterschied der patriarchischen Periode und der nach der Offenbarung des Gesetzes wohl festgehalten. Abraham repräsentirt die Wanderung dieses Theiles der semitischen Rasse vom Osten nach den Gränzen Syriens, die Familie Jakobs die Uebersiedlung nach Aegyten; die Beziehungen zu der alten Heimath werden weiter bewahrt, indem Isaak und Jakob ihre Frauen aus der Verwandtschaft Mesopotamiens holen, die Verbindung mit den verhassten Bewohnern Kanaans meiden müssen. Für die hebräische Sage ist Abraham, was Dschamschid der iranischen; mit ihm sondert sich das auserwählte Volk von den übrigen Geschlechtern der Menschen, ihm werden die Verheissungen Gottes für sein Volk gegeben, ihm das heilige Land angewiesen, in dem seine Nachkommen dem Herrn ewig dienen sollen. Weitere Hypothesen und alle Versuche ihm eine bestimmte Zeit anzuweisen sind vergebliche Mühe.

Nach der Zahl, welche Manetho für die Herrschaft der Hyksos über Aegypten angab, bestimmt der hebräische Text des Exodus den Aufenthalt der Israeliten in Aegypten auf 430 Jahre. Dagegen rechnen die Septuaginta und Josephus diese 430 Jahre von Abraham bis zum Auszuge, für die Zeit in Aegypten nur die Hälfte, und die berühmtesten jüdischen Gelehrten, wie Raschi und Aben Esra, haben diese Ansicht festgehalten; Lepsius will nach den wenigen Generationen der biblischen Geschlechtsregister nur etwa 200 Jahre von Abraham bis auf Moses annehmen, was aber den Anschauungen der Bibel über die Ferne dieser Zeiten entschieden widerspricht. Es ist charakteristisch für das Bestreben des Alterthums selbst auf Kosten seines Ruhmes sich als im Rechte befindlich, seinen Nationalhass als legitim darzustellen, dass die ägyptische Ueberlieferung die Hyksos nur als feindliche Verwüster und Gewalthaber in ihrem Lande kennt, die hebräische nur von feindlicher Einwanderung und harter Bedrückung ihrer Rasse in dem fremden Reiche weiss. Wenn wir die auswandernden Hebräer gemischt denken aus Resten der alten Hyksos, die als Hirten in Unterägypten, im Lande Gosen, sitzen geblieben, und aus Abkömmlingen der semitischen Gefangenen, die Sethosis und Ramses nach Aegypten geschleppt, so ist gewiss die Sage von harter Knechtschaft, vielleicht auch die Erinnerung an alte friedliche Niederlassungen gerechtfertigt. Denn solche haben ohne Zweifel stattgefunden; schon ein Grab zu Beni Hassan aus der Zeit der Sesurtesen vor der Hyksosherrschaft enthält eine Darstellung der friedlichen Aufnahme eines semitischen Stammes, welche man nicht verfehlt hat bald auf Abraham, bald auf Jakob zu deuten. In Joseph, dem Helden der Sage, welche an ihn die Einwanderung der Familie und ihre glänzende Zeit in Aegypten knüpft, mögen wir eine Erinnerung an einstige Herrschaft, oder einen ausnahmsweise unter der fremden Nation zu Macht und Ansehn gelangten Hebräer finden, je nachdem wir ihn mit einer alten jüdischen Tradition unter den Hirtenkönig Apophis, oder mit Lepsius in die Regierung des Sethosis setzen. In letzterem Falle könnte natürlich am wenigsten davon die Rede sein, dass zwei oder drei Menschenalter später eine irgend nennenswerthe Fraction der Auswanderer in wirklicher Verwandtschaft mit ihm und seinen Brüdern gestanden hätte. Eine persönliche Bedeutung hatte er gewiss für das Volk, da seine Mumie mit aus Aegypten genommen ward. Die Zeit des Auszugs fällt nach der ägyptischen Chronologie unter den König Menephtha etwa 1300 vor Christus. Wenn die Bücher der Könige die Zeit vom Auszuge bis zum Tempelbau auf 480 Jahre bestimmen, wird jener allerdings bis gegen 1500 vor Christus hinaufgerückt; aber auf diese Zahl ist gar kein Gewicht zu legen; sie ist offenbar aus der Multiplication von 12 mit der alten runden Zahl 40 entstanden, welche vom Zuge durch die Wüste bis zu den Regierungen Davids und Salomos vielfach wiederkehrt, und als die Dauer einer Generation angenommen gewesen zu sein scheint, indem man nach der Zahl der hohen Priester, welche die Chronik von Ahron bis auf Ahimaas aufzählt, zwölf Geschlechtsfolgen bis zur Zeit Salomos annahm. Reduciren wir die Regierungsjahre der hohen Priester auf eine annehmbare Durchschnittszahl, so erscheint die Zeit von etwa 300 Jahren zwischen Moses und Salomo durchaus angemessen. Auch setzt eine jüdische Chronologie, welche die Schöpfung der Welt auf das Jahr 3761 vor Christus berechnet, den Auszug auf 1314, weicht dann freilich, indem sie jene 480 Jahre festhält, von der unzweifelhaft feststehenden Aera der Seleuciden (312 vor Christus) um 165 Jahre ab. Diese Differenz lässt sich ausgleichen, sobald man die Zahl 480 aufgiebt, mit der übrigens die einzelnen Zeitangaben in den geschichtlichen Büchern des alten Testaments keineswegs übereinstimmen.

LVII.

Wenn die ägyptischen, bei Josephus und Diodor angeführten Berichte den Auszug des Volkes, der ihnen nur eine Episode von untergeordnetem Werthe war, nüchterner und einfacher im Stile historischer Möglichkeit erzählten, als die Ueberlieferung der Hebräer mit ihren gewaltigen Wundern, so hatte die letztere unzweifelhaft Recht, indem sie die Auswanderer nicht als empörte Aegypter, sondern als eine fremde, in Aegypten unterdrückte Rasse darstellte. Dass die Auswanderung unter grossen Unruhen und Kämpfen erfolgte, lässt sich in beiden Versionen nicht verkennen, und selbst in manchen Einzelheiten stimmen sie nahe zusammen. Ob Moses nach Manetho der ägyptische Priester Osarsiph war, der sich den Aufständischen angeschlossen, oder nach dem Pentateuch ein in ägyptischer Weisheit erzogener Hebräer, ist für die Sache ziemlich gleichgültig; wahrscheinlicher ist die israelitische Angabe. Wollen wir Züge der hebräischen Sage nach der Art wie Lassen die Erzählungen des Mahabharata im Einzelnen deuten, so können wir in den Plagen, welche der Gott Israels über die Aegypter verhängt, und in der Vernichtung ihrer Heeresmacht die von Manetho berichtete, kurze aber verwüstende Herrschaft der Empörer vor ihrer Vertreibung, in der Verschwägerung des Moses mit dem Midianiter Jethro und in dessen Hülfsleistung den manethonischen Zuzug der früher vertriebenen Hyksos wiederfinden. Der Grundstock der Ausziehenden gehörte nach der Gleichheit der Sprache ohne Zweifel zu der phönicisch-kanaanitischen Abtheilung der semitischen Rasse, von welcher sich vielleicht die übrigen Völkerschaften Syriens sprachlich damals noch nicht so weit entfernten wie in späterer Zeit, und in so weit war es gewiss unrichtig, wenn Apio den Juden eine eigene Nationalität bestreiten wollte, aber an einen festen Abschluss des Volkes gegen verwandte Stämme, oder gar an eine zusammenhängende Organisation desselben lässt sich während der Botmässigkeit in Aegypten schwerlich denken; diese wird sich erst mit der Auflehnung gegen die bisherige Herrschaft gebildet haben. Die Stammeintheilung, auf deren Festigkeit alle und namentlich die semitischen Nomaden grosses Gewicht zu legen pflegen, mag schon über die Wanderung und die Besitznahme Palästinas in die ägyptische Zeit hinaufdatiren, die angeblichen Stammväter gehören gleich den Ureltern, von denen die Genesis alle Völker herleitet, der theoretischen Dichtung an. Der Exodus hat auch die Erinnerung bewahrt, dass eine wirkliche Blutsverwandtschaft selbst zu Ehren des reinen Blutes nicht durchgehends angenommen werden konnte, indem er anerkennt, dass Viele mit auszogen, die sich nicht der Herkunft von den Söhnen Jakobs rühmen konnten, „eine Mischung", Pöbelvolk übersetzt Luther. Dass zu dem nationalen Gegensatz der Aegypter und Hebräer auch ein religiöser trat, ergiebt schon die allgemeine, wesentliche Beschränkung aller alten Religionen auf ein Volk, und wenn Manetho diesen Gegensatz hervorhob, indem er die Aufständischen zu Gottverhassten, Unfrommen und Unreinen stempelte, so knüpft die hebräische Urkunde daran das ganze Rettungswerk des Moses und das Aufgehen der Gnade Gottes über sein Volk. Ein absichtlicher und scharfer Gegensatz gegen manche ägyptische Einrichtungen und Gebräuche, wie gegen den Thierdienst und Bilderdienst spricht sich in den Satzungen des mosaischen Gesetzes unzweideutig aus. Weit mächtiger und entscheidender war der positive Einfluss, welchen die ägyptische Bildung auf das hebräische Wesen geübt hat. Er wirkte ohne Zweifel längst und allmälig auf das rohere Volk und namentlich auf die Anschauungen seiner Priesterschaft, aber ebenso unbedenklich müssen wir die letzte eigenthümliche Gestaltung des Hebräerthums dem gewaltigen Manne ägyptischer Bildung zuschreiben, auf dessen Wirken die Fremden den Staat in Palästina, die Israeliten alle ihre geistlichen und weltlichen Einrichtungen zurückführten. Dass die Hebräer auch vor dem Auszuge

eine Religion und Priester hatten, versteht sich von selbst
ihre Beschaffenheit kennen wir nicht, wahrscheinlich war e
eine den übrigen syrischen ähnliche, durch ägyptische Ein
flüsse modificirte Religion. An Moses schloss sich das Prie
sterthum an, der Stamm Levi, aus welchem er selbst hervor
gegangen, und ward die Stütze seiner Offenbarung in den
schwankenden Volke. Wir können sehr sicher voraussetzen
dass er nicht der einzige gewesen, der in nähere Verbindung
mit ägyptischen Lehren getreten war, in denen wir das Vor
bild der für besonders eigenthümlich erachteten religiöse1
Anschauungen und Einrichtungen des hebräischen Volke
erkennen müssen. Wie der Name seines Gottes, Jah, Jahv
oder Jehovah der des ägyptischen Mondgottes ist, wie wi
die wörtlichen Urbilder der zehn Gebote und ihre steinerne1
Tafeln in Aegypten fanden, so begegnen wir überall in Pa
lästina den klaren Spuren ägyptischer Reminiscenzen. De
priesterlichen Organisation dieses Landes verdankt zunächs
die geschlossene Priesterkaste der Leviten mit ihren feste1
Unterabtheilungen die Entstehung, welche wir nicht nur we
gen der Tradition von ihrer mosaischen Einsetzung, sonder1
auch deshalb mit Sicherheit der ägyptischen Zeit zuweise1
müssen; weil ihr Ursprung in den anarchischen und zerrüt
teten Zuständen, welche die ältere Geschichte der israeliti
schen Stämme in Kanaan bezeichnen, undenkbar erscheint
Viele einzelne Gebote, Reinigungs-, Opfer- und Speisegesetze
obwohl speciell an ägyptische Muster erinnernd, entspreche1
doch zu sehr der allgemein üblichen Herausbildung solche
Satzungen im Geiste des theokratischen Alterthums, als das
sie unumgänglich zur Annahme einer unmittelbaren Einwir
kung nöthigten; dagegen ist die Beschneidung, hervorgegan
gen aus der Ideenverbindung des blutigen Opfers und de
Heiligkeit zeugender Naturkraft, ein so eigenthümlicher Brauch
dass er nicht leicht zum zweiten Male unabhängig erfunde1
wird; er findet sich auch in der alten Welt ausschliesslicl
bei Völkern, die in naher Verbindung mit Aegypten gestan
den, und Herodot bemerkt ausdrücklich, dass die Syrer Palä

stinas anerkannten ihn von dorther überkommen zu haben.
Die Zurückführung der Beschneidung auf Abraham ist gewiss eine Erdichtung der Genesis, da ihre Einführung sonst unbedingt dem Moses zugeschrieben, und sogar an ein besonderes Ereigniss in seiner Familie geknüpft wird. Ebenso ist offenbar der Sündenbock, welchem die Vergehen des Volkes auf das Haupt gelegt wurden, ein Spross der ägyptischen Sitte über dem Kopfe des Opferthieres zu beten: wenn ein Unheil über das Land kommen solle, möge es dieses Haupt treffen. Die Bundeslade mit den Cherubim, die ihre Flügel darüber breiten, entspricht vollständig den ägyptischen Götterschreinen, die bei Processionen umher getragen wurden, und auf denen ebenfalls kleine Figuren mit ausgebreiteten Flügeln standen; anstatt der Götter, welche sich in diesen Tabernakeln befanden, lagen bei dem Verbote der Bilder im hebräischen Heiligthum nur die Gesetzestafeln. Auch ein Theil des hohenpriesterlichen Schmuckes war rein ägyptisch, während im übrigen die Priesterkleidung mehr an chaldäischen Brauch erinnert. Am erheblichsten indessen erscheint die auffallende Aehnlichkeit, welche Ausdrucksweisen und Redewendungen der hebräischen Litteratur mit den Denkmälern Aegyptens zeigen; selbst die Form ihrer Poesie, der Parallelismus der Glieder findet sich dort wieder, namentlich schon im Todtenbuch; hierin äussert sich offenbar am tiefgreifendsten und dauerndsten der ägyptische Einfluss auf die Bildung und Anschauungsweise der Hebräer.

LVIII.

Wie jede grosse und fruchtbare Idee in vorhandenen Vorstellungen wurzelt, und sich dadurch bewährt, dass sie nicht abgeschlossen vom Himmel fällt, sondern einer Entwicklung bedürftig und fähig ist, die dem Bildungsstande der Zeiten folgt, so sind auch die beiden Factoren, welche die Eigenthümlichkeit des Volkes Israel bezeichnen, und ihm seine Bedeutung in der Weltgeschichte vindiciren, seine monotheistische Theorie und seine hierarchische Praxis, erst sehr allmälig zu ihrer letzten Gestaltung erwachsen, und hervorgegangen aus einer älteren Bildung. Wir haben gesehen, wie schon bei viel roheren Stämmen bald mehr theologisch, bald mehr metaphysisch gefärbt der Gedanke einer höheren Einheit durch die Vielheit göttlicher Wesen bricht, wir haben gesehen, wie in der tieferen Contemplation bei allen Völkern unter starkem priesterlichen Einfluss eine Wendung eintritt, wo aus der Zahl der Götter ein einiger Gott Gestalt gewinnt, dem die übrigen in weiterem oder geringerem Abstande als abhängige, dienstbare Agenten untergeordnet werden, wir wissen, dass sich in Aegypten, ehe Osiris entschieden an die Spitze des Pantheons trat, nach Ort und Zeit verschieden monotheistische Ausschliesslichkeit an verschiedene Götter knüpfte, wir mögen annehmen, dass in seinen unterägyptischen Heiligthümern der Gott des Apis, der zweimal grosse Thot, der Gott der Priesterweisheit und der Gesetzesoffenbarung, ein Gegenstand monotheistischer Verehrung war, dann konnte wohl das hier gebildete Priesterthum Israels seinen Gottesbegriff von diesem geistigen Wesen entlehnen, und aus ihm den einigen, allmächtigen Gott machen. Nicht die Lehre von der Einheit Gottes dürfen wir als mosaische Schöpfung betrachten — die war unzweifelhaft älter — wohl aber den kühnen Plan diese Lehre aus dem esoterischen Dunkel der Priesterschulen zu reissen und zur herrschenden Religion eines ganzen Volkes zu erheben. Freilich war in Zoroasters Religion Ormuzd ebenso entschieden wie der Jehovah des Moses der alleinige Gott, alle anderen Geister des Lichts nur von ihm geschaffen, indessen spielten diese anderen doch im Dogma und im Cultus eine viel grössere Rolle als die Engel der Hebräer. Wenn auch nicht unzweifelhafter gelehrt, wurde der Monotheismus hier schärfer betont. Die Darstellung des Exodus ist gewiss richtig, dass Moses den Hebräern im Gegensatz gegen die ägyptischen oder ägyptisirten Götter, denen sie in ihrer nationalen Auflehnung absagten, seinen Jehovah als den vergessenen Gott ihrer Väter aus der alten, wiederzugewinnenden Heimath Palästinas predigte. Gott offenbart sich ihm als den Gott Abrahams, Isaaks und Jakobs, bemerkt aber ausdrücklich, dass er seinen Namen Jehovah früher nicht kund gethan habe. Andere Stellen beachten das freilich nicht, die Genesis lässt sogar schon zur Zeit des dritten Menschen Enosch den Namen Jehovah anrufen, auch die Hagar kennt ihn, aber die Bruchstücke des Pentateuchs, welche mit jener Offenbarungsstelle einem älterem Werke angehört haben, bewahren die Erinnerung an die grosse religiöse Reform auch darin, dass sie in der vormosaischen Zeit den Namen Jehovah nicht gebrauchen. Da hiess ihnen Gott El Schaddai, der Allmächtige, oder Elohim, und diese letztere Benennung hat in der Regel mit Jehovah dieselbe Bedeutung. Es ist aber eine Pluralform, heisst also eigentlich die Götter, und dient auch zur Bezeichnung der mehreren Götter anderer Völker. Selbst wenn das Wort entschieden für den einigen Gott gebraucht wird, steht das Zeitwort zuweilen im Plural dabei. Wahrscheinlich ist der Ausdruck aus der Zeit, in welcher die Hebräer noch mehrere Götter verehrten, und deren Gesammtheit Elohim nannten, auf den späteren einen Gott übertragen worden. Die Vielheit, die darin liegt, wird als unbestimmte Ausdehnung und Theilbarkeit erklärt, von den Juden auch als Gott mit den Engeln. An manchen Stellen, wie in der Schöpfungsgeschichte, wo Jehovah und Elohim neben einander gestellt werden, können unter Elohim nur die Engel verstanden werden, und alte Uebersetzungen, namentlich die Alexandriner, geben wiederholt für Elohim die Engel. Zuweilen heisst Gott Jehovah Elohim, was die Rabbiner den vollen Namen nennen. Als man sich in der späteren Zeit abergläubisch scheuete das Wort Jehovah auszusprechen, und der Name Elohim ausser Gebrauch gekommen war, pflegte man Gott als den Höchsten, den Himmel, oder den Herrn, Adonai, zu bezeichnen, wie die meisten semitischen Völker ihren höchsten Gott.

Wir dürfen uns den israelitischen Monotheismus der älteren Zeiten nicht gar zu verschieden von den polytheistischen Theorien anderer Völker denken. Wohl sollte das

Volk keinen anderen Gott verehren, für die Praxis des Lebens und des Cultus sollte ihm kein anderer Gott existiren, aber das Dasein anderer wurde keineswegs bezweifelt. „Wer unter den Göttern ist dir gleich, Jehovah?" heisst es in dem majestätischen Triumphliede des Exodus; „nun weiss ich", bekennt Jethro, „dass Jehovah grösser ist als alle Götter (Elohim)" und Gott selbst verkündet sein Einschreiten gegen die Götter Aegyptens. Er ist ein Gott vor allen Göttern, ein Herr über alle Herren. „Es ist kein Gott dir gleich", betet Salomo, „weder droben im Himmel, noch unten auf Erden." Zuweilen äussert sich sogar der Gedanke, als ob die Macht Jehovahs vorzugsweise auf Palästina beschränkt wäre, und ausserhalb dessen andere Gewalten regierten. David klagt auf der Flucht vor Saul, wenn er aus dem heiligen Lande verstossen werde, müsse er hingehen und anderen Göttern dienen; wie sollten wir des Herrn Lied singen in fremdem Lande? klagt der Psalm an den Wassern zu Babel; auch die Chronik spricht noch von dem Gott Jerusalems im Gegensatz gegen die Götter der Völker auf Erden. Die christliche Frömmigkeit, auch darin der antiken gleichend, dass sie ihre spät gewonnenen Resultate schon in der alten Offenbarung finden, und den Fortschritt der eigenen Erkenntniss nicht zugeben will, bietet häufig einen grossen Aufwand von Sophistik gegen die Thatsache auf, dass die heiligen Schriften der Hebräer heidnische Götter als wirkliche Mächte, nicht blos als Wesen der Einbildung betrachten. Dieser Eifer ist nutzlos. Schreibt doch der Apostel Paulus an die Korinther: „wie es viele Götter giebt und viele Herren". Bei den Kirchenvätern finden sich Stellen genug, welche die Gestalten des Polytheismus als reale Wesen behandeln, und sehr orthodoxe Theologen, die nicht den Wahrheitssinn weggeworfen haben wie die Wissenschaft, haben des auch heutigen Tages für das alte Testament kein Hehl. Unzweifelhaft wird überall vorausgesetzt von Aegypten bis zu den Zeiten des Exils, dass auch die fremden Götter Gewalt haben, dass sie sich mächtig in der Natur erweisen, dass sie

Propheten, Orakel und Zauberer haben, deren Zeichen eintreffen, und die mit ihrer Hülfe Wunder thun; nur gegen Jehovah können sie nicht bestehen. Wie jedes Volk seine Götter für die mächtigsten hielt ohne darum die Existenz anderer zu bestreiten, wie es ihnen die Schöpfung oder Bildung der Welt zuschrieb, und durch seine bevorzugte Stellung zu ihnen den Anspruch auf den Vorrang vor allen übrigen Nationen rechtfertigte, so war es auch bei den Hebräern. Anfänglich wurden die Götter fremder Völker unbefangen geglaubt, ohne dass über sie und ihr Verhältniss zu dem israelitischen Gott viel speculirt ward. Später wurden diese Fragen verschieden beantwortet; im fünften Buch Moses wird die Ansicht aufgestellt, dass Gott, der sich sein Volk erwählt und von ihm ausschliesslich verehrt sein will, anderen Völkern untergeordnete Wesen, etwa Sonne, Mond und Sterne, vorgesetzt und zum Dienste angewiesen habe. Als der Engel- und Dämonen-Glaube eine ausgebildetere Form gewann, wurden die fremden Götter meist für böse Geister erklärt. Wenn die priesterliche Theorie sie nicht leugnete, war natürlich der Volksglaube an ihr Dasein und ihre Macht noch weit lebendiger, ohne ihn würde die beständige Hinneigung zum Dienst anderer Götter, die wir in der Zeit vor den Königen fast ununterbrochen, selbst bei Salomo und dann wieder sehr mächtig in dem getrennten Reiche Israel finden, nicht zu erklären sein. Meist wendete sich die Verehrung phönicischen, ägyptischen, oder syrischen Gottheiten zu, besonders dem Baal, dem Moloch und der Astaroth, und häufig scheint sie, wenn auch von den eifrigen Dienern Jehovahs streng verworfen, nicht gerade in einem feindlichen Gegensatz zum Cultus des höchsten Gottes gestanden zu haben, sondern ihm untergeordnet, oder mit ihm verschmolzen worden zu sein. Letzteres war gewiss mit den Hausgöttern, Teraphim, der Fall, deren Cultus nach dem Buch der Richter sehr verbreitet gewesen sein muss; in einer dort erzählten Geschichte lassen sich sogar Leviten bei ihren Heiligthümern anstellen. Wir sehen, wie schwer und wie allmälig der strenge Monotheismus selbst in dem engen Kreise dieses kleinen Volkes zur wirklichen Herrschaft gelangen konnte, trotz der alten Stiftung, trotz des mächtigen und geschlossenen Priesterthums, trotz der religiösen Verknüpfung dieser Idee mit den Sitten und Einrichtungen des Volkes, trotz des Zusammenhanges, in welchen seine Führer immer wieder die nationalen Antipathieen mit dem Gegensatze der Glaubenslehre zu stellen suchten. Der eine Gott war eben dem Alterthum zu ferne und zu abstract; der Sinn der Menschen, am Einzelnen und sinnlich Gegenwärtigen haftend, wenig an geistige Reflexionen gewöhnt, bedurfte näher stehende, individuellere, greifbarere Wesen um seine Furcht und seine Hoffnungen an sie zu knüpfen, um ihrer Hülfe in den kleinen Angelegenheiten des Lebens und der Erhörung seiner täglichen Wünsche sicher zu sein. Es erforderte eine lange Gewöhnung und eine schwere Zucht, ehe die polytheistischen Neigungen überwunden wurden. Wie in den Tagen des Unglücks die treuen Diener Jehovahs seinen Namen predigten, die Haltung seiner Gebote und die Bekehrung von anderen Göttern als Bedingung alles Heils verlangten, so erfolgte erst in den trauervollen Zeiten des Untergangs und der Verbannung die völlige Umkehr des Volkes. Als das Vaterland verloren gegangen, ward die väterliche Religion das einzige Band für Alle, die ihr nationales Bewusstsein bewahrten. Zu ihr hielten die schwachen Reste, welche aus dem Exil zurückkehrten, mit der vollen Begeisterung des Glaubens und des Patriotismus. Seitdem wurde der Monotheismus eine Wahrheit, die nicht mehr aufgegeben ward. Wohl hatte schon die ältere Zeit wortspielend die Götter der Heiden, ihre Eloim, als Elilim, Nichtige, bezeichnet, ihr galt das vergleichungsweise gegen die höhere Macht Jehovahs; jetzt wurde Ernst damit gemacht, andere Götter hiessen nur noch Gräuel und Abscheue; τοὺς νομιζομένους θεούς παρ' ἑτέροις*) nennt sie Josephus. Jehovah war endlich durchgedrungen in den Herzen des Volkes. Es verlor ihn nicht mehr.

---
*) Götter, die von Anderen gewähnt werden.

LIX.

Eine systematische Zusammenstellung ihrer Glaubenslehre enthalten die heiligen Schriften der Hebräer nicht, ihr dogmatischer Theil ist sogar im Vergleich mit der heiligen Litteratur anderer Völker äusserst dürftig. Nur in den Thatsachen der Ueberlieferung, in den Sagen und der Geschichte des Volkes, in seinen Gesetzen, in den Mahnungen seiner Lehrer und den Liedern seiner Dichter treten vage und fragmentarisch die Anschauungen über Gott, die Welt und den Menschen hervor, welche das gemeinschaftliche Thema aller religiösen oder philosophischen Speculationen bilden. Um so leichter fügten sie sich in die begriffsmässigen Erkenntnissgebäude, welche die spätere Contemplation aus diesem Material errichtete. So lange der hebräische Staat seine Unabhängigkeit behauptete, hatten seine Priester und Propheten wenig Zeit für rein theoretische Speculationen; ihre Kräfte waren durch die praktische Aufrechthaltung des Grunddogmas von der Einheit Gottes und durch ihre mächtige Wirksamkeit in der Gestaltung und Leitung des Volkslebens vollständig in Anspruch genommen. In dem an sich geringen Umfange der alten hebräischen Litteratur sind die Stücke von nur theoretischem Interesse nicht zahlreich. Ueberhaupt ist die Lehre des Monotheismus so einfach, und sobald der Begriff erst gewonnen ist, durch die Vorstellung von göttlichen Willensmächten und durch ihre Concentration auf ein einiges Wesen so sehr in ihren Hauptzügen gegeben, dass über die Person Gottes selbst die tiefere Reflexion überall zu ähnlichen Bestimmungen geführt hat, während allerdings sein Verhältniss zur Welt und zu den Menschen sehr verschiedener Auffassungen fähig ist. In den historischen Schriften des alten Testaments offenbart Gott sich und seine nothwendigen Eigenschaften, seine Ewigkeit, seine Allmacht, seine Allwissenheit, seine Güte, seine Gerechtigkeit und Heiligkeit, wie diese nun eben von dem sittlichen Bewusstsein der Zeiten verstanden wurden, in seinen Thaten; diese beweisen ihn als „einen grossen Gott, mächtig und schrecklich"; er ist der Schöpfer oder Bildner der Welt, der Lenker der menschlichen Geschicke; aber die Auffassung des Pentateuchs ist durchaus anthropomorphisch; Gott fasst und ändert seine Beschlüsse in völlig menschlicher Weise, wird durch äussere Veranlassungen zum Handeln bestimmt, zum Mitleiden gerührt, zornig und wieder besänftigt. Wird er auch ein Geist genannt, so kann doch an seiner Körperlichkeit nicht gezweifelt werden. Wahrscheinlich wurde er als ein feiner, ätherischer Körper in menschenähnlicher Gestalt gedacht, wie er denn den Menschen nach seinem Bilde schuf. Seine Wohnung ist im Himmel, indessen erscheint er in den ersten Zeiten nicht selten persönlich auf der Erde; er wandelt im Garten, er spricht mit den vorsündfluthlichen Menschen, mit Abraham, mit Moses von Angesicht zu Angesicht; „mündlich rede ich mit ihm, und er siehet den Herrn in seiner Gestalt". Seit Moses zeigt er sich nicht mehr; wie er zu Josua gesprochen, wird nicht gesagt; Elias fühlt seine Gegenwart in dem sanften stillen Sausen; sonst thut er seinen Willen nur noch durch Engel oder Visionen kund. Die heiligen Gesänge der späteren Zeit geben die wesentlichen Attribute Gottes in bestimmter und grossartiger Fassung. „Ehe denn die Berge geworden, und die Erde und die Welt geschaffen worden, bist du, Gott, von Ewigkeit zu Ewigkeit. — Tausend Jahre sind vor dir wie der Tag der gestern vergangen ist. — Du bleibst, wie du bist, und deine Jahre nehmen kein Ende. — Alles, was er will, thut er, im Himmel, auf Erden, im Meer und in allen Tiefen. — Du hast die Erde gegründet, und die Himmel sind deiner Hände Werk. — Herr, du erforschest mich und kennest mich, du verstehest meine Gedanken von ferne." Jehovah ist gegenwärtig am äussersten Meere und selbst in der Hölle; nicht auf den Flügeln der Morgenröthe kann man dem Gott entrinnen, vor dem Finsterniss nicht finster ist, und der Tag leuchtet wie die Nacht. „Er liebt die Gerechtigkeit und hasset gottloses Wesen. — Der Herr ist gerecht in allen seinen Wegen, und heilig in allen

seinen Werken. Er ist nahe Allen, die ihn anrufen. — Du
Gott bist barmherzig und gnädig, geduldig, von grosser Güte
und Treue. — Du bist unsere Zuflucht für und für. —
Deine Gnade reicht soweit der Himmel ist, und deine Wahrheit so weit die Wolken gehen." Die Erhabenheit der Gedanken und die einfache Kraft des Ausdrucks geben dem
hebräischen Gottesbegriff eine imponirende Grösse, doch
stehen in den Zendschriften manche Darstellungen des iranischen Gottes weder im Inhalte, noch in der Form gegen die
Dichtungen des Jehovah-Volkes zurück, und lässt sich nicht
neben dem Psalmwort, „der das Ohr gepflanzt hat sollte der
nicht hören? der das Auge gemacht hat, sollte der nicht
sehen?", die prächtige Hymne der Veden nennen: „Er, den
kein Auge sehen, kein Ohr hören kann, und durch dessen
Macht allein das Auge sicht und das Ohr hört, wisse, o du,
dass er ist Brahma, und nicht die vergänglichen Dinge,
welche der Mensch anbetet". Von gewaltiger Gluth und hinreissender Leidenschaftlichkeit ist in der beredten Poesie der
Hebräer die gläubige Zuversicht, das gränzenlose Vertrauen, mit
welchem sich die innige Frömmigkeit aus tiefstem Elend und
verzweiflungsvoller Herzensangst zu ihrem Gott, als dem
alleinigen Heil und dem Erlöser von aller Noth, wendet,
nicht weniger energisch und glühend aber auch die furchtbare Ausschliesslichkeit, der Ruf des Hasses und der Rache
gegen die Feinde. „Stricke des Todes hatten mich umfangen,
und Angst der Hölle hatte mich getroffen. Aber ich rief
den Namen des Herrn an. Du hast meine Seele aus dem
Tode gerissen. — Vater und Mutter verlassen mich. Auch der
Freund, dem ich vertraute, tritt mich unter die Füsse. Aber
der Herr nimmt mich auf. — Wenn ich nur dich habe, so
frage ich nichts nach Himmel und Erde; wenn mir gleich
Leib und Seele verschmachtet, so bist du doch, Gott, alle
Zeit meines Herzens Trost und mein Theil. — Verlasset euch
nicht auf die Fürsten, sie sind Menschen, bei denen ist kein
Heil. Des Menschen Geist muss davon, und er muss wieder
zur Erde werden, alsdann sind verloren alle seine Anschläge.

Wohl dem, des Hülfe der Gott Jakobs ist, des Hoffnung auf den Herrn seinen Gott stehet; der Glaube hält ewiglich. — Darum fürchten wir uns nicht, wenn gleich die Welt unterginge, und die Berge mitten ins Meer sänken. — Wo der Herr nicht hülfe, so läge meine Seele schier in der Stille. Wo dein Gesetz nicht mein Trost gewesen wäre, so wäre ich vergangen in meinem Elend. Meine Seele verlanget nach deinem Heil, ich hoffe auf dein Wort. — Er wird Israel erlösen aus allen seinen Sünden. — Der Herr wird sein Volk nicht verstossen, noch sein Erbe verlassen. Denn Recht muss doch Recht bleiben, und dem werden alle frommen Herzen zufallen. — Ich hoffe auf den Herrn, darum werde ich nicht fallen. Sie haben ein Bubenstück über mich beschlossen: wenn er liegt, soll er nicht wieder aufstehn. Du aber, Herr, sei mir gnädig, und hilf mir auf, so will ich sie bezahlen. — Mit dir kann ich Kriegsvolk zerschmeissen, und mit meinem Gott über Mauern springen. — Mit Gott wollen wir Thaten thun, er wird unsere Feinde untertreten. — Vertilge sie ohne Gnade, vertilge sie, dass sie nichts seien, und inne werden, dass Jehovah der Herr sei in Jakob, in aller Welt. — Warum toben die Heiden? Du sollst sie zerschlagen und zerschmeissen. — Suche heim alle Heiden, sei deren keinem gnädig. — Verstöre meine Feinde um deiner Güte willen, und bringe um Alle, die meine Seele ängstigen, denn ich bin dein Knecht. — Der Herr lebet, und gelobt sei mein Hort, der Gott, der mir Rache giebt. — Herr Gott, der die Rache ist, Gott, der die Rache ist, erscheine!" Dieser grimmige und rachsüchtige Hass rechtfertigte sich dem religiösen Sinne des Alterthums durch die Vorstellung, dass die eigenen Feinde auch die Feinde der Gottheit, von ihr verflucht und verworfen seien. Der nationale und religiöse Fanatismus, welcher einen Charakterzug der Eitelkeit und Beschränktheit aller rohen Völker bildet, traf zusammen um die Feindseligkeit gegen andere Völker unerbittlich zu machen, und diese musste bei den Israeliten um so leichter einen finsteren und gehässigen Charakter annehmen, da sie nicht eine grosse abgeschlossene Existenz gewannen, sondern sich in beständiger feindlicher Berührung mit Völkern anderen Glaubens, meistentheils in Gefahr und Bedrängniss, oft in der äussersten Trübsal fanden. Und doch war ja ihre Sache die gerechte Sache, doch waren sie felsenfest überzeugt das bevorzugte, das auserwählte Volk ihres allmächtigen Gottes zu sein, doch war an den Einzelnen wie an das Ganze seine Verheissung ergangen, dass dem, der ihm die Treue hielte, sein Segen nicht fehlen sollte. Die Schärfe des Gegensatzes, welche den Hass dieses Volkes so hart machte, prägte auch das unterscheidende Hauptstück seines Glaubens so stark aus, dass er das Fundament für den Monotheismus werden konnte, der die Anschauungen der Folgezeit beherrschen sollte.

LX.

Auch darin war der jüdische Monotheismus dem iranischen ähnlich, und gränzte an polytheistische Vorstellungen, dass er untergeordnete Wesen, vermittelnde Persönlichkeiten annahm, deren sich Jehovah bei der Weltregierung bediente. Was der zoroastrischen Offenbarung die Ipeds, waren der mosaischen die Engel. Schon in den ältesten Sagen treten die Engel, oder der Engel Jehovahs auf, als selbstverständlich vorhanden, aber ohne nähere Bestimmung, bisweilen so zweideutig gehalten, dass man nicht weiss, ob Gott selbst, oder eine von ihm getrennte Person gemeint ist. Dass sie sichtbar und körperlich gedacht wurden, kann nicht bezweifelt werden. Seitdem Gott sich verbarg, wurden die Engelerscheinungen häufiger und wichtiger. Doch spielen sie in der dichterischen Sprache der Propheten und der Psalmen eine grössere Rolle, als in den älteren Geschichtswerken; sie umgeben den Thron Gottes „die starken Helden, die seinen Befehl ausrichten." Erst nach dem Exil, als die grübelnde Contemplation die Dogmen des Alterthums weiter ausführte, und offenbar unter dem Einfluss der iranischen Glaubenslehre wurde die Angelologie schärfer entwickelt. Der Prophet Zacharia erwähnt die sieben Augen Gottes, die später, gleich den Amschaspands des Ormuzd, als die sieben Erzengel am nächsten vor Gott stehen. Die späten Bücher Daniel und Tobias nennen einzelne Engel mit Namen Michael, Raphael und Gabriel; Daniel spricht von Millionen Engeln. Das Buch Henoch und Philo weisen schon einzelnen von ihnen besondere Aemter und Geschäftskreise zu. Letzterer beschreibt sie den Feruers, oder Platos Ideen entsprechend als „Formen und Typen, durch die Gott die Welt bildete, die Beschaffenheiten der Dinge bezeichnend." Die Rabbiner des Talmud haben endlich dieser Lehre die sorgsamste Aufmerksamkeit gewidmet, und die Christen schlossen sich im wesentlichen ihren Bestimmungen an. Die Engel hatten verschiedene Gestalt, es gab verschiedene Classen und Stände, Cherubim, Seraphim, Ophenim. Sie bringen die Gebete der Frommen vor Gott, er vollzieht seine Rathschlüsse durch ihre Hand, und beräth sich mit den vornehmsten von ihnen. Michael, Gabriel, Nuriel und Raphael stehen den vier Elementen vor, unter ihnen hat jede Art von Naturwesen ihre besonderen Engel. „Es giebt kein Ding in der Welt, nicht einmal ein Gräschen, über das nicht ein Engel gesetzt wäre." Auch jeder Mensch hat seinen Schutzengel, der in gewisser Hinsicht zugleich sein Urbild ist. Eine wunderliche Theorie nimmt sogar eine Classe von vergänglichen Engeln an, wahre Ephemeriden; „alltäglich werden Engel aus dem Feuerstrom geschaffen, sagen ein Lied und gehen unter;" zum Beweise wird eine Stelle der Klagelieder citirt, „sie sind alle Morgen neu," da ist indessen nicht von Engeln die Rede, sondern von der Barmherzigkeit und Güte Gottes. Seit dem Exil wurde nach dem Muster Ahrimans und seines Reiches auch das Böse in festen Bildern und Gestalten als ein Gegensatz Gott gegenüber gestellt. In einem Psalm und im Hiob wird zuerst der Satan erwähnt. Die Chronik spricht auch in der einfachen Geschichtserzählung von Thaten böser Geister, „der Satan stand auf wider Israel." Der Volksglaube nahm wahrscheinlich schon in älterer Zeit böse Geister an, mit deren Hülfe falsche Propheten und Zauberer schwarze Thaten verrichteten, die den Menschen beschädigen und versuchen konnten; indessen geben die Schriften keinen bestimmten Aufschluss darüber. Aus dem neuen Testament sehen wir, dass zu seiner Zeit die Juden einen obersten der Teufel kannten, und die Erde mit zahlreichen Dämonen bevölkerten, die nicht blos die Seele des Menschen in Versuchung führten, sondern in gewissen Krankheiten auch von seinem Körper, bisweilen in ganzen Schaaren Besitz ergriffen. Der eigentliche Wohnsitz dieser von Gott abgefallenen Geister war die Unterwelt. Ueber den Ursprung der Teufel und ihr Oberhaupt lauten die rabbinischen Angaben sehr verschieden. Einige lassen sie sogar von den Menschen herstammen. Die Schlange des Paradieses wurde erst spät zu dem bösen Geist Asmodi, einem Erzteufel. Nach dem Ursprunge der Gottheit kann auf dem streng theologischen Standpunkte nicht gefragt werden. Wohl lassen die Theogonien des Polytheismus Göttergeschlechter durch Emanation, Schöpfung oder Abstammung hervorgehen, aber der älteste, der höchste oder der einige Gott kann auf dem Boden der Religion nichts vor oder über sich haben. Er ist nothwendig der Grund des Daseins, die Ursache seiner selbst, das erste Bewegende. Aus ihm und durch ihn erklärt die theologische Speculation die Erscheinungen der Welt. Nur die Metaphysik kann über ihn hinausgehen, und Abstractionen aufstellen, aus denen Gott abgeleitet oder erklärt wird. Der israelitische Gott war selbst eine so abstracte und einheitliche Grösse, zugleich die religiöse Anschauungsweise so herrschend in der Bildung des Volkes, und der Sinn für blos wissenschaftliches Denken so wenig entwickelt, dass metaphysische Speculationen nicht Raum und Bedeutung gewannen. Eine jüdische Metaphysik entstand erst seit der Berührung mit den Griechen. Ihre eigene Philosophie begann mit dem lebendigen Gott. Wahrscheinlich war die Materie von Ewigkeit her gleich ihm, aber Gestalt und Leben empfing sie nur durch seinen Willen. Es gab hier keine lebendige kosmische Kräfte; die Natur, wenn auch geheimnissvoll in sich wirkend und darum Zaubermächten zugänglich, war nicht selbst beseelt und belebt, sondern ward durch den ausserweltlichen Gott bewegt und erhalten. Er hat die Erde gegründet, über ihr die Feste des Himmels gewölbt, zwischen beiden den wandelnden Lichtern, Sonne, Mond und Sternen, ihre Bahnen gewiesen; unter der Erde befindet sich der Abgrund des Schattenreichs, über dem festen Himmelsgewölbe wohnt Gott mit seinen Engeln — ein einfacher, begränzter Weltplan, wie ihn der Mönch Kosmas Indikopleustes in seiner berüchtigten Karte ganz richtig wieder gab. Die Grundzüge der Weltbildung und der ältesten Menschengeschichte sind die allgemeinen der semitischen Stämme, und gehören wahrscheinlich einer voräygptischen Periode an. Die zehn Generationen von Adam bis auf Noah entsprechen den zehn antediluvianischen Königen der Chaldäer, die hebräische Fluthsage der babylonischen; auch nach der Genesis sammeln sich die Menschen zuerst in Mesopotamien, und dorthin verlegt sie das Stammland ihres Erzvaters Abraham. Manche Einzelheiten der Sage verdanken dagegen ihren Ursprung offenbar iranischen Lehren, und müssen daher als später eingefügt betrachtet werden. Die sechs Tagewerke in der ersten Schöpfungsgeschichte der Genesis, das mächtige Wort, durch welches Jehovah schafft, die Mitwirkung der Elohim, dann die Ausschmückung des Sündenfalls mit der Schlange, in deren Gestalt einst Ahriman die Welt Ahuramagdaos verwüstete, mit der Frucht, die er den ersten Menschen zu essen gab, mit der dadurch verlornen Glückseligkeit, das ist ebenso unverkennbar nach den zoroastrischen Mythen gestaltet wie die spätere Geisterlehre. Man darf nicht einwenden, dass die Iranier von den Hebräern entlehnt, oder aus derselben Quelle geschöpft haben könnten; denn einmal gehören diese Dinge dort wesentlich zum System, und können in dessen Zusammenhange nicht entbehrt werden, während der Pentateuch gar keinen weiteren Gebrauch davon macht, und andererseits waren sie in Zeiten und Orten vorhanden, auf welche die hebräische Theologie, wenn man auch die Möglichkeit einer früheren Ausbildung dieser Sagen zugeben mag, unmöglich irgend einen Einfluss üben konnte. Die Israeliten waren ein so wenig bekanntes, so wenig mit anderen Nationen in Berührung tretendes Volk, und die Priesterschaften des Alterthums so exclusiv, der iranische Osten so fern, dass eine frühe Einwirkung mosaischer Lehren auf die Theorien der Zendschriften völlig undenkbar ist. Dagegen sind iranische Einflüsse, seitdem Meder und Perser die herrschenden Mächte geworden, bei den Völkerschaften Vorderasiens ebenso nachweislich, wie sie in der Natur der Sache lagen. Führte doch Darius urkundlich in den unterworfenen Ländern den Feuercultus als Symbol der persischen Oberherrschaft ein. Bei den Juden brauchen diese Einflüsse keineswegs vor der Rückkehr aus dem Exil angenommen zu werden um Alles zu erklären, was in ihren Anschauungen eine unmittelbare Verwandtschaft mit persischen Doctrinen verräth, und sie erscheinen um so unabweisbarer, da seit dem Exil viele Juden zerstreut in den östlichen Ländern wohnten, da diese in enger Verbindung mit den palästinischen Brüdern blieben, und da ihren Kreisen mehrere der berühmtesten und gewichtigsten Lehrer des neuen Jerusalem angehörten, vor allen Esra selbst, der erst mehrere Generationen nach Cyrus aus persischer Umgebung nach Judäa kam.

LXI.

Wenn manche Lehren und Sagen der Hebräer ihren Ursprung oder ihre Ausbildung Anschauungen verdankten, die ausserhalb des Volkes entstanden, fremdes oder eines grösseren Kreises Eigenthum waren, so ward das Ganze des Systems durchaus in nationalem Sinne gestaltet, auch darin den übrigen theologischen Theorien des Alterthums gleich, dass sein Gott und seine Welt ausschliesslich auf das eigene Volk bezogen wurden, das Handeln Jehovahs und die Geschichte der Menschheit nur in dem Volke Israel ihr Ziel und ihre Erklärung fanden. In dem Monotheismus liegt allerdings der Keim eines Glaubens, der über die nationalen

Schranken hinaus zu einem Gott der ganzen Welt führen muss, und je strenger und höher der Begriff gefasst wird, desto mehr entwickelt sich dieser Keim zu einem kosmopolitischen Dogma; aber es tritt wiederum der grosse Unterschied hervor zwischen dem, was consequenter Weise auf einen inhaltreichen Gedanken gebauet werden mag, und dem, was in dem Bewusstsein der Glaubenden zur thatsächlichen Gestaltung gekommen ist. Im Wachsthum und der Blüthe des Volkslebens hat das mosaische Priesterthum diese Folgerung entschieden nicht gezogen. Der Gott, der die Erde geschaffen und dem Menschen seinen Odem eingehaucht hatte, war der israelitische Nationalgott. Wie jede Religion das Hohe und Wahre, über welches eigentlich kein Fortschritt denkbar ist, in die Anfänge verlegt, hatte sich der einige Gott den ersten Menschen persönlich bezeugt, ihnen seinen Willen kund gethan, und seine Heiligkeit furchtbar offenbart, als es ihn gereuete den Menschen geschaffen zu haben und er beschloss das sündige Geschlecht zu vertilgen. Allein der Gehorsam gegen den Schöpfer und die richtige Erkenntniss kamen bald wieder abhanden. Da erwählte sich Gott das eine Volk zum ausschliesslichen Eigenthum, erneuete mit dem frommen Erzvater Abraham den Bund, den er einst in Noah mit dem ganzen Menschengeschlecht errichtet, dieses aber durch seinen Abfall gebrochen hatte, und erhielt der Nachkommenschaft desselben seine Liebe und Treue, wenn er sich auch zeitweise um ihres Unglaubens und ihrer Sünden willen verbarg. Seitdem hat er sich von den übrigen Völkern zurückgezogen, sie ihrem Schicksal überlassen; sie kommen nur noch in Betracht, in so fern sie mit Israel in freundliche oder feindliche Berührung treten, an sich haben sie keine Bedeutung, sie sind werthlos, oder Mittel für den Plan Gottes mit seinem auserwählten Volke, um dessen willen sie rücksichtslos gebrochen und zertreten werden. Wie die Iranier das Volk des Ormuzd, waren die Hebräer das Volk Jehovahs. Es ist eine Gnadenwahl aus freier Willkür, die das bevorzugte Volk in freudiger Gewissheit anzuerkennen hatte. „Des

Herrn Theil ist sein Volk. Er führete es, er behütete es, wie seinen Augapfel. — Er hat allein zu deinen Vätern Lust gehabt, dass er sie liebte, er hat ihren Samen erwählet nach ihnen, euch über alle Völker". Um seinetwillen greift er gewaltig in die Geschicke der Menschen ein; die Gesetze der Natur haben keine Geltung, wenn die Fluthen der See sich aufthürmen gleich Mauern, damit das Volk zwischen ihnen auf dem Meeresgrunde dahinziehe, oder wenn die Sonne in ihrem Laufe stille stehen muss um den Tag für den Sieg Israels zu verlängern, und die Gebote der Sittlichkeit verlieren ihre Kraft, wenn Raub, Verrath, Mord, entsetzliche Grausamkeit zur Ehre Gottes und zum Heile des Volkes geübt werden.

Die gar zu menschlichen Vorstellungen von Gott, die einer vorgeschritteneren Bildungsstufe roh und ungereimt erscheinenden Sagen und Vorschriften, besonders aber die mit einem höher entwickelten ethischen Bewusstsein in schneidendem Widerspruch stehenden Anschauungen der hebräischen Offenbarung veranlassten schon griechisch gebildete Juden, namentlich ausserhalb des heiligen Landes Vieles im alten Testamente allegorisch zu deuten, oder einen mystischen Sinn darin zu suchen, und die ältere christliche Kirche, die Sprache dieser Schriften als zu verächtlich für die Gottheit betrachtend, that in ihrer Weise das Nämliche. Der heilige Augustinus urtheilt: man könne den natürlichen Sinn der ersten Capitel der Genesis nicht behaupten ohne Gott Dinge zuzuschreiben, die seiner unwürdig seien, und man müsse deshalb zur Allegorie seine Zuflucht nehmen. Sehr stark drückt sich Origenes aus: „welchen vernünftigen Menschen könnte man glauben machen, dass der erste, zweite und dritte Tag der Schöpfung, an welchem sogar Abend und Morgen genannt werden, ohne Sonne, Mond und Sterne existiren konnten, dass es am ersten Tage nicht einmal einen Himmel gab? wer könnte so blödsinnig sein, und zugeben, dass Gott sich wie ein Mensch auf den Ackerbau legte, und Bäume pflanzte? dass einer dieser Bäume der Baum des Lebens gewesen, und ein anderer die Kenntniss von gut und böse gegeben? Niemand, denke ich, kann anstehen diese Dinge als figürlich zu betrachten, worunter Mysterien verborgen sind." An einer anderen Stelle sagt er: „wäre es nothwendig uns an den Buchstaben zu binden, und das im Gesetz Geschriebene nach Weise der Juden und des Pöbels zu verstehen, so würde ich erröthen laut zu sagen, dass Gott uns solche Gesetze gegeben hätte; ich würde mehr Grösse und Vernunft in menschlichen Gesetzgebungen finden, wie in denen der Römer, der Athener oder der Lacedämonier." Als die geistige Cultur abnahm und die Strenge der Orthodoxie zunahm, verlangte die Kirche buchstäbliche Annahme der hebräischen Ueberlieferungen. Aber sowohl die Gnostiker der ersten Jahrhunderte, wie besonders fromme, auf die innere Vollendung gerichtete Secten des Mittelalters verwarfen diese Urkunden als äusserlich, materiell und unsittlich; die Paulicianer gingen so weit geradehin zu behaupten, der Gott des alten Testamentes sei der Teufel. Es war nicht erst die antitheologische Philosophie der neuesten Zeit, die wegwerfend über die heiligen Schriften der Juden urtheilte. Es ist Zeit an solche Dinge zu erinnern, wenn sich Ignoranz und Heuchelei verbinden unseren heutigen Tagen als hohe Weisheit aufdrängen zu wollen, was vor 1600 Jahren fromme Kirchenväter verächtlich von sich wiesen.

LXII.

Der Weltplan Jehovahs, wie er in den älteren Schriften enthalten ist, steht gegen den umfassenden Heilsplan des iranischen Gottes unzweifelhaft an Weite und Erhabenheit zurück. Er bezog sich eng und einfach auf das irdische Wohlergehen des auserwählten Volkes, welches sich doch von Anbeginn nur als ein einzelnes Glied in der grossen Völkerfamilie betrachtete, und sich weniger als die anderen grossen theokratischen Nationen mit der Menschheit identificiren konnte. Die übrige Welt lag ausserhalb des göttlichen Rathschlusses, und wenn der Herr sich ihr in den Tagen der Vorzeit offenbart hatte, schien das nur gerechtfertigt, weil damals der erwählte Stamm noch in ihr enthalten war. Je mehr sich der Kreis der göttlichen Fürsorge concentrirte, desto umfangreicher ward die Offenbarung; vor der Sündfluth wussten die Menschen wenig mehr als das Dasein Gottes, dem Noah wurden schon ein paar specielle Vorschriften ertheilt, Abraham empfing wiederholt Anweisungen und Verheissungen, das vollkommene Gesetz ward erst bei der Constituirung des Volkes dem Moses verkündet. Es konnte hier nicht wohl früher vorhanden gewesen, nicht wie in Indien oder Aegypten mit dem Anfang der Welt gegeben sein; auch die zoroastrische Vorstellung, dass Dschamschid nur aus Schwäche nicht das Gesetz der Reinheit in seinem ganzen Umfange eingeführt, konnte kaum obwalten, da es nach der hebräischen Sage vor Moses kein Volk für das Gesetz gab. Vielmehr scheint hier die Annahme gegolten zu haben, dass die heilige Familie des gottbefreundeten Patriarchen das ausgebildete Gesetz noch nicht bedurfte; ihr genügte das einfache Wort des Höchsten: „Ich bin der allmächtige Gott, wandle vor mir und sei fromm." Mit der Einführung der theokratischen Ordnung und der Niederlassung in dem verheissenen Lande hatte der Rathschluss Gottes sein Ziel erreicht, hinfort kam es nur noch auf das Erhalten an. Die alten priesterlichen Offenbarungen betrachteten ihre Ordnungen durchaus als absolut, ihre Theorien als gegeben für die Ewigkeit, der Gedanke, dass sie nur eine relative Geltung haben, eine Vorstufe für höhere Bildungen sein sollten, lag ihnen sehr ferne. In dem heiligen, gottgewiesenen Palästina sollte das Volk Jehovahs leben und dem Herrn dienen nach seinem heiligen Gesetz für alle Zeiten, ein hochbegnadigtes, gottgeweihtes Volk. Dieser seiner absoluten Bedeutung nach musste das Gesetz in seinem wesentlichen Inhalte als auf einmal und vollständig gegeben betrachtet werden, und darum wurde seine ganze Entwicklung, je theoretischer man im Laufe der Zeit verfuhr, desto strenger nicht nur dem Geiste, sondern sogar dem Buchstaben nach auf Moses zurückgeführt.

Es gab nichts darüber hinaus. „Ich will euer Gott sein, so sollt ihr mein Volk sein." Die hohe Aufgabe, „ihr sollt ein priesterlich Königreich und ein heiliges Volk sein", dieses Ideal, welches die hierarchischen Gesetzgebungen des Orients im Leben zu verwirklichen strebten, jede in ihrer Weise, aber jede überzeugt, dass ihre Weise die allein seligmachende, der Gottheit wohlgefällige sei, und die herrliche Segensverheissung, dass Israel das Erbvolk und Eigenthum des Herrn vor allen Völkern sein sollte, waren unwandelbar mit einander verbunden. Es war ein ewiger Bund, den Jehovah mit seinem Volke geschlossen. Als die Philosophie des siebzehnten Jahrhunderts anfing alles Recht und namentlich jede rechtmässige politische Ordnung auf einen ursprünglichen Vertrag zu gründen, haben ihre Vertreter, wie Hobbes und Spinoza, mit gutem Grunde darauf hingewiesen, dass die Vertragstheorie schon in den Anschauungen des Pentateuchs enthalten ist, dass die Herrschaft Gottes über Israel und dessen Verpflichtung zum Gehorsam gegen den göttlichen Willen wiederholt und ausdrücklich aus dem Vertrage hergeleitet wird, den Gott und das Volk mit einander errichtet. Für andere Nationen war es daher an sich nach der älteren Vorstellung kein Unrecht anderen Göttern zu dienen, die der Allmächtige ihnen sogar verordnet hatte, nur ihre Sünden schrien wider sie. Aber das Volk Jehovahs brach durch die Verletzung der Gesetze und vor allem durch Abfall zu fremden Göttern den heiligen Vertrag, den seine Väter geschlossen, und dann zog Gott, wie er es in jenem Bunde bestimmt hatte, seine Hand von ihm ab, und ergoss seinen Grimm über die wortbrüchige Gemeinde. „Meine Seele wird Ekel an euch haben. Ich will euer Land so wüste machen, dass selbst euere Feinde sich davor entsetzen werden", also droht der eifrige Gott in dem furchtbaren Fluche des Leviticus und des Deuteronomium; aber wenn das Volk Busse thut, und sich wieder zu ihm wendet, wird er des alten Bundes gedenken und Barmherzigkeit üben an denen, die ihn lieben. Die ganze Geschichte bis zum babylonischen Exil wird in den historischen Büchern, wie von den Propheten als lebendiges Beispiel der Bundesbestimmung aufgefasst; jedes Nationalunglück ist eine Folge der Strafgerechtigkeit Gottes, das Volk oder sein König haben gethan, was dem Herrn übel gefiel. Wer dagegen in den Wegen Gottes wandelt, der hat auch ein vertragsmässiges Recht auf die Gnade des gerechten und treuen Gottes, und mag daher, wenn seine Hülfe verzieht, wohl klagen: „Dies alles ist über uns gekommen, und haben doch deiner nicht vergessen, noch untreulich in deinem Bunde gehandelt; unser Herz ist nicht abgefallen, noch unser Gang gewichen von deinem Wege; erwache, Herr, warum schläfst du? warum verbirgst du dein Antlitz?" Wie die Verheissungen und Drohungen der älteren Offenbarung sich rein auf das auserwählte Volk bezogen, so gingen sie auch nicht über das Grab hinaus. Wir haben hier das Bild eines tief religiösen Geistes, der alle Einrichtungen, alle Beziehungen des Lebens durchdrang, aber durchaus nicht von der Aussicht auf ein überirdisches Dasein getragen wurde. Die Glückseligkeit, deren sichere Hoffnung jede Religion der Masse ihrer Bekenner gewährleisten muss, sollte lediglich auf dieser Erde verwirklicht werden. Das äussere Schicksal war durch das Verhalten des Volks in seine eigene Hand gelegt. Wie in den Zendschriften neben dem ewigen Heil oder Verderben der Seele auch das irdische Glück oder Unglück an den frommen Wandel des Menschen geknüpft wird, so war es hier ausschliesslich. „Auf dass du lange lebest, und dass es dir wohl gehe im Lande", lautete die Verheissung des Dekalogs, und das wurde in der mannichfaltigsten, detaillirtesten Weise vielfach wiederholt. Wenn sie die Satzungen und Rechte halten, „die Gott zwischen sich und die Kinder Israel gestellt hat", dann wird reicher Segen in der Natur und unter den Menschen ihr Lohn sein, gesegnet ihre Städte und ihr Acker, die Frucht ihres Leibes, ihres Landes und ihres Viehs, gesegnet ihr Eingang und Ausgang und Alles, was sie vornehmen; Gott wird ihnen Regen geben zu rechter Zeit, die Bäume werden Frucht tragen und das Feld reiche

Erndten, sie werden sich mehren und wachsen, und in Frieden wohnen, und ihre Feinde werden vor ihnen fallen. Wenn sie aber den Bund brechen und die Gebote des Herrn nicht halten, dann wird er sie heimsuchen mit furchtbaren Schrecken; verflucht wird sein, was sie thun und was sie haben, mit Krankheiten sollen sie geschlagen werden vom Scheitel bis zur Sohle, ihre Feinde werden über sie herrschen, ein rauschendes Blatt soll sie jagen; Gott wird wilde Thiere unter sie senden, die ihre Kinder fressen und ihr Vieh zerreissen, sie werden säen und nicht erndten; Andere werden ihre Weiber und ihre Häuser besitzen; sie sollen unsinnig werden vor dem, was ihre Augen sehen müssen, zerstreuet und geängstigt in fremden Ländern; sie sollen ein Scheusal sein unter allen Völkern und in ihrer Missethat verschmachten. „Der Herr wird wunderlich mit dir umgehen, dass du fürchtest den herrlichen und den schrecklichen Namen Jehovah." An der Hülfe Gottes war ja Alles gelegen; „wo der Herr nicht das Haus bauet, so arbeiten umsonst, die daran bauen; wo der Herr nicht die Stadt behütet, so wachet der Wächter umsonst." Wenn nun in rein theologischem Sinne wenig nach Gesetzen natürlichen Zusammenhanges gefragt, alle Schickungen im Grossen wie im Kleinen unvermittelt auf das persönliche Wirken Gottes zurückgeführt wurden, so mussten diese Anschauungen um der Gerechtigkeit Gottes willen zu einer ausgebildeten Vergeltungstheorie für das irdische Leben führen.

LXIII.

Der Pentateuch und die Propheten, auf das nationale Leben und die Gestaltung des Ganzen gewendet, fassen die Vergeltungslehre vorzugsweise in würdiger, grossartiger Beziehung auf das Volk als solches. Es ist etwas Erhabenes in diesem Idealismus, welcher das Seelenheil des Einzelnen nicht kennt, und sein zeitliches Wohl zurückstellt gegen das Interesse der Gesammtheit. Das religiöse Gefühl und das nationale fielen in dieser Vorstellung der Gemeinsamkeit, der solidarischen Verantwortlichkeit gegen Gott zusammen. Das Individuum stand nicht vereinzelt, sondern war ein Glied des Ganzen, welchem die Sorge seines Gottes galt. Wie der Einzelne an dem Segen und der Wohlfahrt des Volkes Theil hatte, traf ihn auch die Folge des Frevels mit, wenn Viele gesündigt hatten, oder eine grosse Schuld nicht gesühnt war und deshalb ein Strafgericht Gottes hereinbrach. Eine ähnliche Solidarität galt von dem engeren Verbande der Familie. Der strenge Begriff der Stammgenossenschaft vereinigte vor Gott und Menschen Schuldige und Schuldlose im gemeinsamen Untergang, trotz des gelegentlichen Gebotes, dass die Kinder nicht mit ihren Vätern gestraft, sondern Jeder nur die eigene Schuld tragen sollte. Wie Gott den Abraham noch in seinen späten Nachkommen liebte, wie das Haus des David nimmer ein Ende nehmen sollte, so suchte er der Väter Missethat heim an den Kindern bis in das dritte und vierte Glied derer, die ihn gehasst. Was wir als ein Naturgesetz begreifen, dass manche Fehler einer früheren Generation das Unglück der folgenden verursachen, das galt hier als göttliche Gerechtigkeit, und wurde als menschliche geübt. So ward unter Josua die ganze Familie mit dem schuldigen Achan gesteinigt; „weil du uns betrübet hast, so betrübe dich der Herr an diesem Tage." Es ist nicht blos ein Nützlichkeitsprincip, sondern eine irrige und barbarische Rechtsanschauung, wenn der orientalische Despotismus nicht selten gleich dem Gott Israels ganze Geschlechter für das Verbrechen eines Einzelnen büssen lässt. Es versteht sich von selbst, dass auch der Einzelne seinen sichtlichen Antheil an dem göttlichen Segen verlangte. So wenig die Aussicht auf eine jenseitige Vergeltung in der Realität der Dinge die Bedürfnisse der Menschen zu befriedigen vermag, so wenig kann das Glück der Anderen den Leidenden für die persönliche Qual entschädigen. Selbst die ideale Theorie erkannte neben der starken Beziehung auf das Volksganze die Berechtigung des individuellen Eudämonismus vollkommen an, und verkündete durch Beispiel und Lehre, dass dem Frommen,

Gesetzestreuen die irdischen Güter, langes Leben, blühende Nachkommenschaft, Fülle des Reichthums, nicht fehlen sollten. Die Praxis der Wirklichkeit nahm wie überall die Thätigkeit Gottes am häufigsten und dringendsten für die täglichen Angelegenheiten des persönlichen Lebens in Anspruch, und erwartete hier den Lohn des gottgefälligen Wandels. Wohl mochte die Demuth fragen: „was ist der Mensch, dass du seiner gedenkest, und des Menschen Kind, dass du dich seiner annimmst?" oder die Stimme des Herrn dem ungeduldig Klagenden zurufen mit dem Allmächtigen nicht zu hadern, die hoffende Seele tröstete sich doch: „mich erhältst du um meiner Frömmigkeit willen", und hielt fest an der Verheissung: „bleibe fromm und halte dich recht, denn solchem wird es zuletzt wohl gehen." Die religiöse Theorie, welche nicht über die Erde hinausging, musste die ewige Gerechtigkeit im irdischen Leben nachweisen, oder welchen Vorzug hätte der Gläubige durch seinen Gott gehabt? Die alte Klage, der Gerechte muss viel leiden, durfte hier nicht zur Regel werden. Für das Volk konnte selbst ein vernichtendes Unglück als ein Erziehungsmittel betrachtet werden; war eine Generation in Sünden zu Grunde gegangen, so konnte eine andere zur Grösse und Herrlichkeit wieder erstehen, und diese Hoffnung hielt erhabene Geister in verzweiflungsvollen Zeiten aufrecht. Auch der Einzelne konnte wohl zuweilen ein unverschuldetes Leiden als eine Läuterung und Prüfung ansehen, aber wenn das Leiden zu lang und zu schwer wurde, wenn er darin unterging, hatte doch diese Betrachtungsweise keinen rechten Sinn in einer Theorie, welche mit diesem Leben abschloss, welche daher in ihm nicht eine Prüfungszeit, sondern die Erfüllung sehen musste. Peinigungen, wie sie im Gedicht über den frommen Hiob verhängt werden, bleiben ein grausames Spiel, welches wir einem Menschen nicht verzeihen könnten. Wer sich auf diesem Standpunkte der Erkenntniss nicht verschliessen konnte, dass es gleich oft dem Gerechten schlimm und dem Gottlosen gut erging, und doch jede Schickung dem Willen

Gottes zuschrieb, der musste leicht zu einem Skepticismus
kommen wie der Prediger Salomo, und alles nichtig finden;
„es ist ein böses Ding, dass es Einem gehet wie dem Anderen." Je trüber sich in der späteren Zeit die öffentlichen
Zustände gestalteten, je weniger das nationale Leben die
Geister beschäftigen und befriedigen konnte, desto eifriger
wendete sich auch die Theorie dem Einzelleben zu, und bezog die alten socialen Vorstellungen auf die individuelle
Existenz. So entstand die harte und schroffe Vergeltungslehre, welche für jedes Leiden nach einer besonderen Verschuldung spürte. Wir sehen aus mehreren Erzählungen des
neuen Testaments, dass diese Lehre allgemein angewendet
wurde, obwohl damals der Unsterblichkeitsglaube mit einer
jenseitigen Vergeltung schon überall verbreitet war; und wie
die indische Dichtung Sünden eines eigenen früheren Daseins
zu Hülfe rief, so griffen die Juden auf Verschuldungen der
Vorfahren zurück, wenn Frömmigkeit oder Unschuld des
Dulders ein schweres Unglück nicht zu rechtfertigen schien,
wie bei dem Blindgebornen. Diese Theorie trug ohne Zweifel sehr viel zu der Peinlichkeit bei, welche sich in der Gesetzesauslegung und der Gesetzesübung seit der Zeit des
Exils geltend machte, und bis zum Talmud immer mehr
wuchs. Machet einen Zaun um das Gesetz, lautete einer
der grossen Grundsätze, welche die Tradition der angeblichen
Synagoge des Esra zuschrieb. Der religiöse Sinn, dem kein
bewegtes Leben, keine kräftige Thätigkeit mehr ein Gleichgewicht hielt, fürchtete überall anzustossen, hielt immer mehr
für nöthig um die Gnade Gottes zu gewinnen oder seinem
Zorne zu entgehen, und häufte in ängstlichem Grübeln Sazzungen auf Satzungen, deren Uebertretung dann neues Unglück herausforderte. Auf der anderen Seite wurden die
alten Theorien durch die vermehrte Contemplation und durch
die zunehmende Berührung mit fremden Glaubenslehren reicheren Inhalts in mehrfachen Richtungen erweitert und
vertieft.

LXIV.

In den Zeiten des Exils wurde der Blick auf die übrige Welt gewendet, und der Weltplan Gottes auf die fremden Völker ausgedehnt. Man konnte sich nicht mehr in der alten Isolirtheit erhalten, und lernte zugleich in unmittelbarer Nähe die grossen politischen Organisationen kennen, welche nach den damaligen Begriffen fast die Welt zu umfassen schienen. So kam es, dass in der tiefsten Erniedrigung die stolzesten Hoffnungen gefasst wurden, Hoffnungen, von denen bis dahin nie die Rede gewesen war. Jehovah und sein Gesetz sollten nicht nur unter den Heiden, die ihn verachtet, zu Ehren gebracht werden, sondern von dem wiederhergestellten, heiligen Jerusalem aus die ganze Erde beherrschen. Nach den älteren messianischen Erwartungen, wie sie namentlich bei dem ächten Jesaia erscheinen, sollte ein König aufstehen, der Israel aus seinen Zerrüttungen erretten und die Herrschaft des mosaischen Gesetzes in dem beglückten Volke wiederherstellen würde. Damit begnügte man sich jetzt nicht mehr. Jeremias verhiess aus dem Stamm Davids „einen König, der wohl regieren wird, und soll Recht und Gerechtigkeit anrichten auf Erden". Das Haus Davids soll herrschen, und Priester und Leviten sollen Opfer anzünden, so lange Tag und Nacht wechseln. In den nach der Zerstörung Jerusalems geschriebenen, dem Jesaias angehängten Capiteln wird verkündet, dass der Gott Israels der Gott aller Welt heissen wird, dass alle Völker sich zu ihm bekehren, die Heiden sich zu dem Volke Gottes wenden, der Messias zum Fürsten und Gebieter der Nationen bestellt werden soll. Der Herr wird Israel erlösen, dann wird es nicht mehr Hunger, noch Durst, noch Hitze leiden, Könige werden vor ihm auf das Angesicht fallen und seiner Füsse Staub lecken. Diese Hoffnungen einer äusseren Weltherrschaft wurden seitdem mannichfaltig ausgebildet, und selbst mit der zweiten Zerstörung Jerusalems nicht aufgegeben. Wie Jesaia seinen Heiland offenbar in kürzester Frist erwartete, Jeremias ihn etwas weiter hinaus schob, so ward sein Erscheinen von einer Zeit zur anderen gehofft, um so eifriger, je trauriger die Bedrängnisse wurden. Spätere Rabbiner rückten den Messias gleich dem iranischen Sosiosch bis gegen das Ende der Welt hinaus. Es sollte unter der Herrschaft Israels ein Weltreich werden, wie keines gewesen. Freilich vertraute man nicht auf die eigene Stärke; die Allmacht Gottes und die Wunder des Messias sollten die fehlende Volkskraft ersetzen um sein Reich aufzurichten.

Wie sich der Blick nach aussen erweiterte, vertiefte er sich nach innen. Die Rücksicht auf die innere sittliche Gesinnung fehlte allerdings in keinem der grossen religiösen Systeme des priesterlichen Alterthums, sie fehlte auch hier nicht; das „lass dich nicht gelüsten" im Dekalog, die Ermahnung Gott lieb zu haben von ganzem Herzen und von ganzer Seele, das Gebot „du sollst deinen Nächsten lieben wie dich selbst" zeigt, dass sie von Alters her vorhanden war, aber sie trat keineswegs besonders lebhaft hervor, die Vorschriften und Erzählungen der früheren Zeit beweisen vielmehr, dass die äussere Haltung des Gesetzes, der unverbrüchliche Gehorsam gegen die göttlichen Anordnungen im Leben und Handeln durchaus in den Vordergrund gestellt wurden. So lange die Priester und Propheten Jehovahs mit der Erhaltung seiner Religion, mit der Gesetzgebung für das Volk und der Gestaltung des Lebens nach derselben zu thun hatten, überwog diese sociale Thätigkeit das Bedürfniss tieferer Contemplation. Erst als in den letzten Zeiten des Reichs das Werk des Gesetzes seinen Abschluss erhalten hatte, und als zugleich die Drangsale dieser Unglücksperiode die Freude an den öffentlichen Zuständen und die Hoffnung auf eine gedeihliche Wirksamkeit ausschlossen, wendete sich der Blick, an dem äusseren Leben verzweifelnd, auf das Innere, und suchte dort nach der Quelle des Unheils. Da erwachte das tiefe Bewusstsein der Sündhaftigkeit, welches nicht mehr dem formellen Thun nach des Gesetzes Wort, sondern der Stimmung des Herzens galt. Am lebendigsten spricht sich dieses Gefühl in einigen Psalmen aus, die kurz vor dem Exil geschrieben sind: „Gehe nicht in's Gericht mit deinem Knecht, denn vor dir ist kein Lebendiger gerecht. — Ich bin aus sündigem Samen gezeugt, und meine Mutter hat mich in Sünden empfangen." Es ist kein Mensch, der nicht sündiget, heisst es im Buch der Könige, und Hiob klagt: wer will einen Reinen finden bei denen, da keiner rein ist. Die Sünde wird als Bestandtheil der menschlichen Natur betrachtet, während es in der Genesis ein Ausnahmezustand ist und die Sündfluth motivirt, dass Gott die Bosheit der Menschen gross, das Dichten und Trachten ihres Herzens böse findet. Ueber den Ursprung der Sünde wird im alten Testament nicht weiter speculirt, namentlich ist ihm das Dogma von der Erbsünde nicht bekannt; die Sünde, die durch einen Menschen in die Welt gekommen, findet sich erst im Römerbrief des Apostels Paulus. Mit dem Gefühl der Sündhaftigkeit ententstand das Bedürfniss der Erlösung durch die göttliche Gnade, nicht mehr von dem Uebel überhaupt, sondern von der Schuld und ihren Folgen, und die Nothwendigkeit der inneren bussfertigen Gesinnung. Jeremias sprach es eindringlich aus, dass ein neuer Bund kommen müsse, in welchem die Gebote Gottes nicht mehr in Holz oder Stein gegraben, sondern in den Herzen der von der Sünde erlösten Menschen leben würden. Aehnlich reden die Propheten des Exils, Hesekiel und der Anhang zum Jesaia. Nicht Fasten und Kasteiungen, sondern Liebe und Gerechtigkeit verlangt der Herr. In den Tagen der Verbannung erfolgte die Umwandlung des Volkes, welche die sittliche Vollendung des Einzelnen als Bedingung des Heils erforderte. Dazu gehörte denn freilich auch die äussere Erfüllung des Gesetzes und sogar in immer wachsendem Umfange.

Mit der Verinnerlichung der ethischen Anschauungen, der Abkehr vom öffentlichen Leben und der Richtung auf das individuelle Dasein stieg unter dem Hinzutreten parsischer Lehren die Ausbildung und der Einfluss des Unsterblichkeitsglaubens. Ein völliges Aufhören des Daseins mit dem Tode nahm auch die ältere Theorie nicht an, aber das

Fortbestehen war ein leeres, freudenloses, ohne irgend eine Bedeutung für das Leben. Wie das Verhältniss von Seele und Leib gedacht wurde, lässt sich aus den heiligen Schriften der Hebräer nicht ersehen. Im Deuteronomium heisst es, das Blut ist die Seele. Ohne Zweifel dachte man die Seele gleich dem Geist überhaupt als einen feinen, ätherischen Körper, wie es das ganze Alterthum und die Juden der späteren Zeit thaten. Ein wirkliches Aufhören dieser materiellen Seele konnte der alte Dualismus, welcher Geist und Körper als getrennte Substanzen einander entgegen setzte, und während des Lebens äusserlich verband, nicht wohl denken, daher liess er auch hier, wie es alle Völker zu thun pflegten, welche die Unsterblichkeit nicht zu einer Hoffnung und einem Ziel des Lebens entwickelten, die Seelen ein schattenhaftes, fast empfindungsloses Dasein fortsetzen. Sie konnten in ihrem Schlummer gestört werden, wie Samuel durch die Zauberin von Endor. Ihr Aufenthaltsort war der Scheol, ein dumpfer, kalter Ort, tief unter der Erde, der Abgrund, in welchem die Rotte Korah lebendig hinunter fuhr, wo die Schatten dem Könige von Babel entgegen zittern: „bist du auch geschlagen gleich uns, wie bist du vom Himmel gefallen, du schöner Morgenstern? ja zur Hölle fährst du; ist das der Mann, der die Welt zittern und die Königreiche beben machte?" Bildlich wird der Scheol zur Bezeichnung von Jammer, Noth und Tod gebraucht. Wir können ihn mit Hölle übersetzen, nur darf dabei nicht an einen Unterschied von Guten und Bösen gedacht werden. Der fromme König Hiskias klagt, nun müsse er zur Hölle fahren, und den Herrn im Lande der Lebendigen nicht mehr sehen. Es ist der gemeinsame Ort für Alle, ohne Wiederkehr, vergessen von Gott und Menschen. „Wo ist Jemand, der seine Seele errette aus der Hölle Hand. — Ich liege unter den Todten verlassen, wie die Erschlagenen die im Grabe liegen, derer du nicht mehr gedenkst, und die von deiner Hand abgesondert sind. — Die Hölle lobet dich nicht, sondern allein, die da leben." Erst in den spätesten Zeiten des Reiches Juda findet sich eine Hoffnung der Fortdauer bei Gott ausgesprochen. Drei Psalme, die Ewalds schöne Untersuchung nach Sprache und Inhalt dem sechsten oder siebenten Jahrhundert und mit Wahrscheinlichkeit demselben Dichter zuschreibt, der sechszehnte, siebzehnte und neun und vierzigste geben sie zuerst kund: „Du wirst meine Seele nicht in der Hölle lassen. — Ich will dein Antlitz schauen, wenn ich erwache nach deinem Bilde. — Gott wird meine Seele erlösen aus der Hölle Gewalt, denn er hat mich angenommen." Allmälig bildeten sich dann verschiedene Theorien über das Schicksal nach dem Tode, Auferstehung und Gericht. Die Beziehung auf das ewige Leben wurde ein wesentlicher Gesichtspunkt in dem irdischen. Nach einer Stelle des Jesaias, die indessen wahrscheinlich einer späteren Einschiebung angehört: „Deine Todten werden leben und mit dem Leichnam auferstehen", scheint es, dass nur die Gottseligen wieder erweckt werden sollten. Hiob will in dieser seiner Haut auferstehen und in seinem Fleische Gott schauen, wie nach der Offenbarung Ormuzds die Erde auch Blut und Haare wiedergeben soll. Das berühmte Leichenfeld Hesekiels kann nicht für die Auferstehung angeführt werden, denn dass die Allmacht Gottes selbst die zerstreuten Gebeine mit seinem Odem wieder beleben kann, zeigt, dass dies in der Regel keineswegs erwartet wurde. Erst lange nach dem Exil wurde die Lehre allgemein angenommen und in ihren Grundzügen vorausgesetzt. Der Prediger Salomo lehrt, dass der Leib zur Erde, der Geist zu Gott gehen muss. Die Weisheit Salomos verweist gegen die alte Lehre, dass man von keinem wisse, der aus der Hölle gekommen, energisch auf den Tag des Gerichts und den ewigen Lohn der irdischen Thaten. Im Buche Daniel heisst es: „Viele, so unter der Erde schlafen liegen, werden aufwachen; Etliche zum ewigen Leben, Etliche zur ewigen Schmach und Schande." Im zweiten Maccabäerbuch trösten sich die Märtyrer: „der Herr wird uns, die wir um seines Gesetzes willen sterben, auferwecken zu einem ewigen Leben", und es wird der Glaube an die Seeligkeit und die

Fürbitte für die Todten als „eine gute und heilige Meinung" empfohlen. Der Glaube wurde nach und nach so allgemein, dass den Sadducäern ihre Leugnung der Unsterblichkeit zum Vorwurf gemacht wurde. Nach dem neuen Testament scheinen die Juden in der Regel angenommen zu haben, dass gleich beim Tode Gute und Böse getrennt werden. Doch schwankten nach Josephus die Meinungen auch unter den Pharisäern. Manche liessen die Todten ein Schlummerleben führen, bis sich bei der allgemeinen Auferstehung die Seele wieder mit einem Körper vereinigen und dann das Gericht über Gute und Böse ergehen sollte. Spätere Rabbiner lehrten mit Eintritt des messianischen Reiches eine Auferstehung von Seele und Leib. Den frommen Essäern wurde die Seele der Guten durch den Tod aus dem Gefängniss des Körpers befreiet, und schwebte zu Gott empor, während die Seelen der Bösen in der Qual behalten wurden.

LXV.

Von der theologischen Theorie zu der Praxis des Lebens übergehend, müssen wir den ersten Blick auf das Organ wenden, dem die Ausbildung und Erhaltung der Theorie oblag, das Priesterthum. Wie in allen überwiegend theokratischen Gesellschaften erschöpfte die Gestaltung der eigentlichen Glaubenslehre bei weitem nicht den theoretischen Beruf der contemplativen Classe, und die Einfachheit, der geringe Umfang der älteren hebräischen Dogmen, der gänzliche Mangel sonstiger Wissenschaft beweisen, dass der speculative Eifer bei den Leviten der älteren Zeit nicht gross war, sondern wie neben dem Gottesdienst eine Menge von Handlungen des täglichen Lebens in den Kreis der priesterlichen Thätigkeit fiel, so umfasste dieselbe neben der reinen Doctrin auch die Ausbildung des Rechts und der Sitte im weitesten Umfange. Wenn gleich diese letzteren in Wahrheit mehr von den thatsächlichen Zuständen und Bedürfnissen, als von irgend einer Theorie beherrscht wurden, erschienen sie doch der religiösen Philosophie als göttlich gegeben auf der einen, als nothwendig mit dem Glauben verbunden auf der anderen Seite. Beides, Lehre und Gesetz, floss aus einer Quelle, dem Willen Gottes, und hatte einen Interpreten, den Priester. So beschrieb noch Malcachi den Leviten des Alterthums; „das Gesetz der Wahrheit war in seinem Munde, und ward kein Böses auf seinen Lippen gefunden. Des Priesters Lippen sollen die Lehre bewahren, dass man aus seinem Munde das Gesetz suche". Er sollte die Richtschnur für das Denken und für das Leben sein. Wenn das ganze Volk berufen war eine heilige Gemeinde des Herrn zu bilden, von seiner Wahrheit erfüllt, nach seinen Gesetzen lebend, so war in ihm das Priesterthum auserwählt zum besonderen Dienste Gottes, zur ausschliesslichen Thätigkeit für die Erhaltung der offenbarten Religion und Gesetze, und wie im Volke die hohe Begnadigung von Gott erwählt zu sein mit der schweren Pflicht seine vielfachen Gebote unverbrüchlich zu beobachten Hand in Hand ging, so fiel in erhöhtem Grade bei der Priesterschaft der Vorzug einer besonderen Gnadenwahl mit der Pflicht einer besonderen Heiligkeit und Treue zusammen. An denen, die sich ihm nahen, zeigt Jehovah sich heilig; nur indem er diese Heiligkeit an sich bewährt, ist der Priester fähig und würdig, seinen höchsten Beruf zu erfüllen, die Seelen des Volkes „vor dem Herrn zu versöhnen". Er trägt die Missethat des Volkes vor Gott, er ist der Mittler zwischen beiden, darum wird er auch ein Engel des Herrn genannt. Dieses Mittleramt wird vor allem dargestellt in der Geschichte des grossen priesterlichen Vorbildes, Moses, in der doppelten Beziehung, dass er dem sündigen Volke immer auf's Neue die Gnade seines Gottes gewinnt, und dessen Gebote, namentlich die Art und Weise, wie die göttliche Gnade zu erhalten und bei Verschuldungen wieder herzustellen, für alle Zukunft verkündet. Das ist die Form, in welcher eine wirkliche Hierarchie handelt. Was aber das Wesen der Sache betrifft, so können wir der hebräischen Priesterkaste die Anerkennng nicht versagen, dass sie ihre Aufgabe wohl gelöst hat. Sie hat mit energischer Ausdauer den Monotheismus aus den

Zeiten, in welchen er ein Sondergut einzelner Geister war, bis zu denen erhalten, in welchen er die Herrschaft der Welt gewann, und sie hat mit consequenter Anstrengung ein System gesellschaftlicher Ueberzeugungen und Einrichtungen geschaffen, welches durch seine feste Dauer die innere Harmonie nicht weniger als die äussere Angemessenheit bewährt hat. Sie wollte sich indessen mit dem theoretischen und socialen Beruf der grossen orientalischen Priesterthümer nicht begnügen, sondern auch unmittelbar die weltliche Herrschaft üben. Die mächtigen Priester Indiens und Aegyptens, auch die medischen Magier machten wohl gelegentlich einen Versuch sich der politischen Gewalt zu bemächtigen, beschieden sich aber regelmässig diese den Kriegern und Königen zu überlassen, und begnügten sich, sei es aus richtiger Einsicht oder gezwungen, mit dem religiösen und moralischen Einfluss auf die Lenker des Staates, die Priester Palästinas dagegen wollten eine reine Theokratie herstellen; Jehovah und seine Priester sollten regieren ohne Dazwischenkunft einer weltlichen Macht. Dem waren sie nicht gewachsen. Wie sehr sich auch der priesterliche Einfluss in den Angelegenheiten des täglichen Lebens geltend machen mochte, eine kräftige politische Gewalt zu organisiren war er nicht im Stande. Dem Mangel einer solchen ist es zuzuschreiben, dass das Volk trotz unverkennbarer Tüchtigkeit mehrere Jahrhunderte hindurch in ohnmächtiger Zersplitterung blieb und selbst von schwachen Nachbaren schwere Bedrängnisse erdulden musste, bis sich endlich unter dem Widerstreben der Priester ein weltliches Königthum erhob. Der Gedanke einer ausschliesslich hierarchischen Leitung im Namen Jehovahs und nach den Eingebungen des göttlichen Geistes gehörte ohne Zweifel dem mosaischen Priesterthum an, denn für eine einheitliche Gewalt neben ihm war weder Fürsorge getroffen, noch Raum in der theokratischen Verfassung. Bei der Auswanderung, bei den Kämpfen des Durchzuges und bei der Eroberung Palästinas war allerdings ein kräftiger Oberbefehl unumgänglich nothwendig, und diesen führte nach dem Tode des grossen Gesetzgebers der Natur der Sache gemäss nicht ein Priester, sondern der Feldherr, welcher schon unter Moses die kriegerischen Operationen geleitet hatte. Als aber der Eroberungskrieg vollendet und Josua gestorben war, fehlte eine zwingende Gewalt um die regelmässige Verbindung unter den einzelnen Stämmen zu erhalten; das Priesterthum war unfähig eine starke politische Autorität herzustellen, und hinderte das Emporkommen einer anderen.

Die erbliche Abschliessung der Priesterkaste gehört gewiss der ägyptischen oder der mosaischen Zeit an; denn wenn auch hier dieselben Gründe der weitläufigen priesterlichen Kunst und der nothwendigen Familientradition wie bei anderen Völkern für die Erblichkeit der Classe obwalteten, erscheint es doch kaum möglich, wenigstens gegen alle geschichtliche Analogie, dass sich in den anarchischen Zeiten, welche der Niederlassung in Kanaan folgten, bei der Kleinheit und Zerrissenheit der Stämme eine feste zusammenhängende Organisation der Priesterschaft gebildet hätte, und ausser der Tradition spricht die Zählung der Leviten als eines besonderen Stammes neben den übrigen, keineswegs nach ihrem Beruf gesonderten Stämmen für ihre Begründung in der uralten Zeit, in welche sich die Stammeintheilung des Volkes verlor. Wie in Aegypten zerfiel die Kaste auch hier, obwohl in der Mannichfaltigkeit ihrer Thätigkeit und im Reichthum der Bildung weit zurückstehend, in mehrere nach der Beziehung auf den Gottesdienst erblich gesonderte Unterabtheilungen, für deren strenge Einhaltung noch Hesekiel eifert. Die eigentlichen Priester und unter ihnen wieder die zum unmittelbaren Altardienste berufenen Geschlechter schieden sich von den übrigen Leviten, welchen die niederen Verrichtungen, die Bewachung der heiligen Orte und Geräthschaften, die Ausführung der heiligen Musik, Gesänge und Tänze oblagen. In der Sage der Wanderung erscheinen sie als die bewaffneten, streitbaren Wächter des Heiligthums und der Gesetze. An ihrer Spitze stand ebenfalls erblich der Hohepriester, der den hierarchischen Einigungspunkt nicht nur für das Priesterthum, sondern für das ganze Volk bilden sollte. Doch dürfen wir nur die Grundzüge der priesterlichen Organisation in das hohe Alterthum verlegen, ihre nähere Bestimmung und Durchbildung erfolgte ohne Zweifel allmälig und zum Theil erst sehr spät. In der älteren Zeit waren nicht einmal die eigentlichen Functionen des Priesterthums strenge auf die Leviten beschränkt; Gideon bringt auf Jehovahs ausdrückliches Geheiss persönlich ein Brandopfer, auch Sauls Vergehen besteht nicht sowohl darin, dass er selbst zu Gilgal opfert, als dass er gegen die erhaltene Weisung nicht auf Samuel wartet; David und Salomo nehmen priesterliche Verrichtungen vor; „und die Söhne Davids waren Priester", berichtet das erste Buch der Könige kurzweg. Als dagegen der König Usia im Tempel räuchern will, treten ihm die Priester entgegen, und er wird zur Strafe seiner Anmaassung aussätzig. De Wette nimmt sogar an, dass Samuel selbst kein Levit gewesen, das scheint mir indessen aus der Ueberlieferung keineswegs hervorzugehen und daher nicht wahrscheinlich. Das wichtigste Moment für die Sammlung der bis dahin zerstreuten Kräfte und die einheitliche Ausbildung des Priesterthums ward offenbar die Centralisirung des Gottesdienstes im Tempel zu Jerusalem, und mit richtiger Einsicht legte daher die hierarchische Gesetzgebung auf diese Concentration das grösste Gewicht. Nach alter Priestersitte verlegte sie die örtliche Einheit des Cultus schon in die mosaische Zeit; das Deuteronomium warnt, nicht an jedem beliebigen Orte zu opfern, sondern nur an dem einen, den der Herr erwählen werde, und im Leviticus wird der, welcher ein Opferthier nicht zum Altare der Stiftshütte bringt, gar mit dem Tode bedroht. Aber die Geschichte beweist, dass diese Satzung späten Ursprungs war. Die frömmsten Helden errichteten an verschiedenen Orten gelegentliche Altäre, und in der Richterzeit gab es eine Menge heiliger Orte, wie Silo, Nobe, Bethel, Gilgal, Mizpa, Hebron, Sichem, Beerscha, zum Theil durch Beziehungen auf die Patriarchenzeit verherrlicht. Da Samuel zu Ramath wohnte, richtete er dort wie an anderen altheiligen Orten das Volk, und bauete auch einen Altar daselbst. Und wie die Leviten im Lande zerstreut wohnten, so erhält sich auch der Gottesdienst lange nach dem Tempelbau an vielen Orten, auf Höhen und in heiligen Hainen. Selbst Hiskias frommer Eifer, der nicht einmal die eherne Schlange verschonte, das ägyptische Symbol der Heilkraft, welches auf Moses zurückgeführt, und dem bis dahin geräuchert ward, half nicht auf die Dauer, und erst Josia, unter dem in den letzten Zeiten des Staates das geschriebene Gesetz promulgirt wurde, brach für immer die Altäre ausserhalb Jerusalems. So sehr widerstand das Bedürfniss der Menschen ihren Gott und seine Heiligthümer nahe zu haben noch in dem kleinen Reiche Juda dem Einheitsstreben der strengen Priesterpartei.

LXVI.

Wie von der theologischen Anschauung alle Einrichtungen des Volkes auf die göttliche Offenbarung zurückgeführt wurden, beruhte ihr natürlich vor allen Dingen das Priesterthum und seine Ordnung auf der unmittelbaren Einsetzung Gottes. Die heilige Sage berichtete, wie in der mosaischen Zeit die Berufung des Stammes Levi von Jehovah verkündet, wiederholt durch Wunder und Zeichen bestätigt, durch den Gesetzeseifer und die Treue der Erwählten gerechtfertigt war. Die Priesterkaste galt statt der Erstgeburt im Volke, welcher die altsemitische Sitte eine hohe Bedeutung beilegte. Ihrer göttlichen Bevorzugung, ihrer besonderen Heiligkeit, ihrer hohen Bestimmung sollte ihr Ansehn und der Gehorsam entsprechen, welchen das Volk den Vertretern vor Gott, den Verkündern seines Willens und den Lehrern seiner Gesetze schuldete. Das Deuteronomium droht: „wo Jemand vermessen handeln würde, dass er dem Priester nicht gehorchte, der in des Herrn deines Gottes Amt stehet, der soll sterben", und warnt: „hüte dich, dass du den Leviten nicht verlässest, so lange du lebest auf Erden". Dem Unterhalte der contemplativen Classe wird in den Gesetzen eifrige Fürsorge gewidmet. Um ihr die Musse für ihren geistlichen und theoretischen Beruf zu gewähren war ihr der Ackerbau untersagt, ein geschlossenes Stammgebiet konnte sie ohnehin nicht besitzen, da ihre Mitglieder im Lande vertheilt wohnen mussten. Dagegen durften sie Viehheerden halten und dazu Land besitzen. Die acht und vierzig Levitenstädte, welche im Numerus angeordnet und im Buche Josua aufgezählt werden, gehören wahrscheinlich zu den Fabeln der priesterlichen Gesetzgebung, welche überall das Wünschenswerthe als altes und dereinst ausgeführtes Recht hinzustellen pflegt; denn weiter ist in der Geschichte nicht von diesen Städten die Rede, selbst das hochlevttische Deuteronomium weiss nichts davon, und die Leviten wohnten jedenfalls ebenso gut an anderen Orten. Hauptsächlich waren sie zu ihrem und des Gottesdienstes Unterhalte auf Geschenke und Abgaben angewiesen. Sie erhielten einen Antheil von allen Privatopfern, wahrscheinlich regelmässig einen Theil der Kriegsbeute, wobei ihre Leibeigenen besonders erwähnt werden. Mehrere Erzählungen beweisen, dass für Orakelertheilungen Geschenke gegeben zu werden pflegten. Wenn sich dreimal im Jahre an den hohen Festen jeder Israelit vor Jehovah gestellen soll, wird geboten, „er soll aber nicht leer vor dem Herrn erscheinen". Vorzüglich nahmen sie als Stellvertreter Gottes, dem alle Erstgeburt heilig war, die Erstlinge von Früchten und Thieren, oder statt derselben ein Lösegeld, und ausserdem gleich den ägyptischen und iranischen Priestern den Zehnten in Anspruch, nach einigen Stellen vom Getreide, Wein und Obst, nach anderen auch von Vieh. Indessen scheint die Entrichtung dieser schweren Steuern keineswegs strenge durchgesetzt worden zu sein, das Deuteronomium stellt sie fast bittweise als Liebespflicht und Gabe der Dankbarkeit dar, und ermahnt sie, wenn in zwei Jahren nicht abgeführt, wenigstens im dritten richtig darzubringen; selbst in der gesetzeifrigen Zeit nach dem Exil musste noch stark um den Zehnten gemahnt werden. Das Bezahlen war auch für die Frömmigkeit des Alterthums eine harte Probe. In den unruhigen Zeiten der Richter stand es wahrscheinlich um die Bildung und die Subsistenz der Leviten gleich schlecht; wir sehen sie brodsuchend im Lande umherziehen und selbst Privatdienste bei den Familiengöttern annehmen, die erst in der spätesten königlichen Zeit ganz beseitigt werden konnten. Bei ihren Vorrechten war die Kaste dann auch besonders strengen Regeln unterworfen. Ein Priester soll keine Entehrte oder Geschiedene heirathen, der Hohepriester auch keine Wittwe. Eines Priesters Tochter, die sich einem liederlichen Lebenswandel ergiebt, wird verbrannt.

Das Alterthum machte vollen Ernst mit seiner religiösen Theorie. So wenig es sich darauf beschränkte für den Verlauf der Naturerscheinungen nur die allgemeinen Gesetze durch die Gottheit feststellen zu lassen, vielmehr deren andauernde und augenblickliche Einwirkungen in jenen Begebenheiten voraussetzte, so begnügte es sich auch nicht für das menschliche Leben die leitenden Grundsätze auf den göttlichen Willen zurückzuführen, sondern verlangte von Gott und seinen Dienern specielle Offenbarungen und Anweisungen in den einzelnen Ereignissen des öffentlichen, wie des individuellen Daseins. Nicht der eigenen Klugheit oder Voraussicht vertrauend, erwartete man in grossen wie in kleinen Dingen Rath und Aufschluss aus übernatürlicher Quelle. Das war überall der Ursprung der Orakel, wie verschieden sich auch die Formen gestalten mochten. Priester und Seher wurden nicht als blos menschliche Rathgeber betrachtet, sondern als Vermittler göttlicher Offenbarungen, und in der religiösen Gewissheit, dass ihr Denken und Handeln Gottes Thun sei, erschienen ihnen ohne Zweifel häufig die eigenen Rathschläge und Zukunftschauungen als Eingebungen des göttlichen Geistes. Bei den Hebräern sehen wir bis auf David die Orakel, das Fragen des Herrn, in beständigem Gebrauch, bei nationalen Unternehmungen sowohl, als bei persönlichen Angelegenheiten. Saul wendet sich an Samuel um zu erfahren, wohin sich die verlornen Esel verlaufen, David fragt, ehe er König wird, häufig den Herrn, „soll ich hingehen und diese Philister schlagen", und dergleichen mehr. Eine Art des Orakels ist auch das Gottesurtheil, dem sich die verdächtige Frau durch Annahme des priesterlich verfluchten Tranks unterwerfen musste. In der späteren Zeit kamen die eigentlichen Orakel wenigstens bei öffentlichen Angelegenheiten mehr und mehr ausser Gebrauch; da die Könige wahrscheinlich priesterliche Entscheidungen mieden, an welche sie dann gebunden gewesen wären, wurden sie durch die Propheten ersetzt, welche ohne bestimmte Formen ihre Weisungen gaben, zwar im Namen Gottes sprachen, aber nach ihrem persönlichen Ansehn gehört wurden oder nicht, oft genug entgegengesetzte Standpunkte und Rathschläge geltend machten, und sich dann gegenseitig als falsche Propheten verwarfen. Als Orakel wurden Träume, namentlich an heiligen Orten, besonders aber das Loos gebraucht. Das Loos war auch als weltliches Entscheidungsmittel in Uebung; „es stillt den Hader, und scheidet zwischen den Mächtigen — heisst es in den Sprüchwörtern — aber es fällt, wie der Herr will". Als eigentliches Orakel konnte es von jedem Priester angewendet werden, der hinlängliche Autorität besass. Er trug dabei einen kurzen Ueberwurf, das Schulterkleid (Leibrock bei Luther) mit einer Tasche, in welcher sich die Loose befanden. Dies ist das wesentliche Stück; „bringe das Schulterkleid her", spricht David zu dem Priester Abjatar, da er in grosser Bekümmerniss den Herrn fragen will. Auch die Bilder der Hausgötter wurden nach der Geschichte des Micha damit bekleidet. Das feierlichste Orakel ertheilte der Hohepriester an der Bundeslade, „der Lade der Offenbarung", wie sie gewiss nicht blos wegen der darin enthaltenen Gesetzestafeln, sondern auch wegen der bei ihr gesuchten Weisungen hiess. Die Tasche seines Schulterkleides war mit zwölf Edelsteinen besetzt, welche die zwölf Stämme darstellten; darin lagen die heiligen Loose, zwei Steinchen oder andere Figürchen, Urim und Tumim, nach der Uebersetzung der Septuaginta Offenbarung und Wahrheit*), von Luther Licht und Recht ge-

---

*) δήλωσις καὶ ἀλήθεια.

nannt. Zwei Loose genügten, da nach den biblischen Beispielen die Antworten Jehovahs auf die vorgelegten Fragen fast immer einfach bejahend oder verneinend lauteten. Eine zuweilen vorkommende, nähere Anweisung mag der Orakelgeber nach seinem Ermessen beigefügt haben. Wenn es auf die Bezeichnung von Namen ankam, scheint über die einzelnen das Loos geworfen zu sein. So bringt Samuel bei der Königswahl die Stämme herzu, und das Loos, also das Ja, trifft den Stamm Benjamin, das Geschlecht Matre, endlich Saul, den Samuel schon vorher gesalbt hatte. Aehnlich wird erst die königliche Familie, dann Jonathan getroffen, als er unwissend Sauls Gelübde übertreten hat. So wird im Buche Josua Achan ausgeloost, im Buch der Richter der Stamm Juda zur Kriegführung erwählt, woran das Loos sehr weise that, da es der zahlreichste und kriegerischste Stamm war. Durch schlechten Erfolg eines erhaltenen Orakelspruchs liess man sich übrigens hier so wenig, wie bei anderen Völkern irre machen, man suchte die Schuld dann wohl an sich; bei dem Kriege gegen den Stamm Benjamin erlitten die übrigen Stämme trotz der eingeholten Weisungen Gottes zweimal grosse Niederlagen, aber sie wendeten sich zum dritten Mal mit Fasten und Opfern an das hohepriesterliche Orakel, erhielten wieder den Befehl hinaufzuziehen, und blieben endlich Sieger. Wahrscheinlich wurde das Loos unter bestimmten Gebräuchen und Verrichtungen geworfen, und mancherlei Vorzeichen oder böser Wille konnten seine Anwendung hindern. Als Saul nach dem Blutbade von Nobe mit den Priestern unheilbar zerfallen war, da antwortete ihm der Herr nicht mehr „weder durch Träume, noch durch Urim, noch durch Propheten", und er wendete sich verzweifelnd an die Todtenbeschwörerin, obwohl er selbst die illegitime Zauberei und Wahrsagung früher strenge verfolgt hatte. Dem Volke genügten die priesterlichen Orakel so wenig wie der einige Gott; trotz des heftigen Eifers des Gesetzes, trotz angedrohter Todesstrafe, trotz wiederholter blutiger Verfolgungen erhielten sich Zeichendeuter, Tagwähler, Weissager, Beschwörer,

Zauberer neben dem Dienste fremder Götter fast beständig im Lande, und erst Josia „fegte aus alle Wahrsager, Zeichendeuter, Bilder und Götzen, und alle Gräuel im Lande Juda."

LXVII.

Wenn nun die Kräfte der contemplativen Classe durch die vielfachen Ritualien und gottesdienstlichen Verrichtungen auf der einen, durch die beständige Hineinziehung in die Einzelheiten des täglichen Lebens auf der andern Seite in hohem Maasse in Anspruch genommen wurden, so waren das die Formen und Bedingungen, unter denen allein sie in jenen Zeiten ihren höheren Beruf die allgemeinen Grundsätze des Denkens und Handelns aufzustellen erfüllen konnte, und darin wie in den übrigen für das Leben wesentlichen Dingen war der hebräische Monotheismus von dem Polytheismus anderer Völker durchaus nicht verschieden. Die Aeusserlichkeiten eines weitläufigen Cultus und die Beschäftigung mit persönlichen Anliegen konnten nicht entbehrt werden, aber wie sehr diese namentlich in Zeiten der Verwilderung den geistigen Beruf überwuchern mochten, wenigstens in der Theorie ward die wahre sociale Bestimmung des Priesterthums eine einigende Glaubenslehre, Recht und Sitte für das Volk auszubilden und in dem Volke zu erhalten nie vergessen. Die Priester sollen „unterscheiden, was heilig und unheilig, was rein und unrein ist, und die Kinder Israels lehren alle Rechte, die der Herr durch Moses geredet." Und darum wird geboten: „nach dem Gesetze, das sie dich lehren, und nach dem Recht, das sie dir sagen, sollst du dich halten, dass du von demselben nicht abweichest, weder zur Rechten noch zur Linken." Nach der hierarchischen Theorie, die nur im Alten das Heilige fand, kam es allerdings nur auf das Erhalten an, Moses sollte das ganze Gesetz den Priestern, den Kindern Levis, gegeben und geboten haben: „ihr sollt nichts dazu thun, und sollt nichts davon thun", in Wahrheit folgte die Gestaltung der Dogmen und Gesetze den fortschreitenden Bedürfnissen des entwickelteren Lebens und der vertieften Speculation; hin und wieder erkennen es die heiligen Schriften ausdrücklich an, und die überlieferten Thatsachen bezeugen es auf allen Blättern der Geschichte, dass die Einrichtungen und Vorschriften der hebräischen Theokratie erst sehr allmälig und sehr spät die Ausbildung erhielten, welche sie im Pentateuch gefunden haben. Die Priesterkaste war sogar dieser ihr übertragenen Ausbildung und Durchführung des Gesetzes offenbar nicht gewachsen. Wenn der Mangel einer zwingenden Gewalt, die schlechte politische Organisation des Volkes, die Vereinzelung der Stämme und der Leviten selbst ihrer Wirksamkeit im Grossen hindernd entgegenstehen musste, ist daneben nicht zu verkennen, dass eine geschlossene Kaste überhaupt wegen der Neigung zur Trägheit und Stagnation viele Kräfte consumirt, dass sie um günstige Chancen für das Aufkommen strebsamer, productiver Geister zu bieten zahlreich sein muss, dass sie daher nur in grossen, zusammenhängenden Ländern ihre volle, bildende Macht entfaltet, ja fast nur in solchen ihre feste Gestaltung erreicht hat, und dass die Israeliten vielleicht das kleinste Volk waren, in welchem sich, und zwar nicht ganz spontan, sondern unter der Einwirkung eines fremden Vorbildes eine wirkliche Priesterkaste gebildet hat. Dies erklärt es, dass die Sache da war, aber nicht ausreichte, dass daher neben der Kaste noch eine andere geistige Macht nothwendig wurde, um das theokratische System zu vollenden. Diese fand sich in den Propheten. In der Richterzeit werden Propheten selten, ohne grosse Bedeutung, meist nicht einmal mit Namen erwähnt, indessen kamen sie doch vor, und es erhielt sich der Glaube, dass Gott sich auch ausserhalb des Stammes Levi offenbaren, dass auch Andere in seinem Namen reden könnten. Erst am Schlusse der Periode empfing das Prophetenthum einen mächtigen Impuls. Samuel, die hervorragendste Persönlichkeit seit Moses, scheint mit grossem und freiem Blick erkannt zu haben, dass die Leviten in ihrer Zerstreuung, mit der blossen Familienunterweisung, bei geringer

Regsamkeit und häufiger Zuchtlosigkeit ihrer Aufgabe nicht genügten. Er zog zu einer neuen Organisation neue Kräfte herbei, indem er ohne Rücksicht auf die Herkunft die Prophetenschulen stiftete. Es befanden sich ohne Zweifel viele Leviten darunter, zugleich Priester und Propheten, wie wir noch unter den späten schriftstellernden Propheten häufig Leviten begegnen, so Jeremia und Hesekiel, aber diese Verbindung war keineswegs nothwendig; Jeder aus dem Volke, der für berufen gehalten wurde, oder sich für berufen hielt, konnte unter die Propheten aufgenommen, jede bedeutende Kraft zu ihnen gezählt werden. Selbstverständlich hatte nicht Jeder, der als Prophet auftrat, oder aus den Schulen hervorging, persönliches Ansehn, galt nicht Jeder als gleichmässig erfüllt vom göttlichen Geiste; schon zu Sauls Zeit ist von Prophetenhaufen die Rede, und in der späteren Geschichte werden neben den grossen namhaften andere in Menge erwähnt; es wird nicht selten über Verachtung der Propheten und lautes Reden wider sie geklagt, aber auch vielen von ihnen vorgeworfen, dass ihre Rathschläge falsch, oder durch das Wohlgefallen der Mächtigen bestimmt worden. „Die Propheten sind Wäscher", donnert Jeremia. Einige lebten an den Höfen der Könige, andere in den Schulen vereinigt, andere im Lande zerstreuct, zum Theil als Einsiedler. Die ascetische Lebensart, die Eigenthumslosigkeit, der einfache grobe Mantel, wodurch sie einige Aehnlichkeit mit den Bettelmönchen erhalten, waren nicht nothwendig, scheinen jedoch in der späteren Zeit häufige Zuthaten gewesen zu sein. Ihr wesentlicher Beruf war nicht auf ein beschauliches Leben, sondern auf eine praktische Wirksamkeit gerichtet, und dafür war die einheitliche Leitung und Bildung der Kräfte die Hauptbedingung. In den Schulen wurde der richtige Glaube und der richtige Gottesdienst, liturgische Gebräuche, Gesänge und Musik, Recht und Sitte gelehrt, wie dies alles im unzertrennlichen Zusammenhange mit der allbeherrschenden religiösen Anschauung stand. Keine zu gewagte Hypothese ist die Annahme, dass die ältesten Sammlungen und umfangreicheren Bearbeitungen der Volkssagen und der Einrichtungen und Gesetze, welche aus der Vorzeit überliefert oder ihr zugeschrieben wurden, diesen Schulen angehörten, dass von dem in ihnen vermittelten, einheitlichen Zusammenwirken der geistigen Kräfte die systematische Ausbildung und die mehr oder weniger gelungene praktische Durchführung dessen, was später als mosaisches Gesetz bezeichnet wurde, wenigstens in seinen Grundzügen herrührte. Wenn auch einzelne Aufzeichnungen von Gesetzen und Liedern in das hohe Alterthum hinaufreichten, scheint doch eine umfassende Gesetzgebung in der anarchischen Richterzeit weder möglich, noch sind Spuren davon vorhanden, dagegen müssen Vorarbeiten und Bruchstücke des Pentateuchs in die Zeiten Samuels und der ersten Könige gesetzt werden. Von Samuel selbst wird berichtet, er habe die Rechte des Königreichs festgestellt, in ein Buch geschrieben und vor dem Herrn niedergelegt, allerdings überflüssig, wenn damals schon die Bücher Moses und ihre angeblich vorsorglichen Bestimmungen über das nicht sein sollende Königthum vorhanden gewesen wären. Nur das Ansehn einer zahlreichen, vereinigt und fortgesetzt auf das Volksleben wirkenden Körperschaft erklärt die Durchsetzung zusammenhängender Einrichtungen und Gesetze ohne eine zwingende, gesetzgebende Gewalt. Wie mächtig Einzelne in solchen Körperschaften anregen, oder aus ihnen heraus handeln mögen, vereinzelt reichen weder die Kräfte zum Ersinnen, noch die Autorität zum Einführen eines grossen Systems aus. Endlich lässt sich auch nur von diesen ersten Zeiten der Schulen die wiederholte Angabe heiliger Schriften begreifen, dass Jehovah seine Gesetze durch die Propheten gegeben habe. Denn die einzelnen, in der späteren Geschichte hervortretenden Propheten, selbst die gewaltigsten und berühmtesten, sehen wir für das bestehende Gesetz eifern, vor allem für den einigen Gott gegen fremde Dienste kämpfen, in besonderen Fällen lehren, warnen und strafen, den Willen ihres Gottes verkünden, oder in seinem Namen politische Rathschläge ertheilen, aber von einer Aufstellung allgemeiner Gesetze durch sie ist nirgends die Rede.

LXVIII.

Die fortbildende, über die vorhandene Offenbarung hinausgehende Macht des Prophetenthums musste nach dem natürlichen Verlaufe der Dinge zum Stillstande kommen, und der erhaltenden, nicht mehr auf das Schaffen, sondern auf das Anwenden der Gesetze gerichteten Thätigkeit weichen, als die religiösen und bürgerlichen Satzungen in den wesentlichen Punkten zum Abschluss gebracht, der idealen Theorie entsprechend ausgearbeitet waren, und sich nun mehr und mehr die Anschauung bildete, dass das ganze durch die Arbeiten der Priester und Propheten gewonnene System, wenn nicht der Form, so doch seinem wahren Inhalte nach einer einmaligen, alten, unabänderlich gültigen Offenbarung seinen Ursprung und zugleich seine Vollendung verdankte. Seitdem waren für das Allgemeine der Theorie und der gesellschaftlichen Ordnung nicht mehr besondere, gotterfüllte Geister vonnöthen um Neues zu schaffen, sondern nur treue Ausleger und Hüter der Gesetze um das Alte zu bewahren oder wieder herzustellen. Geistliche Offenbarungen galten nur noch den einzelnen Erscheinungen des Lebens, nicht mehr seiner Gestaltung im Grossen. Trat mit der Vollendung grösserer Gesetzeswerke, die wir den ersten Zeiten der Prophetenschulen zuschreiben müssen, die Stabilität ein, welche den Ordnungen geistlicher Gewalten eigenthümlich ist, so musste von aussen auch die Theilung des Staates die fortbildende Kraft des Prophetenthums hemmen. In dem Reiche der zehn Stämme wurden die Grundlagen der Jehovah-Religion in Frage gestellt, die Propheten mussten für die ersten Sätze ihres Glaubens streiten, die Leviten wanderten schon aus, als Jerobeam, obwohl noch am Monotheismus festhaltend, den Bilderdienst sanctionirte, die Verbindung mit dem Tempel in Jerusalem abbrach, und nichtlevitische Priester bei den Altären anstellte, von einer Aufrechthaltung oder Weiterbildung der in ihrem Grunde erschütterten hierarchischen Gesetzgebung konnte hier nicht die Rede sein. In dem kleinen Reiche trat seit der Theilung das zusammengedrängte und durch den Cultus des Tempels concentrirte Priesterthum bei den Bestrebungen um das Gesetz entschieden in den Vordergrund. Die Propheten erscheinen als politische Rathgeber, eifern für und wider einzelne Maassregeln, wenden sich endlich mehr und mehr vom praktischen Leben ab, und richten, an der Gegenwart verweifelnd, ihre Hoffnungen und Verheissungen auf eine vollendete Zukunft.

Einen entscheidenden Wendepunkt in der Behandlung und Gestaltung des Rechts bildete die Verkündung der theokratischen Satzungen als bürgerlichen Gesetzes durch die weltliche Gewalt. Unter dem Könige Josia, etwa vierzig Jahre vor dem Untergange des Reiches brachte der Hohepriester Hilkia ein angeblich altes, im Tempel gefundenes Gesetzbuch zum Vorschein, welches vom König anerkannt und feierlich promulgirt wurde. Wahrscheinlich war es der Pentateuch ungefähr in seiner jetzigen Gestalt, in seinen übrigen Theilen meist aus älteren Ausarbeitungen entnommen, und um das Deuteronomium vermehrt, welches nach speciellen geschichtlichen Beziehungen und nach manchen Festsetzungen, die, der früheren Geschichte unbekannt, erst jetzt geltend gemacht wurden, nicht lange vor dieser Zeit abgefasst sein kann. Ewald schlägt zur Rechtfertigung der frommen Priester ein Mährchen vor: es sei eine Privatarbeit gewesen, eine Abschrift durch Zufall in den Tempel gekommen, dort von dem arglosen Hohenpriester gefunden, für alt und ächt gehalten, und in gutem Glauben zur öffentlichen Anerkennung gebracht worden. Ohne Zweifel haben Hilkia und seine Priester in gutem Glauben gehandelt, in dem Glauben, dass sie ein grosses heiliges Werk vollbrächten, und thäten ihrem Gotte einen Dienst daran. Mehr anzunehmen ist überflüssig. An die rücksichtslose Durchsetzung dessen, was das nationale und religiöse Interesse gebot, war das Alterthum vollständig gewöhnt, und wir müssen bei der sittlichen Würdigung der

Menschen und ihrer Thaten die Anschauungen zu Rathe ziehen, unter deren Herrschaft allgemein gehandelt wurde. In grossen Fragen der Politik galten die Regeln der gewöhnlichen Moral bei den Priestern so wenig wie bei den Kriegern. Wer den Zweck billigte, nahm an den Mitteln wenig Anstoss. Nur die Gegner beklagten sich über Gewalt oder Betrug. Aber wer waren die Gegner? „Verflucht sei, wer nicht alle Worte dieses Gesetzes erfüllt; und alles Volk soll sagen: Amen." Die Priester, welche in der Geschichte des Moses lehrten, wie die Wahrheit mit Feuer und Schwert zu vertheidigen, welche den Diebstahl an den ägyptischen Nachbaren von Gott selbst gebieten, welche ihm die Herzen seiner Feinde verstocken liessen um seine Furchtbarkeit an ihnen zu offenbaren, welche den Meuchelmord Ehuds priesen, und kein Bedenken trugen ihre Königin vor dem Heiligthum zu ermorden um einen gottwohlgefälligen Herrscher auf den Thron zu heben, die sollten sich gescheuet haben ein Werk, dessen Inhalt ihnen der ewige Wille ihres Gottes war, auch seiner Form nach für eine That des Alterthums zu erklären? Es war diesen heiligen Männern ein furchtbarer Ernst. Machiavelli vergleicht den hebräischen Propheten mit dem Florentiner; Savonarola predigte gegen die, welche seinen Einrichtungen widerstrebten, Moses tödtete sie, und Jener ging zu Grunde, Dieser setzte seine Entwürfe durch. Leo — ehe er orthodox ward — stellte die jüdische Theokratie mit der Schreckensherrschaft des französischen Convents zusammen. Wo der Enthusiasmus einer heiligen Sache die Politik leitet, da können schlimme Dinge mit gutem Gewissen vollbracht werden. Vollends mit der Wahrheit der äusseren Erscheinungen nahmen es die Priester in kritiklosen, des historischen Sinnes ermangelnden Zeiten niemals genau, wo es sich um die Erreichung heiliger Zwecke handelte. Gewöhnt an mehr oder minder bewusstes falsches Spiel durch ihre Orakel und durch die Sitte Resultate des eigenen Denkens für unmittelbare göttliche Offenbarung zu erklären, galt die Lehre vom frommen Betruge zur grösseren Ehre Gottes

den Männern nicht für verwerflich die in der Privatmoral
mit ernstestem Sinn auf Ehrlichkeit und Redlichkeit drangen.
Die Unterschiebung von Büchern und Gesetzen war sehr allgemein, bis die Kritik lehrte sich dagegen zu schützen. Wir
sehen, wie im Mittelalter christliche Priester ganze Sammlungen falscher Decretalen fabricirten, und im vollen Bewusstsein der Unächtheit als altes Kirchenrecht zur Geltung
brachten; wir brauchen für die hebräischen keine Ausnahme
zu machen. Sie erkannten die Nothwendigkeit endlich zu
einem festen Abschluss zu gelangen, zu einem authentischen
Werke, in welchem die Weisheit der Jahrhunderte niedergelegt und für alle Zukunft festgestellt war. Wer durfte
aufstehn und sagen: das ist mein Volk, das soll gelten?
Hilkia liess sein Buch nicht vom Himmel fallen, nicht vom
heiligen Geist dictiren, gab es nicht für ein Werk des Moses
aus, nahm keine Offenbarung für sich in Anspruch, er
schickte es dem Könige einfach als „das Gesetzbuch", alt,
ehrwürdig, verloren und wiedergefunden. Es war das wenigste, was geschehen konnte, um ihm die nöthige Autorität
zu gewinnen. Zunächst wurde der Gottesdienst nach dem
feierlich verkündeten Gesetz reformirt. Josia verfuhr nicht
sanft dabei; er liess die nichtlevitischen Jehovahpriester in
den Städten Samarias auf den eigenen Altären verbrennen
um die geweihten Orte ausserhalb des Tempels zu entheiligen. Dafür wird ihm das Zeugniss gegeben, dass weder vor
ihm, noch nach ihm seines Gleichen unter den Königen gewesen, der so nach allem Gesetz Moses gethan hätte. Freilich in dieser Weise war das Gesetz des Moses vor ihm gar
nicht vorhanden. Ein gewaltiger Erfolg hat die priesterliche
Weisheit gerechtfertigt. Wir können wohl fragen, ob der
hebräische Monotheismus die Zerstörung des Staates überdauert haben würde, ob nicht die Verbannten aus Juda
gleich denen aus Israel unter den Völkern des Ostens verschwunden wären, wenn nicht in den letzten Zeiten der
Selbständigkeit dieser mächtige Eifer für das religiöse Gesetz
erweckt wäre, und seinen festen Halt in dem grossen Werke

gefunden hätte, welches die Zerstreuten und die Zurückkehrenden in der Religion und Sitte ihrer Väter vereinigte. Nicht als ob das heilige Buch gar viel des Neuen gebracht hätte; es enthielt ohne Zweifel, wie jede umfassende, den wahren Bedürfnissen der Gesellschaft entsprechende Gesetzgebung, und namentlich eine solche, die sich als alt und längst vorhanden darstellen will, in seinen Hauptbestandtheilen nur, was seit langer Zeit in der Praxis geübt, oder wenigstens von der strengeren Theorie gefordert war; aber es gab ein geschlossenes, anerkanntes System, es gab den Buchstaben, an dem sich nichts rauben lässt, es stellte eine unwandelbare Richtschnur für den Glauben und das Handeln der Zukunft hin. Der Bestand des Reiches nach der Abfassung des Gesetzes war zu kurz, als dass es hier noch einen wesentlichen Einfluss auf die Gestaltung des Lebens hätte üben können. Im Exil ward es der Hort der patriotischen und religiösen Hoffnungen, und nach demselben die unverrückbare Grundlage aller Speculationen und aller Satzungen. Für neue Offenbarungen von tiefgreifendem Interesse, von allgemeiner socialer Bedeutung war kein Raum mehr. Selbst der grosse Prophet, welcher dereinst erscheinen und das Reich Gottes aufrichten sollte, wurde nicht erwartet das Gesetz zu ändern oder aufzulösen, sondern zu erfüllen. Das Prophetenthum, seines höchsten Berufes neue Wahrheiten zu verkünden beraubt, verstummte daher allmälig. Wer jetzt Rath ertheilte, öffentlich redete, dichtete oder schrieb, wagte sich wohl im Angedenken an die alten wunderthätigen, im Lichte der verklärten Vergangenheit strahlenden Propheten nicht mehr einen Mann Gottes zu nennen, wenn auch noch Schriften als prophetische recipirt wurden. Die höchste Thätigkeit der contemplativen Classe, die Lehre der Religion und des Gesetzes, die theoretische Bearbeitung, die trotz alles religiösen Leugnens nie zu umgehende Umbildung und Weiterbildung derselben, liess sich, wie vor dem Exil, nicht auf das eigentliche Priesterthum beschränken, um so weniger, je eifriger sich die wiederhergestellte Gemeinde durchweg um ihre heilige Lehre bekümmerte und bemühte. Es bildete sich zu diesem Behufe wieder ein eigener Stand, dem Prophetenthum und seinen Schulen zu vergleichen; aber seine Mitglieder hiessen nicht mehr Propheten, sondern Schriftgelehrte. Der Name entsprach der veränderten Stellung zum Gesetz. Die Schrift war jetzt die gegebene Norm und Quelle aller Wahrheit. Es war nichts Neues mehr zu verkünden, sondern nur das Alte zu erforschen, zu begreifen und zu lehren. Dazu bedurfte es keiner prophetischen Offenbarung, es genügte gelehrter Scharfsinn und emsige Forschung. Wo in der That Veraltetes beseitigt, oder neue Satzungen aufgestellt wurden, da geschah es durch Entwicklungen oder Combinationen aus dem Vorhandenen, wie willkürlich sie auch sein mochten. Endlich ging die Scheu vor unheiliger Selbstthätigkeit so weit, dass man nicht einmal Folgerungen aus der alten Offenbarung als solche anerkennen wollte, sondern alle späteren Satzungen gleich der Schrift selbst als mündliche Tradition auf Moses zurückführte. Eine anerkannte gesetzgebende Gewalt gab es im hebräischen Staate zu keiner Zeit; was bald mit Absicht, bald unbewusst hinzugethan oder umgebildet wurde, das galt gleich dem Alten nur, insofern es als göttliches Recht betrachtet ward.

LXIX.

Die Gesetzgebung des Pentateuchs stimmt wesentlich mit den bekannten Gssetzbüchern überein, welche bei anderen Völkern aus priesterlichen Händen hervorgingen, dem Inhalte nach, insofern sie ungesondert Religion, Sittenlehre, öffentliches und bürgerliches Recht, Cultus und Ceremoniell umfasste, der Form nach, insofern sie Alles gleichmässig aus dem Willen Gottes, seiner besonderen, 'ausdrücklichen Festsetzung herleitete. Jehovah hatte in seiner Machtvollkommenheit die Bedingungen hingestellt, unter denen Israel sein Volk sein sollte. Er ist die alleinige Quelle des Rechts und der Sitte; es giebt keinen Begriff und keinen Grund dafür als sein Gebot; er will nicht, was gut ist, sondern was er will, ist gut. Die allgemeinen Sittengebote „du sollst deinen Nächsten lieben — ihr sollt nicht fälschlich handeln unter einander — ihr sollt nicht falsch schwören" werden ebenso wie die unbedeutenden Vorschriften den Bart nicht ganz abzuscheeren, oder keine Buchstaben an sich einzuritzen begründet: „denn ich bin der Herr". Und Uebertretungen geringfügiger Reinigungs- oder Speise-Gesetze, Zuwiderhandlungen wie wenn ein Mann ein Frauenkleid anzieht, werden nicht minder als die grössten Laster oder Unsittlichkeiten verboten: „denn solches ist dem Herrn ein Gräuel". Es ist eben Alles von Gott geordnet, von der Religion durchdrungen, religiös geheiligt und religiös bedeutsam; alle Handlungen und Verhältnisse des täglichen Lebens sind mit religiösen Anforderungen und Ceremonien in Verbindung gesetzt. Dass dadurch die Priester einen grossen Einfluss auf das häusliche wie das öffentliche Leben erhielten, und dass sie ihre Satzungen auch in diesem Interesse zur Befriedigung ihres Ehrgeizes oder ihrer Habsucht anwendeten, lässt sich nicht bezweifeln, aber wir dürfen nimmer annehmen, dass Dogmen und Gesetze zu solchen Zwecken gebildet wurden. Wenn sich auch der praktische Instinct, die richtige Einsicht und das richtige Gefühl für das äusserlich Nothwendige mit dem religiösen Glauben verband, und wenn nur dadurch ihre Satzungen Stärke und Dauer gewannen, so handelte doch die geistliche Macht in der unbedingten Ueberzeugung von der göttlichen Nothwendigkeit ihrer Ordnungen. Die religiöse Anschauung, welche die einzige Form des Idealismus und seine Vermittlerin mit den reellen Erscheinungen des Lebens war, gab die Sicherheit, dass ihre Eingebungen von Gott herrührten, und darum auch die Nothwendigkeit sie als Gebot Gottes unantastbar zu erhalten. Nicht in kleinlichen Nebenabsichten waren diese Ordnungen aufgestellt, sondern in dem frommen Eifer eine heilige Gemeinde, ein priesterliches Volk des Herrn zu bilden. Dieser Aufgabe sollte das Gesetz entsprechen. In dieser Gesinnung jauchzt das Deuteronomium bei Betrachtung des nun vollendeten, grossen Werkes in rührender

Freude auf: „Heil dir, Israel, wer ist dir gleich? o Volk, das du durch den Herrn seelig wirst. Und wo ist ein so herrliches Volk, das so gerechte Sitten und Gebote habe, als alles dies Gesetz, das ich euch heute vorlege." Ihr sollt heilige Leute vor mir sein, hatte Jehovah gesprochen, oder: ihr sollt heilig sein, denn ich bin heilig. Dazu ward viel gefordert. Die alten Götter machten strenge Ansprüche an die Ihrigen. Da war nichts gross oder klein. Um ihren Zorn zu besänftigen oder ihre Gnade zu sichern waren äusserliche Gebräuche und Ritualien ebenso wesentlich wie die höchsten Gebote der Moral oder des Rechts, ohne welche keine menschliche Gesellschaft bestehen kann. Und wir müssen anerkennen, dass die feste, Alles begreifende Regelung, wie kleinlich, absurd, oft sogar störend und hindernd sie im Einzelnen auftreten mochte, ein förderndes und nothwendiges Mittel der geistlichen Gewalten war um rohe Massen an Zucht und Sitte und ein geordnetes, fortschrittsfähiges Leben zu gewähren. Auch der hebräische Gott verschmähte es nicht sich um Kleiderstoffe und Kochgeschirre zu bekümmern. Die Folgen der Uebertretung sind die gleichen; nach Gesetz und Beispiel sollten Verstösse gegen ein Ritualgesetz so hart geahndet werden wie Todsünden. Die Söhne Ahrons werden vom heiligen Feuer verzehrt, weil sie mit fremdem Feuer zum Altare traten; der Unglückliche, der am Sabbat Holz sammelt, muss sterben, wie der nichtlevitische Mann, der in guter Absicht die Bundeslade anrührt um den drohenden Sturz abzuwenden. Zuweilen bildet die Strenge der Formgesetze einen auffallenden Gegensatz mit der Milde bei groben Vergehen; wer eine vorgeschriebene Reinigung nicht vornimmt, „dess Seele soll ausgerottet werden aus der Gemeinde"; dagegen wird ein falscher Eid neben Erstattung des widerrechtlich dadurch Gewonnenen mit einem blossen Opfer gebüsst. Am sorgfältigsten und umständlichsten regelt die Hierarchie, was Religion und Cultus betrifft; daher die zahlreichen und genauen Festsetzungen über das Haus des Herrn und seine Geräthschaften, die priesterlichen

Verrichtungen, liturgische Gebräuche, Feste und Opfer. Es gab Opfer mannichfacher Art, Schuldopfer, Reinigungsopfer, Dankopfer, Brandopfer, Speiseopfer, Trankopfer, mit verschiedenem Ceremoniell. Unmittelbar an den eigentlichen Gottesdienst schlossen sich die Reinigungsgesetze, welche, schon im Pentateuch sehr minutiös, in der Folgezeit eine endlose Vermehrung erhalten haben um die gottgefällige Reinheit des äusseren Lebens zu sichern oder wiederherzustellen; denn behaupten liess sie sich mit der grössten Sorgfalt nicht immer. Manche Krankheiten, unvermeidliche Zustände, Zufälligkeiten, jede Berührung eines Todten oder unreiner Gegenstände machten unrein. Reinigungsmittel waren Wasser, Ysop, Blut, die unter weitläufigem Ceremoniell gewonnene Asche der rothen Kuh und Opfer, grossentheils unter priesterlicher Beihülfe anzuwenden. Zu den Satzungen der Reinheit gehörten auch die Speisegesetze, die äusserst beschränkend waren, obwohl sie hier nicht wie bei den Iraniern durch den Begriff einer gottverhassten, ahrimanischen Schöpfung, oder wie bei den Indern durch die Heiligkeit gewisser Thiere motivirt wurden. Die Verbote, welche die Nützlichkeitslehre des älteren Rationalismus Rücksichten der Gesundheitspolizei zuschrieb, gingen anscheinend von einzelnen, theils den Aegyptern entlehnten, theils allgemein semitischen Vorurtheilen aus, und wurden allmälig auf allgemeine Kategorien gebracht, deren Aufstellung beweist, wie gering der wissenschaftliche Forschungstrieb, wie schlecht die Naturbeobachtung des hebräischen Priesterthums selbst in einer die religiöse Sitte so nahe angehenden Sache war. Der Erlaubniss der Wiederkäuer wird die Beschränkung zugesetzt, dass sie auch gespaltene Hufe haben müssen, was in der That bei allen der Fall ist, hier aber mehrfach zu unrichtigen Consequenzen dienen muss. Denn Jehovah zählt den Hasen zu den Wiederkäuern, der jedoch trotz dieser falschen Classification nicht gegessen werden darf, „weil er die Klauen nicht spaltet", und verbietet das in jenen Gegenden täglich gebrauchte Kameel mit der Behauptung, dass es keinen gespaltenen Huf habe, was sich allerdings einer oberflächlichen Betrachtung durch die Fusssohle des Thiers verbergen kann. Gänzlich untersagt ist der Genuss von Fett namentlich der gezähmten Thiere, weil es vorzugsweise zum Opfer bestimmt ist, und des Blutes, denn es ist die Seele. „Welche Seele würde irgend ein Blut essen, die soll ausgerottet werden von ihrem Volk." Indessen nach der Klage Hesekiels wurde nicht einmal dieses strenge Verbot beobachtet. Wie bei den Speisen werden auch sonst Mischungen verschiedenartiger Dinge als Gott missfällig verboten; Aecker sollen nicht mit zweierlei Samen bestellt, Kleider nicht aus Leinen und Wolle gewebt, Ochse und Esel nicht zusammengespannt werden.

LXX.

Diesen Ritualgesetzen lagen ohne Zweifel durchgängig religiöse Anschauungen, symbolische Beziehungen oder Folgerungen aus solchen zum Grunde, wenn sie sich auch im Einzelnen nicht erkennen und nachweisen lassen; in die Vorschriften des Rechts und der Moral spielen diese auch gelegentlich hinein, aber hier sind sie Zuthaten, die höchstens modificirend einwirken, die Form, nicht das Wesen der Dinge bestimmen; das wahrhaft Entscheidende sind die praktischen Gesichtspunkte. Es sollte eine feste gesellschaftliche Ordnung, Zucht und Sitte hergestellt werden, wie sie systematischen Anforderungen entsprachen und zugleich nothwendig waren, den Boden zu bereiten, wenn eine einheitliche, geistige Religion wirklich das Leben des Volkes durchdringen sollte. Das hebräische Gesetz enthielt kein vollständiges, am wenigsten ein geordnetes Rechtssystem. Nicht etwa, dass es nur für rohe, wenig entwickelte Zustände ausreichend gewesen wäre, sondern es reichte unter keinen Verhältnissen aus. Woran wir bei einer Gesetzgebung vorzugsweise denken, Bestimmungen über den Verkehr des täglichen Lebens, über Eigenthum und Verträge, über Erwerb, Verlust und Verfolgung der Rechte fehlen fast gänzlich. Es finden sich nur einzelne, abgerissene, oft sehr wenig bedeutsame Vorschriften der Art, die dem augenblicklichen Bedürfniss einer Entscheidung, der Freude an scharfsinnigen Ausführungen oder dem blossen Zufall ihre Aufnahme verdanken mochten; das Uebrige blieb der Willkür oder der Gewohnheit überlassen, welche freilich keine so detaillirte und feste Normen giebt, wie sie das ausgebreitete Geschäftsleben industrieller Zeiten unumgänglich erfordert, aber noch auf höheren Entwicklungsstufen als der, welche wir bei den Israeliten annehmen dürfen, und in den meisten Gegenden des Orients bis auf den heutigen Tag ausreichen muss. Eingehend beschäftigt sich das Gesetz mit den Bestimmungen, welche die eigentlichen Grundlagen der socialen Ordnung betreffen, mit dem Aufbau der Gesellschaft von ihren einfachsten Elementen, der Familie, bis zu den Einrichtungen des Staates hinauf, und mit den Mitteln ein gesittetes Leben herzustellen durch moralische Gebote und durch Strafgesetze, obwohl auch hier wesentliche Lücken nicht fehlen. Die geistlichen Gesetzgeber wussten vollkommen, worauf es ankam. Es galt ihnen um die Herstellung geregelter öffentlicher Zustände im Grossen; für sein Privatrecht und Vermögen mochte Jeder selbst sorgen. In der Ausarbeitung machen sich neben einander die Anschauungen sehr einfacher Verhältnisse und Gewohnheiten und die Anforderungen sehr durchdachter, kunstvoller Theorien geltend. Letztere, auf die Gestaltung eines heiligen Volkes in unwandelbaren Formen berechnet, riefen vielfach Aufstellungen hervor, die weder ausgeführt, noch ausführbar sind, wie wir solchen in allen theokratischen Gesetzeswerken des Alterthums begegnen.

Das Strafrecht überliess die Ahndung geringerer Vergehen den Gemeindeobrigkeiten, den Aeltesten oder Obersten, nach Gewohnheit und Gutbefinden. Es wurden Geldstrafen, Gefängniss, Schläge, deren Zahl nicht über vierzig steigen sollte, verhängt. Bei körperlichen Verletzungen trat Talion ein, Auge um Auge, Zahn um Zahn. Der Dieb sollte mehrfachen Ersatz des gestohlnen Gutes leisten, konnte er das nicht, so wurde er als zahlungsunfähiger Schuldner Sclave des Bestohlnen. In den Fällen, welche dem Gesetz die wichtigeren und fast immer mit dem Tode bedroht sind, nämlich bei Vergehungen gegen die Religion, das Leben und die Ordnung der Familie, traten als Begründung der Strafe zwei Momente hervor, die Privatrache und die Versöhnung Gottes. Die uralte Sitte der Familienrache, welche namentlich den nächsten Erben des Erschlagenen zur Blutrache verpflichtete, ward gesetzlich unter öffentliche Controle genommen, thatsächlich auch ohne weiteres in Ausübung gebracht. Die Versöhnung Gottes war der vorherrschende religiöse Gesichtspunkt, um so strenger zur Anwendung gebracht, da nach der feststehenden Ansicht und der ganzen Geschichtsauffassung der Zorn Jehovahs wegen der Sünden Einzelner gegen das Volk ergrimmte, und Verderben über dasselbe hereinführte, bis das Verbrechen gesühnt war. Durch Nichtbestrafung des Sünders machte sich die Gemeinde zu seinem Mitschuldigen, und wenn sie nicht strafte, übernahm Gott selbst das Gericht. Uebertretungen der Religionsvorschriften beleidigten Gott unmittelbar, ihnen wurde deshalb die grösste Aufmerksamkeit gewidmet. Wer Jehovah lästert, wer anderen Göttern dient, die Zauberer, Wahrsager und falschen Propheten, aber auch schon wer, mit einer Unreinheit behaftet, an einer Opfermahlzeit Theil nimmt, wer an unrechter Stelle opfert, wer am Versöhnungstage nicht fastet, wer den Sabbat entheiligt, oder manchem anderen Ritualgesetz zuwiderhandelt, sie alle sollen des Todes sterben. Aber denselben Gesichtspunkt einer Beleidigung Gottes, als des eigentlichen Herrn Israels, und der Nothwendigkeit seiner Versöhnung, bezeichnet bei anderen Vergehen der häufig angegebene Grund der Strafe: „du sollst das Böse von dir thun", ebenso der gewöhnliche Ausdruck für die Todesstrafe, dass der Frevler „ausgerottet werden soll aus seinem Volke", und die Vorschrift, dass bei Nichtentdeckung des Thäters die Gemeinde, in welcher ein Mord verübt worden, durch Reinigungen und Opfer sich entsühnen soll. Von Auflehnungen gegen die weltliche Obrigkeit handelt das Gesetz nicht, es setzt offenbar voraus, dass die siegreiche Gewalt sich nach Kriegsrecht selber helfen wird, und die Geschichte beweist, dass trotz der gelegentlich hervorgehobenen Heiligkeit des Gesalbten Gottes die Empörung gegen einen König, der dem Herrn übel gefiel, als vollkommen berechtigt anerkannt wurde. Im Pentateuch ist wesentlich von den Pflichten des Königthums die Rede, daneben erscheint nur das einfache Sittengebot: den Obersten in deinem Volke sollst du nicht lästern. Mord und Todtschlag, Menschenraub, Ehebruch, Blutschande werden mit dem Tode bestraft. Ebenso wird bedroht: wer seine Eltern schlägt, ihnen flucht, von ihnen als eigenwillig oder ungehorsam angeklagt wird, und wer dem Priester oder dem Richter nicht gehorcht; ja, eine Stelle des Numerus verurtheilt endlich Jeden, der absichtlich gegen irgend ein Gesetz handelt, ohne Unterschied zum Tode, „solche Seele soll ausgerottet werden aus ihrem Volke; denn sie hat des Herrn Wort verachtet und sein Gebot lassen fahren; sie soll schlechthin ausgerottet werden, die Schuld sei ihr". Neben dieser drakonischen Verfügung wäre denn freilich jede weitere Strafbestimmung überflüssig. Aber sie eben zeigt gleich jenen Gesetzen, nach denen Verstösse gegen geringe Ritualien und blosser Ungehorsam gegen Eltern oder Priester mit dem Tode gebüsst werden sollen, unwiderleglich, dass dieser ganze Criminalcodex viel mehr enthielt, was streng genommen nach der Theorie geschehen müsste, als was in der Praxis geschah oder geschehen konnte. Die buchstäbliche Ausführung war unmöglich, und das Gesetz kann uns daher nur den Eifer des Priesterthums für strenge Zucht, nicht aber deren Handhabung im Leben darthun. Aus der Geschichte erhellt, dass selbst die wichtigen und dringend eingeschärften Gesetze gegen Zauberer und Götzendiener niemals regelmässig vollzogen wurden; wenn es gelegentlich geschah, so erfolgte nicht eine Bestrafung im geordneten Rechtswege, sondern eine gewaltthätige, politische Unterdrückung, man schlug sie tumultuarisch todt. Im Leviticus wird auch geradezu vorausgesetzt, dass seine Strafdrohung vergeblich sei, denn dem Gebote, dass der, welcher seine Kinder dem Moloch opfert, gesteinigt werden soll, wird hinzugefügt: wenn das Volk ihn nicht tödte, werde doch Gott sein Antlitz wider diesen Menschen und sein Geschlecht setzen, und ihn ausrotten.

Die israelitischen Schriftsteller bezeichnen häufig Laster und Verbrechen als heidnische und speciell kanaanitische Gräuel; das kann nur als ein Ausdruck des beschränkten Nationalhasses gegen das Fremde und der eiteln Selbstüberhebung betrachtet werden, welche rohen Völkern eigen ist. Das Eifern des Gesetzes, die Klagen der Propheten und die Schandthaten, von denen die Geschichte erfüllt ist, lehren, dass das Volks Jehovahs nicht freier von Freveln aller Art war als andere Nationen; es war keine Ausnahme, wenn selbst in dem Hause Davids Brudermord, Empörung gegen den Vater, Entehrung der eigenen Schwester und der väterlichen Frauen mit einander wechseln. Dass die Priester und Propheten tief sittliche Grundsätze aufstellten, dass sie mit grossem Ernst und Eifer für Recht und Sitte in die Schranken traten, ist vollkommen anzuerkennen, aber der Inhalt ihrer Gesetze stimmt nur mit dem überein, was überall die Grundlage eines geordneten, der äussersten Rohheit entwachsenen Zusammenlebens bildet. Vor einigen ihrer Nachbaren zeichnen sich die Gesetze Israels durch die strenge Verwerfung der Grausamkeiten und der Orgien einzelner semitischer Gottesdienste aus, doch ist das eine Tugend, die sie mit vielen Völkern theilen, und in den Neigungen des Volkes behaupteten sogar die Menschenopfer des Moloch ihren Platz bis gegen das Ende. Wenn man dagegen theologische Schilderungen oder Commentare selbst neuester Zeit liest, weiss man oft nicht, ob man die Naivität kindlich oder kindisch nennen soll, welche die Weisheit und Sittlichkeit des mosaischen Gesetzes als etwas Einziges, Unvergleichliches bewundert. Als ob Mord, Ehebruch, Meineid, Verachtung der Götter überall anderswo löbliche Dinge gewesen wären.

LXXI.

Zarte und schöne Gebote der Privatmoral, der Nächstenliebe, der Gerechtigkeit, der Brüderlichkeit, der Schonung, Milde und Wohlthätigkeit gegen Arme, Hülflose, Schutzbedürftige, zu denen die im Lande wohnenden Fremden gezählt werden, gegen Wittwen und Waisen, selbst gegen Thiere, wie wir sie überall in den Sittengesetzen des Orients antreffen, theils allgemeiner Art, theils in speciellen Anwendungen, finden sich im Pentateuch zerstreuet. In den späteren Schriften der Dichter und Propheten tritt die Betonung der sittlichen Gesinnung, der inneren Heiligung im Gegensatz zu der blos äusseren Gesetzeserfüllung schärfer hervor. Aber jede Rücksicht der Menschlichkeit und der Moral verstummt, wo es sich um die religiöse oder nationale Politik handelt, wo es für Gesetz und Vaterland den Kampf gegen innere oder äussere Feinde gilt. „Vertilge sie ohne alle Gnade." Auf die unversöhnliche Energie des hebräischen Hasses habe ich früher hingewiesen. Die religiöse Ausschliesslichkeit und Absonderung liess die Nachkommen von Edomitern und Aegyptern in der dritten Generation als Mitglieder der Gemeinde zu, die Abkömmlinge von Ammonitern und Moabitern nie. Das Gesetz, welches die Ehe mit Ausländerinnen verbot, kann erst ziemlich spät entstanden sein; die Moabiterin Ruth wird noch in einem eigenen Werkchen als die Urgrossmutter Davids verherrlicht, und Moses selbst hatte die Midianiterin oder Kuschitin Zippora zur Frau; durchgeführt wurde es erst lange nach dem Exil. Das furchtbare Kriegsrecht, welches freilich nicht von den Hebräern erfunden, sondern den semitischen Nationen vor der Perserzeit gemeinsam war, wurde durch das Gesetz geheiligt. In eroberten Städten sollte Alles, was männlich war, erschlagen, Frauen und Kinder zu Sclaven gemacht werden; für das Erbland Kanaan hiess es sogar: „du sollst nichts leben lassen, was Odem hat", und so wurde denn auch nach dem Falle Jerichos „Alles mit der Schärfe des Schwerts verbannt, Mann und Weib, Jung und Alt, Ochsen, Schafe und Esel". Bei der Einnahme des Landes mochte die Nothwendigkeit Platz zu schaffen mit dem religiösen Abscheu gegen das Fremde und Unreine zusammentreffen. Diese schonungslose Vertilgung ward gelegentlich auch gegen andere, besonders verhasste Feinde geübt, und wir sehen das Priesterthum die Barbarei gegen mildere Sitten aufrecht halten. „Du sollst das Gedächtniss Amaleks austilgen unter dem Himmel, das vergiss nicht"; so lässt das Deuteronomium den scheidenden Moses sprechen, und Samuel zerhieb den gefangenen Agag in Stücke, den Saul verschonen wollte, und der dann so getrosten Muthes zu dem harten Priester ging: „also muss man des Todes Bitterkeit vertreiben". Unter einander bekämpften sich die Stämme Israels in der Richterzeit mit derselben Wuth; bei dem Rachekriege wegen der Schandthat zu Gibea entging der Stamm Benjamin nur mit genauer Noth der völligen Ausrottung. Noch David liess einen grossen Theil der gefangenen Moabiter und Ammoniter tödten, später scheinen sich die Gewohnheiten gemildert zu haben. Die Leiden, welche das unglückliche Volk von der Uebermacht der Assyrer und Babylonier erdulden musste, hatte es zuvor nach Kräften über besiegte Feinde verhängt. Gegen seine Verstörer konnte es nicht mehr von eigener Macht, sondern nur noch von fremden Waffen auf Hülfe und Rache hoffen. Die Wiederherstellung eines in sich beruhenden jüdischen Reiches war bei den Dimensionen, welche die Staatenverhältnisse mit der Herrschaft der Perser annahmen, völlig unmöglich. Seitdem nahm der Hass des israelitischen Nationalgefühls, welcher einst mit kriegerischer Wildheit verbunden war und sich mit dem Schwerte in der Hand Geltung verschafft hatte, den traurigen Charakter ohnmächtigen Zornes und düsterer, schadenfroher Rachelust an, die den zertretenen Schwachen bei den Unbilden übermüthiger Gewalt zu erfüllen pflegen. Die trügerischen Hoffnungen auf die Herrlichkeiten des messianischen Reiches konnten nicht für die gegenwärtigen Leiden der Unterdrückung entschädigen. Josephus sucht freilich sein Volk gegen den Vorwurf gehässiger Antipathien zu rechtfertigen: es sei ihre Sitte das Eigene zu bewahren, nicht das Fremde anzuklagen, sie dürften nicht verspotten oder herabwürdigen, was Anderen heilig. Aber Wuth und Hohn gegen die Heiden, Schadenfreude und Rachsucht gegen die Bedränger erfüllen zweifellos die Schriften wie das Leben des späteren Judenthums, und mit Wahrheit hiess es bei Griechen und Römern, wie bei ihnen selbst: die Juden hassen Alle und werden von Allen gehasst.

In der inneren Ordnung des Volkes stellt das Gesetz die Rechtsverhältnisse der Familie, deren ethische und sociale Bedeutung geistliche Gewalten immer richtig zu würdigen pflegen, eingehend und sorgfältig dar. Einzelnes, wie die genauen Verbote der Ehe in zu nahen Verwandtschaftsgraden, ist offenbar durch die Theorie systematisirt worden, im Ganzen giebt sie nur die Anschauungen wieder, welche anfänglichen Civilisationen und namentlich den semitischen Stämmen eigen sind, beruhend auf der festen Verbindung der Blutsgenossenschaft und der strengen Unterordnung des Hauses unter das Familienhaupt. Auch die Frau wird fast nur als Eigenthum des Mannes betrachtet. Schon die häufige Unreinheit der Frau und die bei der Geburt eines Mädchens zweimal so lange als bei der eines Knaben dauernde Unreinheit der Mutter bezeichnet ihr Zurückstehen gegen das männliche Geschlecht; auch wird es bei dem Sündenfall geradezu als ein Fluch ihrer Verschuldung ausgesprochen: „dein Wille soll deinem Manne unterworfen sein, und er soll dein Herr sein." Bei der unbeschränkt erlaubten Polygamie ging die Stellung der rechtmässigen Gattin, der Kebsfrau und der blossen Sclavin, die Gnade vor den Augen ihres Herrn gefunden, fast in einander über. Der Mann konnte die Frau nach Willkür entlassen oder verstossen. Von gegenseitigen Rechten und Pflichten, von Keuschheit und Treue des Mannes war kaum die Rede. Wenn das Gesetz der Frau in einzelnen Fällen Schutz gegen widerrechtliche Kränkungen gewährte, geschah es mehr in Rücksicht auf ihre Familie, als auf sie selbst. Aber wenn das Recht dem Manne wenig Schranken auferlegte, braucht die Sitte nicht eben hart oder rücksichtslos gewesen zu sein. Nach der Zartheit und Milde, welche das Sittengesetz in anderen Dingen empfiehlt, nach vorbildlichen Schilderungen, wie der Musterehe des Isaak und der Rebekka, und nach manchen Erzählungen, welche das Leben und Handeln der Frauen in der Wirklichkeit darstellen, können wir wohl annehmen, dass der mildernde Einfluss des Priesterthums auch für das Schicksal der Frauen nicht unwirksam war. Wenigstens den Kindern wird Ehrfurcht und Unterwürfigkeit gegen die Mutter, wie gegen den Vater zur Pflicht gemacht. Zuweilen sehen wir Frauen hohen Ansehns geniessen, im Alterthume traten Dichterinnen und Prophetinnen auf. Mit dem grösseren Reichthum der königlichen Zeit führte sich bei den Grossen und Vornehmen trotz der Warnung des Gesetzes, dass der König nicht allzuviele Frauen haben sollte, die Sitte zahlreicher Harems ein. Nach dem hohen Liede hatte Salomon sechzig Königinnen und achtzig Kebsweiber, welche Zahlen das Buch der Könige in der ausschweifenden Darstellung der salomonischen Herrlichkeit auf siebenhundert und dreihundert vermehrt. Seit dem Exil wurde die Monogamie herrschend. Ueber die Kinder hatte der Vater unbeschränkte Gewalt; er durfte sie nicht blos verkaufen, sondern auch der Gläubiger konnte wie den Schuldner selbst so seine Kinder und sogar seine Frau zu Sclaven machen um sich zu befriedigen. Nur den Tod sollte der Vater nicht ohne Anrufen der Gemeinde verhängen. Der erstgeborne Sohn wurde durch doppelten Erbtheil ausgezeichnet. Töchter erbten das väterliche Grundeigenthum nur, wenn keine Söhne vorhanden waren, und durften sich dann nicht ausserhalb ihres Stammes verheirathen; in ihrem Stamme konnten die Erbtöchter sich frei vermählen, Andere wurden lediglich nach dem Willen ihrer Eltern oder Brüder verheirathet. Zur Familie im weiteren Sinne gehörten auch die Sclaven. Das Gesetz empfiehlt eindringlich eine gütige Behandlung derselben, besonders der Sclaven hebräischen Blutes, nöthigt den Herrn einen grausam misshandelten Sclaven frei zu lassen, und bedroht ihn sogar mit Strafe, wenn der Sclave unter seinen Händen stirbt. Die Sclaverei entstand durch Kriegsgefangenschaft, durch Geburt im Hause des Herrn, durch freiwillige oder gezwungene Ergebung aus Armuth oder wegen Schulden. Neben den eigentlichen Sclaven gab es Dienstpflichtige oder leibeigene Leute, deren Bestand schon auf die erste Unterwerfung des Landes zurückgeführt wurde, und deren Verhältnisse nach den Bedingungen der Unterthänigkeit oder nach örtlichen Gewohnheiten verschieden sein mochten.

LXXII.

Das ideale Streben der Theorie eine unwandelbare gesellschaftliche Ordnung herzustellen führte zu einer Reihe eigenthümlicher Vorschriften, welche den Zweck hatten die Volksgemeinde in ihren Familien und ihrem Besitzstande unversehrt zu erhalten. Sie sind freilich nicht ausgeführt worden, konnten es auch nicht, aber das scharfsinnig durchdachte, religiös motivirte System beweist, dass die priesterlichen Speculationen sich mit den wichtigsten socialen Fragen eifrig beschäftigt haben. Nach Analogie der siebentägigen Woche sollte jedes siebente Jahr ein Sabbatjahr sein. Da sollten alle Schulden erlassen werden, da sollte das ganze Land Ruhe haben, weder gesäet noch geerntet werden. Entsprechend sollte der in Sclaverei gerathene Hebräer nur sechs Jahre seinem Herrn dienen und im siebenten frei ausgehen. Und nach siebenmal sieben Jahren sollte im funfzigsten das grosse Halljahr oder Jubeljahr gefeiert werden, in welchem ebenfalls das Land ruhen, ausserdem aber „ein Jeglicher wieder zu seiner Habe und zu seinem Geschlechte kommen sollte." Dieselbe Rücksicht, welche einst den dem Untergange geweihten Stamm Benjamin wiederherstellen mochte, gebot den gottgeordneten Bestand der Familien ungeschmälert zu bewahren. Dazu sollte das Grundeigenthum, auf welches allein bei den einfachen Wirthschaftszuständen des Volkes der regelmässige und unabhängige Nahrungsstand eines Hauses basirt werden konnte, unveränderlich bei dem Geschlecht des ursprünglichen Besitzers bleiben. Der Verkäufer oder sein Erbe waren berechtigt das veräusserte Gut wieder einzulösen; bei Häusern in Städten, welche nicht diese wirthschaftliche Bedeutung hatten, war das Recht zur Einlösung auf die Frist eines Jahres beschränkt, und sie sollten, wenn nicht eingelöst, auch im Halljahre nicht ausgehen. Anderer Grundbesitz dagegen sollte im Halljahr unentgeltlich an den Verkäufer oder seine Familie zurückfallen. Dies Gebot wurde auf die Theorie gestützt, dass Gott der eigentliche Herr des Landes sei, der einzelne Eigenthümer gleichsam nur von ihm belehnt. „Ihr sollt das Land nicht verkaufen ewiglich, denn das Land ist mein, ihr seid Fremdlinge und Gäste vor mir." Dass diese Bestimmungen erfolglose Versuche der Speculation waren, und nimmer in das Leben traten, ist aus wirthschaftlichen Gründen vollkommen klar, es lässt sich aber auch aus den heiligen Schriften der Hebräer deutlich nachweisen. Ewald findet allerdings ihre praktische Anwendung in der guten alten Zeit, oder in den hohen mosaischen Zeiten sehr natürlich, obwohl er zugiebt, dass das Gewicht einer starken Obrigkeit dazu erforderlich gewesen, und sogenannte philosophische Betrachtungen scheinen meist derselben Ansicht zu sein. Dagegen muss zunächst erinnert werden, dass es eine solche gute Zeit, in welcher die künstlichsten Einrichtungen durch eine starke Gewalt wirksam gemacht wären, im israelitischen Alterthum niemals gegeben hat. Wohl wurde auch hier die Gegenwart im Missmuth zurückgesetzt gegen eine ideale Vergangenheit, und Klage geführt: „die Heiligen haben abgenommen, und der Gläubigen sind wenig unter den Menschenkindern", aber die Geschichte verhehlt es nicht, dass die Anfänge traurig waren. Leiden und Kämpfe aller Art, Verzagtheit und Empörung umringen die Laufbahn des Moses.

Und wie herrlich sich auch der Muth, die Aufopferung, die Thatkraft Einzelner in der nationalen Erhebung aus elenden und zerrütteten Verhältnissen entfalten mag, als Zeiten des Glückes und der Befriedigung können die Züge eines Volkes, welches eine neue Heimath und eine neue Organisation sucht, niemals betrachtet werden. Von den hier in Frage stehenden Einrichtungen konnte ohnehin bei der Wanderung und der ersten Niederlassung nicht die Rede sein. Dann folgte unmittelbar auf die kriegerische Besitzergreifung die Anarchie der Richterzeit ohne regelmässige Obrigkeit, ohne Ordnung, ohne Achtung vor Gesetz und Religion, wie sie treffend charakterisirt wird durch vielfache Thatsachen und die wiederholte Bemerkung der Schrift: „zu der Zeit war kein König in Israel, und ein Jeglicher that, was ihm recht deuchte". Das Jubeljahr entspricht nur den gesetzgeberischen Versuchen griechischer Republiken eine Gleichmässigkeit der Bürger und ihres Vermögens künstlich festzuhalten; nicht einmal bei der strengen Disciplin und der geringen Zahl der spartanischen Vollbürger liess sich ein nothdürftiger Besitzstand behaupten. Die Macht wirthschaftlicher Thatsachen ist stärker als alle Hirngespinste. Dass sich nirgends eine Spur der wirklichen Einhaltung eines Jubeljahrs findet, dass man auch nach dem Exil keinen Versuch seiner Ausführung machte, darüber sind Alle einig. Seine Anordnung findet sich sogar nur in älteren Stücken des Pentateuchs, schon das fünfte Buch spricht nicht mehr davon. Im Leviticus zeigt sich das Bewusstsein, dass eine solche Einrichtung den ganzen Handel und Wandel des Volkes modificiren müsste, aber eine einzige Vorschrift, die scheinbar dem praktischen Bedürfniss entgegenkommt, beweist, wie wenig sich der Verfasser auch nur die nächstliegende Folgerung klar gemacht. Ein Grundstück soll nämlich mit den zusammengerechneten Jahreserträgen bis zum Halljahre bezahlt werden. Nehmen wir bei dem hohen Zinsfusse des Alterthums an, dass man sein Capital im Grundbesitz auch nur zu zehn Procenten anlegte, so würde man einen Acker von zehn

Thalern Reinertrag natürlicher Weise für hundert Thaler erkauft haben, nach dem Gesetz hätte man ihn zwanzig Jahre vor dem Halljahr mit zweihundert Thalern bezahlen müssen, also für eine Nutzung von zwanzig Jahren doppelt so viel als nach dem regelmässigen Verkehrsgesetze bei einem Kauf für immer. Es war lediglich eine theoretische Erfindung um socialen Uebelständen abzuhelfen, dem Reichthum Einzelner und der Verarmung Vieler zu steuern, über welche die Propheten vergeblich klagen. Jesaia ruft Wehe über die, „welche einen Acker zum anderen bringen, bis dass kein Raum mehr da sei, dass sie allein das Land besitzen". Aehnlich verhält es sich mit dem Schuldenerlass und der Freilassung der Sclaven. Schon die Ausdrücke des Gesetzes lassen beides mehr als eine religiöse Liebespflicht erscheinen, als dass den Schuldnern oder Sclaven ein erzwingbares Recht beigelegt würde. Wenn in der That jedes Forderungsrecht spätestens im siebenten Jahre erloschen wäre, der Gläubiger also die sichere Aussicht gehabt hätte in kurzer Frist sein Capital zu verlieren, während zugleich das Zinsennehmen missbilligt ward, würde jede Creditgewährung ein Ende gehabt haben, die über ein blosses Almosen hinausginge. Als ein solches, im Lichte der Wohlthätigkeit betrachtete zwar die religiöse Doctrin Vorschüsse und Darlehne, aber die Strenge des Schuldrechts und die oft gerügte Härte, mit welcher es gegen die Habe und die Person des Schuldners geltend gemacht wurde, beweisen zur Genüge, dass die Gläubiger weder geneigt, noch genöthigt waren dieser Auffassung beizutreten. Hinsichtlich der Sclaven erhellt aus den Widersprüchen der Gesetzgebung, dass ihre Freilassung nach sechs Dienstjahren gleichfalls ein frommer Wunsch, kein lebendiges Recht war. Nach dem Leviticus soll die Freigebung nur im Jubeljahre erfolgen, nach dem Exodus und Deuteronomium bei jedem Einzelnen nach sechs Jahren der Knechtschaft; nach einer Stelle kommt die Befreiung nur dem männlichen Sclaven zu Statten, nach einer andern auch der Sclavin; eine Stelle belässt die Kinder des Sclaven dem Herrn, die andere verfügt, dass sie mit ihm ausgehen sollen. Dazu haben wir das Zeugniss des Jeremia, dass diese Bestimmungen niemals befolgt wurden. Als man in den letzten Gefahren und Bedrängnissen des Reiches nach Ursachen für den grossen Zorn Gottes und nach Mitteln ihn zu versöhnen suchte, wollte man die Theorien des Gesetzes zur wirklichen Anwendung bringen. Da wurde unter dem letzten Könige Zedekia der Beschluss durchgesetzt die hebräischen Sclaven dem Gesetze gemäss frei zu geben; aber die ganze Oekonomie des Volkes beruhte einmal auf der Sclaverei, die Emancipation misslang; die Reichen und Mächtigen besannen sich alsbald, forderten die schon entlassenen Sclaven wieder zu sich, und zwangen sie in die Knechtschaft zurück. Dafür ruft dann der Herr das fürchterliche Freijahr aus zum Schwert, zur Pestilenz, zum Hunger über das Land. Was endlich das Sabbatjahr betrifft, so unterliegt es keinem Zweifel, dass eine solche Einrichtung von Einzelnen oder in engen Kreisen beobachtet werden könnte, bei einem ganzen Volke, zumal in Zeiten steter Kriege und Verwüstungen müsste sie zum Verderben führen. Das Hauptgetreide der Hebräer, der Weizen, musste auch in Palästina im Herbste gesäet werden, und da im Sabbatjahr weder gesäet, noch geerntet werden sollte, wären nach dem Gesetz zwei Ernten hinter einander ausgefallen. Kein Land der Erde, und am wenigsten ein Land ohne Handel und Industrie, könnte alle sieben Jahre zwei, oder wenn das Halljahr auf das Sabbatjahr folgte, gar drei Ernten entbehren. Im Leviticus wird die Möglichkeit auch nur mit der Aussicht auf ein regelmässiges Wunder gerechtfertigt, Gott wird im sechsten Jahre stets einen so reichen Segen geben, dass das Getreide bis in das neunte Jahr vorhalten soll. Die heiligen Schriften wissen denn auch vor dem Exil nicht blos nichts von einer Beobachtung des Sabbatjahres, sondern bezeugen das Gegentheil. Der Pentateuch selbst droht, einst werde das Land wüste liegen, und feiern, und sich seine Feier gefallen lassen, „darum dass es nicht feiern konnte, da ihr es solltet feiern lassen, da ihr darinnen wohntet".

Aehnlich spricht Jeremia, und die Chronik bezeichnet die angeblich siebzigjährige Verödung Judäas als eine gezwungene Nachholung der vernachlässigten Sabbatjahre. Jahrhunderte nach dem Exil, als in den Kämpfen und Bedrängnissen der Makkabäerzeit der Enthusiasmus und der Gesetzeseifer der wenigen standhaften Patrioten auf das höchste gestiegen waren, berichtet das erste Buch der Makkabäer zum ersten Male, dass man mit der Feier des Sabbatjahres Ernst gemacht, aber auch sofort die natürliche Folge, eine Hungersnoth, welche die Fortsetzung des Krieges gegen Antiochus Eupator unmöglich machte. „Der Heiligen wurden sehr wenig, denn sie starben Hungers, darum mussten sie von einander ziehen." Josephus behauptet, dass sowohl Alexander der Grosse, als Cäsar den Einwohnern von Jerusalem für das siebente Jahr die Abgabenfreiheit zugestanden, von einer thatsächlichen Innehaltung des Gesetzes spricht er nur an einer Stelle unter Herodes: „die Aecker blieben unbestellt wegen der Zeit des Sabbatjahres, in welchem wir nicht säen dürfen". Auf eine regelmässige und allgemeine Beobachtung lässt sich daraus auch für die spätere Zeit nicht schliessen. Tacitus spricht offenbar nur vom Hörensagen, wenn er die jüdische Sitte darstellt, als ob im siebenten Jahre aus Trägheit überhaupt nicht gearbeitet worden wäre, fügt auch seiner Notiz ein zweifelhaftes „man sagt" bei.

LXXIII.

Die Zustände der älteren Zeit waren höchst einfach. Neben Ackerbau und Viehzucht und der häuslichen Oekonomie, in welcher jede Familie die wesentlichen Lebensbedürfnisse selbst oder vermittelst ihrer Sclaven beschaffte, gab es keine selbständige Gewerbe, als etwa die schon in der Richterzeit vorkommenden Schmiede, welche wegen ihrer Bedeutung für das Kriegshandwerk bei rohen Nationen nicht die Verachtung anderer Handwerker zu theilen pflegen, wie in nordischen Sagen die Waffenschmiede hohen Ansehns geniessen, und zuweilen als hervorragende Krieger gefeiert werden. In

Ermangelung von Handel, Industrie und Kunst konnten sich ausser dem Priesterthum keine ständische Unterschiede, oder gar Kasten bilden. Bei dem hohen Werthe, den die Israeliten gleich den verwandten Arabern auf Geschlecht und Abstammung legten, wird es neben persönlichem Ansehn und Reichthum, welcher ohnehin sehr stabil ist, so lange neben dem Grundbesitz kein anderweitiges Vermögen Bedeutung gewinnt, ohne Zweifel eine Art von Geburtsadel gegeben haben, in gewisser Hinsicht wurde ein solcher durch die Familien der Aeltesten, Häuptlinge oder Fürsten constituirt, die in den Geschlechtern und Stämmen erbliche Würden bekleideten wie der Hohepriester als Stammhaupt der Leviten, aber ausser dem Amte, welches diese Häuptlinge verwalteten, wissen wir nichts von rechtlichen Vorzügen eines Adels. Zum Kriege wurde jeder freie Mann aufgeboten. Die Organisation des Volkes war eine rein örtliche, welche nach der hergebrachten Sitte mit einer fingirten Blutsverwandtschaft verschmolzen wurde. Mehrere Familien bildeten ein Haus, mehrere Häuser ein Geschlecht oder eine Gemeinde, auch ein Tausend genannt, welches zuweilen mehrere Ortschaften umfasste; die Gemeinden fanden in den Stämmen, die Stämme in dem Haus Israel eine höhere Genossenschaft. An der Spitze der Häuser und Gemeinden standen Aelteste oder Oberste; die Stämme hatten ihre Fürsten, die schon neben Ahron erwähnt werden, und sich bis in die spätesten Zeiten erhielten; noch bei der Wegführung in die assyrische Gefangenschaft kommt ein Fürst von Ruben vor, unter Josaphat ein Fürst von Juda. Die gebirgige Beschaffenheit des Landes mit seinen abgeschlossenen Thälern beförderte und erhielt die Zersplitterung des Volkes in kleine Genossenschaften, und machte es möglich, dass sich lange Zeit fremde Völkerschaften in einzelnen Landestheilen unabhängig erhielten; erst durch David wurde die feste Stadt, welche seitdem Jerusalem hiess, den Jebusitern entrissen. Einzelne Städte scheinen sich, wie das Beispiel von Sichem zeigt, selbst von der Stammverbindung fast ganz gelöst zu haben. Gemeinsame Unternehmungen des ganzen Volkes fanden selten Statt. In solchen Ausnahmefällen traten die Stämme, vertreten durch ihre hervorragendsten Häuptlinge, wobei von Alters her die Zahl siebzig erscheint, vielleicht unter dem Vorsitze des Hohenpriesters zusammen. Da nur an Beschlussfassungen oder Vereinbarungen für einzelne Angelegenheiten, nicht an eine weltliche Gesetzgebung zu denken ist, wird es sich in der Regel um kriegerische Unternehmungen gehandelt haben. Meist blieb indessen auch die Kriegführung den einzelnen kleineren Genossenschaften überlassen, und dieser gänzliche Mangel eines organisirten Zusammenhanges erklärt es, dass sich das Volk in seiner Zersplitterung kaum der umwohnenden Feinde, namentlich des kleinen aber kriegerischen Bundes der Philister, zu erwehren vermochte. Es war ein beständiger kleiner Krieg, wobei es sich nicht um feste Eroberungen, sondern nur um Plünderung und Verheerung, höchstens einmal um fortgesetzte Tributentrichtung handelte. Unter einander verfuhren die Hebräer mit derselben Gewaltthätigkeit wie gegen die äusseren Feinde, und führten nicht selten blutige Kriege. Raub und Krieg gränzten nahe an einander. Um den landflüchtigen Jephtha, wie auch später um David sammelten sich „lose Leute" oder „allerlei Männer, die in Noth und Schuld und betrübten Herzens waren"; der Krieg gegen die Gesellschaft zur Erhaltung oder zur Rache galt nicht für schimpflich in den Zeiten rechtloser Gewalt. Hervorragende Führer, die es im Kriege zu Ansehn gebracht hatten, die sogenannten Richter, Suffeten, bei denen ebensowohl an Regieren überhaupt wie an Richten in unserem Sinne zu denken ist, übten eine gelegentliche und unregelmässige Autorität. Dass der Räuberhauptmann Jephtha, der für seine Stadt Gilead zuerst gegen die Ammoniter und dann gegen den Stamm Ephraim zu Felde zieht, oder Simson, der humoristische Held, der so tragisch endete, ganz Israel regiert hätten, lässt sich gewiss nicht annehmen, und so erstreckte sich das dauernde Regiment der Richter wohl meistens nur über einzelne Gebiete. Eine politische Gewalt des Hohenpriesterthums trat wenig hervor, bis es in Eli einen kräftigen Träger fand, der zum ersten Male das hohepriesterliche mit dem Richteramte vereinigte. Seiner langen Regierung und der grossen Persönlichkeit seines Nachfolger Samuel müssen wir einen grossen Einfluss auf die Gestaltung der öffentlichen Verhältnisse zuschreiben. Das Volk gewöhnte sich an die regelmässige Handhabung einer höchsten Gewalt auch ausserhalb des Krieges. Samuel hielt Umzüge im Lande, und richtete das Volk an heiligen Stätten nach der alten Sitte, aus welcher der Ausdruck stammt: zu Gott gehen (Elohim) statt: zum Gericht gehen. Das Gerichthalten war eines der wesentlichsten Attribute der Regierungsmacht, und von grosser Wichtigkeit um Selbsthülfe und Gewaltsamkeiten abzuwenden. In gewöhnlichen Fällen und unter gewöhnlichen Privatleuten übten die Aeltesten der Gemeinde die Gerichtsbarkeit, wie sie nach einfach orientalischer Sitte die sonstigen gemeinsamen Angelegenheiten verwalteten. Da aber weder feste Normen des materiellen Rechts, noch gesicherte Formen um zum Rechte zu gelangen vorhanden waren, bedurfte es einer höheren Autorität, wenn es sich um eine Rechtsverfolgung gegen Mächtige, oder um die Schlichtung von Streitigkeiten zwischen verschiedenen Genossenschaften oder deren Angehörigen handelte. Ob sich eine solche fand, hing bis zum Aufkommen einer regelmässigen Centralgewalt von der Willkür oder dem Zufall ab. Als Rechtskundige und Schreibverständige nahmen die Leviten, denen um ihrer Kenntnisse willen manche obrigkeitliche Functionen, wie die Sorge für Maass und Gewicht, die Krankenpolizei, später die Führung der Heeres- und Steuerrollen, oblagen, wahrscheinlich von Alters her an der Rechtssprechung Theil. Eine feste Bestimmung ging erst von dem König Josaphat aus, der einen höchsten Gerichtshof aus Priestern, anderen Leviten und Aeltesten bildete; diese Zusammensetzung ist in das Deuteronomium aufgenommen; es wird geheissen die Stätte des Herrn aufzusuchen, „wenn eine Sache vor Gericht dir zu schwer sein wird"; feste Competenzbestimmungen fehlten hier so gut, wie noch spät im europäischen Mittelalter, wo sich stets die Klagen über Einmischungen unbefugter Gerichte wiederholen. Auf strenge Gerechtigkeit war keineswegs immer mit Sicherheit zu rechnen, doch drang das Gesetz sehr ernstlich darauf, und es ist bezeichnend für den demokratischen Sinn des Volkes, dass nicht blos gegen Bedrückung der Geringen, sondern auch gewarnt wird, nicht der Menge zu gefallen den Hohen gegen den Niedrigen zurückzusetzen.

LXXIV.

Die bessere Concentration der Kräfte führte schon an sich und in den unkriegerischen Händen der geistlichen Gewalt zu guten Erfolgen gegen die äusseren Feinde. Als aber ein höheres Gefühl der Volkskraft erwacht, der Sinn für die nationale Einheit, die früher fast nur in der religiösen Theorie bestanden, in das praktische Leben durchgedrungen, und damit die Gewöhnung an eine centralisirte Leitung und die Erkenntniss ihrer Vorzüge im kriegerischen Interesse gegeben war, vermochte die geistliche Gewalt, welche diese Richtung wesentlich vorbereitet hatte, nicht mehr die Zügel der Regierung zu behaupten, sondern es machte sich das Bedürfniss einer stärkeren weltlichen Macht geltend. Samuel widerstrebte im Geiste der Theokratie, welche keinen Herrn als Gott und nur das Priesterthum als seinen Vertreter anerkennen wollte. Endlich gab er nach, sei es der Unmöglichkeit die emporgekommenen Krieger im Zaume zu halten, oder der Erkenntniss, dass die gewonnene Ordnung und Einheit sich nicht ohne die Hand eines königlichen Kriegsherrn behaupten liess. Die Sage, dass Saul „ein feiner junger Mensch" gewesen, der seines Vaters Esel hütete und sich vor seiner Erhebung verkroch, dürfen wir getrost verwerfen. Der erste König eines Volkes in feindlicher Bedrängniss pflegt ein bewährter Krieger zu sein, und selbst die Autorität eines Samuel würde nicht ungestraft das Begehren der Nation mit der Aufstellung eines unbekannten Knaben verhöhnt haben. Das kräftige Auftreten Sauls bestätigt das, und die Angabe von seiner Jugend widerlegt die Bibel sofort, da gleich im zweiten Regierungsjahre sein Sohn Jonathan als ruhmvoller Held neben ihm erscheint. Samuel lebte noch achtzehn Jahre, nach der vorzuziehenden Lesart des Josephus regierte Saul dann nur noch zwei Jahre; auch nach der Bibel lässt sich nicht annehmen, dass er den grossen Propheten lange überlebte. Wie Samuel das geistige Leben des Volkes auf eine neue Basis stellte, so begründete Saul dessen kriegerische Macht, die sich nach ihrer Concentration allen Nachbarn überlegen zeigte. Beide haben in hohem Maasse auf die Entwicklung ihres Volkes gewirkt, und wenn für den welthistorischen Standpunkt der Priester das höhere Interesse in Anspruch nimmt, so ist es nur, weil sich überhaupt die dauernde Bedeutung dieser Nation an ihre Theorie, nicht an ihre Thaten knüpft. Die priesterliche Geschichtschreibung verkennt keineswegs das mächtige Thun des ersten Königs. „Er machte ein Heer — und wo er sah einen starken und rüstigen Mann, den nahm er zu sich". Aus seiner Schule ging eine Reihe grosser Krieger hervor, wie Abner, Joab, Jonathan und David selbst. Auch erfocht er gegen die umwohnenden Völker glänzende Siege. Aber die weltliche und die geistliche Gewalt, welche so kräftige Träger fanden, zerfielen; der priesterliche Regent, dem „Ungehorsam eine Zaubereisünde und Widerstreben Abgötterei" war, konnte sich nicht unterordnen, wie seine Nachfolger den nächsten Königen. Der Zwist zerrüttete die Regierung und das Gemüth des Königs, wie es grossen Kaisern nach ihm geschehen ist. „Ein böser Geist vom Herrn machte ihn sehr unruhig." Von seinem Gott verlassen, mochte er die Niederlage auf den Höhen von Gilboa nicht überleben, und seine besten Söhne fielen mit ihm. Wenn über seine bedeutende Persönlichkeit ein Zweifel obwalten könnte, braucht nur auf das schöne Klagelied Davids um „die Edelsten in Israel" verwiesen zu werden, wo er ihn mit seinem „Jonathan, dessen Liebe ihm theurer gewesen, denn Frauenliebe ist", zusammengestellt: „holdselig in ihrem Leben sind sie auch im Tode nicht geschieden, leichter denn die Adler und stärker denn die Löwen. O wie sind die Helden gefallen und die Streitbaren umgekommen."

Unter David erhielt das Reich eine vollständige Organisation, und erreichte den Gipfelpunkt seiner politischen Macht. Er gründete in dem festen Jerusalem die königliche Residenz, bildete eine Leibwache, führte verschiedene Staatsämter ein, die regelmässige Ordnung des orientalischen Königthums. Nach aussen ging er zu Eroberungen über, führte glückliche Kriege mit den Völkern und Königen Syriens, und soll seine Waffen bis an den Euphrat getragen haben. An feste Eroberungen ist allerdings nicht in erheblicher Ausdehnung zu denken, man verstand es in diesen Gegenden noch nicht Provinzen einzurichten und in dauernder Botmässigkeit zu erhalten. Nur der Besitz von Damaskus und der Städte Idumäas wurde durch Besatzungen gesichert; im übrigen begnügte man sich mit Verwüstungen und Plünderungen, welche vielleicht hin und wieder den Charakter von Tributerhebungen annahmen. Der Staat Davids war die dominirende Macht in Syrien, und wohl mochten die Epigonen mit Stolz und mit Sehnsucht auf diese Zeit des Glanzes, der Herrschaft und der Triumphe zurückblicken. Seit Bayle David als ein Beispiel anführte, wie der Ruhm vor Jehovah nicht gerade mit dem Urtheil der gewöhnlichen Moral zusammenfalle, hat man bisweilen mit Spott auf die Sünden dieses Mannes nach dem Herzen Gottes hingewiesen. Aber es ist eine hohe und glänzende Gestalt, voll Gefühl und Poesie, voll Thatkraft und Einsicht, gross im Glück und im Unglück. Die berühmte Freundschaft mit dem herrlichen Königssohn Jonathan und die energische Gluth seiner Lieder zeugt nicht minder für ihn wie der Ruhm seiner Politik und seiner Kriege. Selbst die böse That an dem braven Uria wird einigermaassen gut gemacht durch die starke Liebe zu der schönen und klugen Frau, die bis an sein Ende einen grossen Einfluss auf den Helden übte, und durch die rührende Zärtlichkeit für ihr krankes Kind. Einen dunkleren Schatten wirft auf seine letzte Stunde die traurige Empfehlung, welche er dem Sohne gegen seinen grossen Feldherrn Joab und gegen seinen kleinen, einst begnadigten Beleidiger Simei giebt, „er solle ihre grauen Haare nicht mit Frieden in die Hölle bringen." Salomos Weisheit scheute sich nicht den Mord am Altare seines Gottes vollziehen zu lassen. Sein Todesengel Benaja zauderte.

LXXV.

Die mächtige Anregung und Steigerung, welche die Concentration der geistigen Kräfte durch Samuel und der materiellen durch die ersten Könige dem Selbstgefühl und der Thätigkeit des Volkes verliehen hatte, rief eine neue Entwicklung hervor, die sich auf allen Gebieten des Lebens geltend machte. Mit der Förderung des intellectuellen Lebens durch die Prophetenschulen traf der Schwung der kriegerischen Thaten zusammen, um dem nationalen Bewusstsein, der Poesie und dem geschichtlichen Interesse für Vergangenheit und Gegenwart Nahrung zu geben. Die bessere Ordnung im Inneren, die Ruhe und Sicherheit, welche die grossen Erfolge nach aussen vor den beständigen Verheerungen des Landes durch die kleinen nachbarlichen Kriege gewährten, die Reichthümer, welche durch Beute oder Tribut gewonnen wurden, gaben Raum und Möglichkeit für eine höhere Civilisation. Neue Bedürfnisse, neue Bestrebungen, neue Anschauungen erwachten. Man benutzte und genoss die Güter des Friedens, der Ordnung, der Bildung, welche durch ruhmvolle Anstrengungen errungen waren. Der Repräsentant dieser Richtung ist Salomo. Kein Held wie David vermochte er kaum dessen Eroberungen zu behaupten; Damaskus wurde ihm bereits entrissen, aber auf die friedliche Hebung der Volkszustände hat er ohne Zweifel bedeutend gewirkt. Die Ueberlieferung knüpfte an seinen Namen, und übertrug auf seine Person, was die Zeit Grosses und Schönes hervorbrachte. Er erschien ihr um so mehr in einem verklärten Lichte, als sich nur noch unter seiner Regierung die Vorzüge der neuen Bildung mit der staatlichen Einheit und Macht des Volkes vereinigten. Die Bücher der Könige und der Chronik machen ihn in phantastischer Ausschmückung mächtiger als alle Könige der Erde, weise vor allen Menschen, so reich an Gold, dass das Silber zu seiner Zeit für nichts gerechnet ward. Worin die Weisheit bestand, darin er „aller Kinder gegen Morgen und aller Aegypter Weisheit" übertraf, wird nicht näher angegeben. Er wusste von Pflanzen und Thieren zu sprechen, er redete drei tausend Sprüche, und seiner Lieder waren tausend und fünf; der Königin von Saba — Balkis nennen sie die Araber — löste er alle ihre Räthsel; nach Josephus führte er mit dem Könige Hiram einen Wettstreit, und war lange siegreich, wurde aber endlich durch die Weisheit eines anderen Tyriers überwunden. Das Bewusstsein des Gegensatzes und des Fortschritts gegen die ältere Zeit schrieb nicht ohne Grund die Regungen des neuen Geistes und den Glanz des neuen Lebens dem Könige persönlich zu, unter dessen friedlicher Regierung „ein Jeglicher unter seinem Weinstock und unter seinem Feigenbaum sicher wohnte von Dan bis gen Berseba." Die Constituirung des Priesterthums, und die regelmässige Ordnung des Staates mit fester Heeres- und Beamten-Verfassung, mit polizeilichen und financiellen Einrichtungen, mit Niederschreibung der Richtersprüche und Führung von Reichsannalen schritten fort. Es ging dem Volke Freude an geistiger Bewegung auf, es bildete sich eine religiöse und poetische Litteratur. Umfangreich dürfen wir uns diese freilich nicht denken; sie beschränkte sich auf die Spruchdichtung, auf geistliche und weltliche Lieder, auf Ausarbeitungen über Gesetze, Ritualien und Sagen der Vorzeit. Die Zahl selbständiger Schriften wird auch auf letzterem Gebiete nicht gross gewesen sein, man verbesserte, überarbeitete, erweiterte die überkommenen Worte; zur Zeit Salomos scheinen die ältesten grösseren Bücher geschrieben zu sein, deren Bruchstücke nach Jahrhunderten in den Pentateuch verarbeitet wurden. Die prophetische Litteratur im heutigen Sinne begann erst bedeutend später. Ausser der Poesie, der Religion und der religiösen Behandlung des Rechts, der Sitte und der Geschichte gab es niemals eine Litteratur, und ebenso wenig wissen wir von der Cultivirung irgend einer speciellen Wissenschaft. Wie geringfügig die Naturbeobachtung selbst in Dingen war, die das Ceremonialgesetz unmittelbar berührten, habe ich bei den Speiseverboten erinnert. Die priesterlichen Theorien beschränkten sich durchaus auf die Gestaltung der Religion, des Cultus und des bürgerlichen Lebens. Die bildenden Künste fanden gleichfalls bei den Hebräern keine Stätte; der Monotheismus, dem hier sogar aus mosaischer Zeit das strenge Bilderverbot zur Seite stand, widerstrebte gleich den geistigen Göttern Irans der bildlichen Darstellung, und wenn sich überall die selbstständigen Anfänge der Kunst an religiöse Ideen knüpften, so war beim Wegfall religiöser Anregung an das Entstehen einer Kunstthätigkeit am wenigsten in einem Lande alt-orientalischer Cultur zu denken, wo alles höhere Streben und alle Ideale durchaus von der Religion getragen wurden. Bis zur königlichen Zeit war das Volk ausserdem zu roh um Fertigkeiten zu üben, die über die Nothwendigkeiten des Lebens hinausgingen. David liess sein Haus, wie Salomo den Tempel durch phönicische Werkleute erbauen. Ob später die Architectur selbständig, oder irgend erheblich cultivirt worden, lässt sich nicht beurtheilen. Den Tempel dürfen wir uns nach der Beschreibung weder gross in seinen Maassen, noch auch in seiner Ausführung denken; nur die mächtigen Substructionen am Tempelberg, die zum Theil auf den ersten Bau des Nationalheiligthums zurückgeführt werden, können die Verwendung grosser Arbeitskräfte rechtfertigen, wobei wie vom ägyptischen Ramses hervorgehoben wird, dass Salomo zu den Frohndiensten bei seinen Bauten keine Eingebornen nöthigte. Mit Herbeiziehung der assyrischen Denkmäler hat man ein ziemlich anschauliches Bild des hebräischen Tempels entworfen, und so viel scheint wenigstens gewiss, dass die phönicisch syrische Kunst in genauem Zusammenhang mit der mesopotamischen stand. Dies gilt ähnlich wie in Persepolis nicht blos vom Plane der Gebäude, sondern auch von den Einzelheiten des Schmucks und der Embleme; die viel angewendeten Cherubim waren Thierleiber mit Flügeln, entsprechend den geflügelten Stieren und Löwen Ninives.

LXXVI.

Die Ruhe und Ordnung im Lande, der steigende Verkehr mit entwickelteren, industriellen Völkern, den Phöniciern und Aegyptern, die Bekanntschaft mit ihren Erzeugnissen und das Bedürfniss den Wohlstand auf eine gesichertere Basis zu stellen als auf nachbarliche Kriege weckten den Geschmack für friedliche Thätigkeit, und riefen Handel und Gewerbe in einem bisher unbekannten Maasse hervor. Hebräische Kaufleute holten Pferde, Wagen und andere Waaren aus Aegypten nicht nur für Kanaan, sondern auch für die übrigen Länder Syriens; die Phönicier erhielten für ihre Arbeiten Korn, Oel und Wein, sie benutzten die Verbindung mit den Israeliten und deren Herrschaft über Idumäa zur Schifffahrt auf dem rothen Meere, die nach der Beschaffenheit der eingeführten Waaren und der dreijährigen Dauer der Fahrten wahrscheinlich direct nach Indien ging, und bei den enormen Handelsgewinnen des Alterthums ohne Zweifel auch für die Beihülfe der Hebräer einen reichlichen Antheil abwarf. Salomo soll Strassen für den Handel angelegt und als Karawanenstation Tadmor erbauet haben, was jedoch nach der Angabe des arabischen Geographen Jakut dessen Einwohner bestritten. Im Lande selbst mehrten sich die Städte und ihr Reichthum. Der Handel war wesentlich ein Tauschhandel, wie auch die Abgaben zum Unterhalte des Hofes, der Beamten, des Heeres und der Priester grösstentheils in Naturalien entrichtet wurden; geprägtes Gold gab es vor dem Exil gar nicht, das Silber wurde zwar vielfach als Tausch- und Zahlungs-Mittel gebraucht, jedoch nur nach dem Gewicht, dessen Einheit der Sekel war, etwa dem Silberwerth eines englischen Schillings gleich. Die priesterliche Theorie, welche alles Zinsnehmen unter den Volksgenossen als unrechtmässigen Wucher verbot, ging von den einfachen Wirthschaftsverhältnissen aus, in welchen die Ansammlung productiver Capitalien und gewerbliche Unternehmungen, die mit fremdem Capital arbeiten, fast gar nicht vorkommen, Darlehne oder Vorschüsse daher regelmässig nur zur Abhülfe von Nothständen an Bedürftige gegeben werden. Die productive Kraft des Capitals, seine Vermittlung zwischen Vergangenheit und Zukunft offenbart sich erst auf entwickelteren Verkehrsstufen, aber auch in den Anfängen ist das natürliche Gesetz, dass Capitalien nicht gesammelt und nicht verliehen werden würden, wenn die Besitzer nicht dafür entschädigt würden, aller Orten stärker gewesen als theologische oder metaphysische Theorien. Das Zinsverbot des Pentateuchs blieb gleich anderen Versuchen Besitz und Gleichheit gegen die Verkehrsgesetze zu erhalten ein todter Buchstabe; mehrere Stellen der Psalmen und Propheten schärfen es nur als eine Pflicht der Liebe und der Frömmigkeit ein, ähnlich wie Origenes von dem Gläubiger verlangt, er solle nicht nur keine Zinsen nehmen, sondern selbst das Capital nicht zurückfordern, dagegen dem Schuldner vorschreibt, er solle ohne Aufforderung das Geborgte doppelt erstatten; solche Vorschriften können nirgends darthun, was im Leben zu geschehen pflegt. Das Eifern und Klagen über den Wucher beweist, dass der hebräische Gläubiger Mittel haben musste trotz des Verbotes nach dem strengen Schuldgesetz nicht nur zu seinem Capital, sondern auch zu seinen Zinsen zu kommen. Nach dem Exil suchte man auch dieses Gesetz durchzuführen, und in einzelnen Gegenden sollen die Juden es noch jetzt durch Kunstgriffe umgehen, wie es im Mittelalter mit dem Zinsverbot des kanonischen Rechts geschah. Die Antipathie der religiösen Doctrin gegen industrielle Arbeit macht sich in den Reden und Schriften der Propheten vielfach geltend. Sie eifern, die Mängel und Sünden der Vergangenheit über den Missständen der Gegenwart vergessend, für alte

Einfachheit, gegen Handel, Gewerbthätigkeit, Geldgewinn und Genusssucht, klagen als Folge davon über Ungerechtigkeit, Betrug, Bestechung, Zweifelsucht und Verachtung der Heiligen. Das war hier nicht ascetische Geringschätzung des Reichthums an sich; vielmehr prahlen die heiligen Schriften mit den durch Krieg und Gewalt erworbenen Schätzen ihrer grossen Könige, die Reichthümer anderer Völker werden nicht ohne Neid geschildert, nicht blos Ehre und Macht, auch Besitz und Genuss sind nothwendige Zuthaten des messianischen Reiches, als Folge der Herrschaft; Tyrus wird wieder Handel treiben, „aber die vor dem Herrn wohnen, werden ihr Kaufgut haben". Es handelte sich nur um die Mittel und Wege. Die geistlichen und weltlichen Mächte des Alterthums trafen meist darin zusammen die kriegerische Thätigkeit als die einzig berechtigte im activen Leben anzuerkennen, Handel und Gewerbe als etwas Sclavisches zu verachten. Kriegerische Gewalt, Plünderung und Herrschaft waren die legitimen Mittel des Erwerbes; die Unterworfenen und Geringen mochten arbeiten, das herrschende Volk sollte von regelmässiger Arbeit befreit sein, wie Adam im Paradiese. Es trat noch ein anderer Grund der Abneigung für die contemplative Classe hinzu. Industrie und Handel milderten die feindselige Abschliessung der Nation, beförderten den friedlichen Verkehr, die Bekanntschaft und Verbindung mit anderen Völkern, und thaten dadurch der Neigung zu fremden Gebräuchen und Religionen Vorschub. Bereits Salomo duldete die Verehrung fremder Götter, wie es heisst um seiner ausländischen Frauen willen; wahrscheinlich wirkten allgemeinere Rücksichten mit. Diese Toleranz machte nach seinem Tode Propheten gegen das Haus Davids Partei ergreifen und den Abfall der zehn Stämme als Folge des göttlichen Zornes betrachten. Die wirkliche Ursache waren die ungewohnten Lasten, ohne Zweifel die in den orientalischen Reichen übliche Kopfsteuer und Grundsteuer, welche die neue Monarchie dem Volke auferlegt hatte. Die alte Eifersucht der Stämme, namentlich der beiden mächtigsten, Juda und Ephraim, kam dazu, als der Ruf erscholl: was haben wir denn Theil an David? zu deinen Hütten, Israel!

LXXVII.

Zu dem Sohne Salomos hielten ausser dem eigenen Stamme Juda nur Theile von Benjamin, in dessen Gebiet Jerusalem lag, und der südlich wohnende Stamm Simeon, als die übrigen dem Jerobeam zufielen. Dieser sagte sich keineswegs vom Jehovahdienste los, aber er untersagte die Verbindung mit dem Tempel zu Jerusalem, errichtete eigene Heiligthümer und führte den Bilderdienst ein, indem er zunächst an der Nord- und Südgränze seines Reiches das alte Symbol des Stieres aufstellte. Die orthodoxen Schriften bezeichnen seine Bilder verächtlich als Kälber; denken wir sie geflügelt, so liegt die Annahme nahe, dass sie die Cherubim, welche an den Enden der Bundeslade standen, ersetzen und gleichsam das ganze Land an Stelle des alten, ihm fehlenden Nationalheiligthums dem Herrn weihen sollten. Die Leviten wanderten deshalb aus, und es wurden Priester aus dem übrigen Volke genommen. Mit dem Wegfall der Priesterkaste und ihrer festen Organisation verloren Religion und Gesetz ihren Schwerpunkt. Die Theorien konnten den äusseren Halt einer geschlossenen Classe nicht entbehren. Ohne ihn verloren sie ihren Einfluss. Von einer Fortbildung der Theorie, von einer Beherrschung des Lebens durch sie war nicht mehr die Rede im Reiche Israel, seine Bedeutung für die Erhaltung und Entwicklung des Monotheismus ist daher eine geringe. Die Propheten und ihre Anstrengungen für die alte Religion nahmen nur ein persönliches Interesse in Anspruch. Die Kämpfe des Monotheismus und Polytheismus hatten keinen Erfolg als die äussere Ordnung zu gefährden, die Zerrüttungen im Lande zu mehren. Ob Jehovah, oder Baal augenblicklich prävalirte, war für die Zustände des Volkes und des Staates ziemlich gleichgültig; Bildung und Sitte hingen so wenig mehr davon ab, wie die Macht des Königthums oder sein Kriegsglück.

Im Reiche Juda konnte zwar das starke Zuströmen der besitzlosen Leviten schwerlich auf die damalige Wohlfahrt des Volkes günstig wirken, aber für die Consolidation, auf die Macht und die Arbeiten der geistlichen Gewalt blieb ihre numerische Verstärkung gewiss nicht ohne Einfluss. Wenn auch hier polytheistische Meinungen nicht fehlten, wenn einzelne Könige sie begünstigten, so wurde doch die Herrschaft des Jehovahdienstes nie ernstlich in Frage gestellt; die Bekämpfung der fremden Götter trug nicht den Charakter eines Krieges, in welchem gleiche Kräfte sich den Ausgang streitig machen, sondern den einer Verfolgung, die mit mehr oder minder Eifer betrieben ward. Die wesentlichen Kämpfe fanden innerhalb des Monotheismus statt zwischen strengeren und laxeren Parteien, nicht sowohl um Dogmen, als um äussere Ordnungen, Cultus, bürgerliche Einrichtungen. In diesen Kämpfen erfolgte die Entwicklung und Fixirung des Gesetzes, welche die letzten Zeiten der Selbständigkeit bezeichnet. Man steigerte die strengen Anforderungen der Gesetzmässigkeit und Heiligkeit des Lebens zuerst in der Theorie, dann auch in der Praxis, als die wachsenden Bedrängnisse den Mahnungen der Männer Gottes Nachdruck verliehen. Waren die Ideale der Speculation nicht in der Welt der Erscheinungen zu verwirklichen, waren ihre Satzungen zum Theil kleinlich, nutzlos und hemmend, so dürfen wir darum nicht verkennen, dass ein ernstes Streben in dieser Hülle lag, und das Wesen der Sache an sie gebunden war. Die tiefsten Theorien vermochten nicht ohne diese äusseren, für uns bedeutungslosen Formen sich in die Gemüther der Menschen zu prägen und eine bleibende Gestalt zu gewinnen.

Die politische Macht des Volkes erlitt durch die Theilung des Reiches einen Stoss, von welchem sie sich nimmer erheben konnte. Die auswärtigen Besitzungen gingen nach und nach verloren; die getrennten Staaten, welche unter einander und mit den benachbarten Völkern blutige Kriege führten, waren den umliegenden syrischen Reichen nicht mehr überlegen. Dessen ungeachtet brauchen wir uns ihre Lage nicht gerade unglücklich zu denken, wenigstens nicht unglücklicher als die anderer kriegerischer Völker, die aus häufigen Kämpfen bald als Sieger, bald als Besiegte hervorgingen, bis die Uebermacht der assyrisch-babylonischen Waffen Elend und Verzweiflung über diesen Theil der Erde brachte. Manche Regierungen waren entschieden Perioden des Glückes im Innern wie nach aussen. Der Staat der zehn Stämme, grösser, reicher und seiner Lage nach ausgesetzter, litt ausserdem durch den Umstand, dass keine der Dynastien, die sich in blutigem Wechsel folgten, zu der Weihe dauernder Legitimität gelangte. In Judäa hielt man am Hause Davids fest; Thronumwälzungen und Religionskämpfe waren weder so häufig, noch so tiefgreifend; die priesterliche Bildung und die staatliche Ordnung schritten unverkennbar fort; auch scheint man hier in der Regel eine gemässigtere, fügsamere Politik gegen mächtige Feinde geübt zu haben, man liess es nicht zum Aeussersten kommen. Dass das Gebiet abgelegener, gebirgiger, schwerer zugänglich war, schützte es freilich nicht, als stärkere Nationen auf den Schauplatz traten; schon unter Rehabeam und seitdem wiederholt wurde Jerusalem von Aegyptern, Syrern, Assyrern und Chaldäern gebrandschatzt, und wenn es lange zu keiner dauernden Unterjochung kam, lag dies hauptsächlich an dem älteren System der grossen kriegerischen Völker, welche sich in der Regel mit Plünderungen und Tributen begnügten, allenfalls die besiegten Könige als ihre Vasallen betrachteten, aber eine geordnete Herrschaft einzurichten nicht verstanden oder Willens waren. Mit den Fortschritten der Politik steigerten sich unter der jüngeren assyrischen Dynastie auch in diesen von dem Centralpunkte des Reiches weit entfernten Gegenden die Ansprüche der Herrschaft und damit die Bitterkeit der Conflicte, die Schwere der Heimsuchungen, die Verzweiflung des Widerstandes. Wir haben kein Sinken, keinen politischen oder sittlichen Verfall der syrischen Staaten anzunehmen, wofür jeder thatsächliche Anhalt fehlt; das gewaltige Wachsthum der mesopotamischen Grossmächte erklärt es vollkommen, dass die kleineren Staaten ihre Unabhängigkeit nicht mehr behaupten konnten, als jene mit den Forderungen der Unterwürfigkeit Ernst machten. In dem Angstruf der Propheten, welche Verderben ringsum verkünden, dem eigenen und fremden Völkern aus der Schale des Zorns den Untergang zutrinken, birgt sich nur die schreckliche Gewissheit des unvermeidlichen Verhängnisses. Die richtige Würdigung der Machtverhältnisse wird theologisch ausgesprochen: der Grimm Gottes, durch gewöhnliche Busse nicht mehr zu versöhnen, hat die sündigen Nationen in die Hand der Verderber gegeben; Assyrer oder Chaldäer, obwohl selbst verworfen, sind die Vollstrecker seines Gerichts. In der Erkenntniss, dass alles Widerstreben vergeblich, völlige Vernichtung drohe, mahnte Jeremia zur Unterwerfung, aber der kriegerische Sinn des Volkes verschmähte sie. Die Ausdauer und Tapferkeit der Hebräer bewährte sich bis zum Ende. Drei Jahre widerstand Samaria den Assyriern, drei Jahre Jerusalem dem Nebukadnezar. Ob die Wegführung der Einwohner aus dem Reiche Ephraim in sehr erheblichem Maasse stattgefunden, lässt sich nicht beurtheilen; die Hinsendung fremder Colonisten würde schon durch die Verwüstung des letzten Krieges erklärt werden, und die Zahl der zurückgebliebenen Israeliten scheint im Lande überwogen zu haben, da die Fremden sich dem Jehovahdienste anbequemten, wenn sie auch daneben andere Götter verehrten. Als Jerusalem wiederhergestellt wurde, war auch unter den Samaritanern der Monotheismus herrschend. Die weggeführten Israeliten haben sich im Osten spurlos verloren. Jesaia hatte verheissen, sie würden dereinst über den Euphrat zurückkehren, wie ihre Väter aus Aegypten; Josephus dachte sich die zehn Stämme noch massenhaft im Orient. In der That sind gewiss nicht Viele von ihnen wieder nach Kanaan gekommen. Dass zurückgekehrte Israeliten den Jehovahtempel auf dem Berge Garizim erbauet hätten, ist eine späte Erdichtung. Anders war es mit dem Reiche Juda. Die wiederholten Plünderungen und die dreijährige Aufhäufung orientalischer Heeresmassen in dem kleinen Lande müssen eine furchtbare Verödung zur Folge gehabt haben. Dem Hunger und Schwert zu entrinnen wanderten Viele nach Aegypten aus, wo sich früh eine zahlreiche jüdische Colonie bildete. Die Uebriggebliebenen scheinen in Masse über den Euphrat verpflanzt zu sein, da bedeutende Schaaren zurückkehrten, und doch eine Menge in den persischen Provinzen zerstreut blieb. Das grosse Sabbatjahr war gekommen, „Juda war gefangen im Elend", und Jeremia klagte auf der wüsten Stätte, wo der Tempel des Herrn gestanden.

LXXVIII.

Funfzig Jahre nach diesen Tagen gestattete Cyrus die Rückkehr der Verbannten, und wies ihnen die Landschaft von Jerusalem an. 42,360 freie Männer machten unter der Führung Serubabels, eines Descendenten Davids, und Josuas, in dessen Hause das Hohepriesterthum erblich blieb, von der Erlaubniss Gebrauch. Aus der geringen Zahl der Sclaven und der Lastthiere, welche dem Zuge folgten, lässt sich schliessen, dass vorzugsweise die Niedrigen und Armen der alten Heimath zustrebten. Diese scheint inzwischen nicht stark occupirt worden zu sein, dennoch konnten Reibungen und Kämpfe mit den umwohnenden Stämmen, welche herrenlose Ländereien in Besitz genommen hatten, nicht ausbleiben. Dazu kam der Hochmuth der jüdischen Exclusivität und Gesetzesstrenge, welcher die Samarier, die sich ihnen anschliessen wollten, als unreinen Blutes und heterodox zurückwies. Die Ankömmlinge wurden verhasst, am persischen Hofe verklagt, der Tempelbau ward inhibirt und konnte erst unter Darius vollendet werden. Es wollte mit der Colonie nicht recht vorwärts, man fand sich gedrückt und beengt gegen das alte Reich und die grossen Hoffnungen, mit denen man zurückgekehrt war. Esra, der um 460 vor Christus mit einem neuen Zuge ankam, erschrak über die Verwilderung des Volkes und die Nichtachtung des Gesetzes. Nehemia fand die Mauern Jerusalems zerstört, die Thore niedergebrannt. Was Esra für das geistige Leben ward er für die äussere Wohlfahrt des Volkes. Die spätere Dichtung warf beide zusammen, und stellte sie an die Spitze eines goldenen Zeitalters. Ohne Zweifel bezeichnete Nehemias Statthalterschaft einen Wendepunkt in der Gestaltung der Dinge. Es kam wieder zu einer staatlichen Ordnung. Waren sie auch der persischen Hoheit unterworfen, dem grossen Reiche eingereiht, so hatten die Juden doch ein eigenes Vaterland, bildeten wieder ein Volk mit politischen Einrichtungen, welches sich abgesondert und ziemlich selbständig regieren konnte, standen nicht wie ihre zerstreuten Brüder, oder wie in späteren Zeiten die Christen und die Parsen in den orientalischen Reichen in einem blos religiösen Verbande unter geistlichen Lehrern und Gemeindehäuptern. Ungefähr das Königreich Juda in seinen alten Grenzen befand sich wieder in ihren Händen. Neben dem persischen Unterstatthalter, der sie wahrscheinlich bei regelmässiger Steuerzahlung im Ganzen sich selbst überliess, wenn er nicht ausnahmsweise wie Nehemia selbst ein Jude war, standen der Hohepriester und das Synedrion, aus siebzig sich selbst ergänzenden Mitgliedern, Priestern, Gemeindeältesten und Schriftgelehrten zusammengesetzt, als höchste richterliche und verwaltende Behörde an der Spitze des kleinen Staates. Von einer politischen Bedeutung und einer politischen Geschichte desselben konnte allerdings nicht die Rede sein, und dem politischen Interesse des Alterthums blieb er daher fast ganz unbekannt. Der aufmerksame Herodot, obwohl auf seiner Reise in Phönicien nur wenige Meilen entfernt, nahm keine Notiz von dem eigenthümlichen Volke. Der erste Grieche, der von einem Juden erzählte, mit dem er zufällig zusammengetroffen, war Aristoteles; er soll die enthaltsame Weisheit des Mannes bewundert und in Erkenntniss des ähnlichen Geistes die jüdische Philosophie von der indischen abgeleitet haben. Aber es war auch nicht das staatliche Leben, wodurch das Judenthum auf die Mit- und Nachwelt gewirkt hat, sondern es waren die religiösen Theorien und Einrichtungen, welche der geistlichen Gewalt des Mittelalters zum Vorbilde gedient, und zur

Gestaltung der christlichen Welt mächtig beigetragen haben, und diese erhielten ihre Ausbildung grossentheils erst in diesen Zeiten der Restauration nach dem Exil. Als sich in Griechenland das politische Leben zum Ende neigte, und sein Erlöschen eine Lücke in der Bewegung der Geister liess, da wendeten sich die besten Kräfte des Volkes wisssenschaftlichen Bestrebungen zu, und es erblühte auf allen Gebieten intellectueller Cultur eine Fülle der Anschauungen und des Wissens, wie sie die Welt noch nicht gekannt hatte. Auch den Juden bot die politische Existenz keine Befriedigung mehr, auch hier sahen sich die strebsamen Geister, die einer erregteren Thätigkeit bedurften, die sich nicht beschränken mochten in der verachteten Sclavenarbeit des täglichen Lebens, *to eat and be despised and die**), auf die innere Bewegung angewiesen. Aber hier fehlte die Anregung vielseitiger Berührungen mit den Contrasten verschiedengearteter Natur und Völker, das objective Interesse für die Auffassung der Aussenwelt, wodurch der Reichthum des griechischen Geistes charakterisirt wird; die Richtung auf die allgemeine religiöse Theorie war so vorherrschend, die ganze Bildung des Volkes ruhte so ausschliesslich in den Händen des Priesterthums und seiner Schüler, dass weder für eine andere Basis, noch für andere Zweige des Wissens Raum blieb. Die Einseitigkeit der Religiosität schloss jedes wissenschaftliche Streben aus, wie sie in der Praxis als der einzige legitime Gesichtspunkt betrachtet ward. Alles höhere Leben bewegte sich um sie. Diese Wendung, in den letzten Zeiten des Königthums vorbereitet, trat im Exil entscheidend hervor, und ergriff die neue Gemeinde mit der nicht mehr vergessenen Aufgabe durch strenge Uebung des Gesetzes in der That und Wahrheit ein heiliges Volk des Herrn zu sein.

Wie sich die Theorie im engeren Sinne, die Dogmen über Gott und Welt, über Himmel und Hölle, unter fremder Einwirkung und durch eigene Ausarbeitung weiter bildete, haben wir früher gesehen. Auf die praktischen Lehren und

---

*) Zu essen und verachtet zu werden und zu sterben. (Byron.)

die Gestaltung des Lebens nach ihnen müssen wir jetzt noch einen Blick werfen. Ihre Ausbildung und Durchführung hat seit den Zeiten, da die Grundlagen des Glaubens unabänderlich feststanden, die grösseren Anstrengungen und Kämpfe gekostet. Der richtige Glaube wurde vorausgesetzt, auf dem richtigen Handeln beruhte die Gnade Gottes, das Heil und die Zukunft des Volkes. Hier machten sich verschiedene Grade der Ansprüche und verschiedene Richtungen geltend.

LXXIX.

Von den Propheten des Exils wurde die innere Gesinnung und die Sittlichkeit des Wandels mit tiefem Ernste hervorgehoben, als das Wesentliche und Nothwendige gegen äussere Beobachtungen und religiöse Gebräuche; nicht Fasten und Kasteiungen, sondern Gerechtigkeit, Milde, Barmherzigkeit verlange Gott von den Seinen. „Dann wirst du rufen, so wird dir der Herr antworten." Aber zugleich wuchsen in und seit den Zeiten der Verbannung Umfang und Strenge der formellen Vorschriften. Das einzige Heil lag in der Religion, und einmal überzeugt, dass ein heiliges, gottgefälliges Leben von religiösen Satzungen durchdrungen und getragen werden müsse, ging man in dieser Richtung immer weiter, je ernster man es nahm. Um nicht anzustossen that man lieber zu viel als zu wenig, und unterwarf auch das Geringfügige, was früher der Willkür überlassen blieb, einer unverbrüchlichen Ordnung. Es wurden Busstage zur Erinnerung an die grossen nationalen Unglücksfälle und regelmässige Gebete zu bestimmten Tagesstunden eingeführt. Der Pentateuch gebietet das Fasten nur für den Versöhnungstag, an welchem es die Juden noch heutigen Tages beobachten, sonst werden zwar ascetische Enthaltungen oder Auferlegungen in Folge von Gelübden, sei es für immer, sei es für eine bestimmte Zeit, erwähnt, und sie waren, wie das Beispiel der alten Naziräer zeigt, von je her in Gebrauch um Verschuldungen zu büssen oder die göttliche Gnade in besonderem Maasse zu erwerben, indessen hatten diese Dinge keine grosse Bedeutung in den älteren Zeiten, und können sie auch nur da gewinnen, wo mehr das Heil der Zukunft als das Glück der Gegenwart in das Auge gefasst wird. Eine solche Zeit war jetzt gekommen, und wenn man hier auch nicht bis zu eigentlichen Peinigungen und Qualen fortschritt, durch welche die indische Beschaulichkeit völlige Ertödtung des Sinnlichen und Irdischen erstrebte, so legte man sich allerlei Entbehrungen und Mühseligkeiten auf, hielt häufige Fasten und Bussübungen, suchte die Gesetze eines frommen Wandels nicht nur zu erfüllen, sondern noch darüber hinauszugehen, und möglichst das ganze Volk für diese Strenge zu gewinnen, Alles in der Absicht die Tage des Heils herbeizuführen. Die Gegenwart konnte nicht befriedigen, am wenigsten entsprach sie den grossen Verheissungen der Propheten, deren Erfüllung man mit der Rückkehr in das gelobte Land erwartet hatte, so musste man sich auf die Zukunft vertrösten. Die Zeit der Herrschaft und der Herrlichkeit durch die materielle Volkskraft herbeizuführen lag ausser aller Frage, sie liess sich nur von der Allmacht Gottes erhoffen; wenn sie verzog, musste die Schuld an dem Volke selbst liegen, welches den Anforderungen der Reinheit und Heiligkeit noch immer nicht genügte. Daher ward es die Aufgabe des Ganzen wie jedes Einzelnen durch vollkommene Heiligung den Boden zu bereiten für das Reich des Messias. Und neben dieser Bedeutung für die Zukunft des Volkes sollte die persönliche Heiligung auch mehr und mehr dem Einzelnen das Heil seiner Seele verbürgen, als in dem Elende der äusseren Zustände die innigere Concentration auf das religiöse Leben und zugleich der Einfluss fremder Anschauungen den Unsterblichkeitsglauben stärker und wirksamer ausprägten. In diesem Sinne lehrte Simon der Gerechte, wahrscheinlich ein Hoherpriester, der bald nach Alexander dem Grossen lebte: auf drei Dingen beruhe die ganze Welt, dem Gesetze, dem Gottesdienste und der Uebung guter Werke. Die guten Werke umfassten sowohl die Einrichtung des ganzen Lebens nach den Satzungen der Schrift und der Tradition, als Handlungen der Nächstenliebe und Wohlthätigkeit. Gut war, was das Gesetz gebot, besonders verdienstlich, was in Strenge des Lebens, Eifer für die Befolgung und Ausbreitung des Gesetzes, werkthätiger Unterstützung Anderer noch über die eigentlichen Gebote hinausging. Wo immer eine solche Richtung herrschend wird, da liegt die Gefahr nahe, dass die geforderte Heiligkeit nicht in sittlicher Gesinnung und einem durch sie bestimmten Thun, sondern in Aeusserlichkeiten, Formen und Gebräuchen gesucht wird, und je mehr blosse Vorschriften des Ceremoniells mit den Geboten der Moral auf dieselbe Stufe gestellt werden, desto leichter wird dann eine selbstgenügsame Werk- und Scheinheiligkeit überhand nehmen.

Von Esra, dem grossen Schriftgelehrten und dem ersten, der so genannt wird, ging die neue Gelehrsamkeit, die Schrifterklärung, die Richtung der Schulen aus, wodurch sich der besondere Stand der Schriftgelehrten entwickelte. Sein Ruhm stieg, je mehr das Schriftgelehrtenthum zur herrschenden Macht im Volke wurde; er ward ein wunderbarer Meister alles Wissens, Wiederhersteller und Schöpfer heiliger Bücher, Moses fast gleich gestellt. Die Sage liess unter ihm die grosse Synagoge zusammentreten, welcher ein grosser Theil der heiligen Schriften und die letzte Feststellung des Gesetzes zugeschrieben wurden; der Talmud betrachtet sie als den Schlussstein der inspirirten Ueberlieferung: das auf dem Sinai verkündete Gesetz sei von Moses dem Josua, von Josua den Aeltesten, von den Aeltesten den Propheten, von diesen den Männern der grossen Synagoge übergeben worden; im Mittelalter wurden die Dichtungen über sie noch weiter ausgesponnen. Wie unter Moses geschehen sein sollte, wurde von Esra das geschriebene Gesetz durch einen förmlichen Vertrag mit Jehovah wieder eingeführt, und der Vertrag im Namen des Volkes von Priestern, anderen Leviten und Aeltesten feierlich vollzogen, den drei Classen, aus welchen Josaphat seinen hohen Gerichtshof gebildet hatte, während später im Synedrion die Leviten durch Schriftgelehrte ersetzt wurden. Es erwachte ein gewaltiger Eifer für das Gesetz, aber auch die buchstäbliche und engherzige Handhabung desselben, welche die ausländischen Frauen und mit ihnen sogar die eigenen Kinder rücksichtslos verstiess, die Fremden aller Rechte in der Gemeinde beraubte. Strenge Haltung des Sabbats und der Feste, regelmässige Steuern an den Tempel, erhöhte Feierlichkeiten des Gottesdienstes wurden eingeführt. Das Gesetz wurde öffentlich vor dem Volke verlesen und erklärt, und wie sich um die Gelehrten des hohen Raths Schüler sammelten, aus denen der Rath regelmässig ergänzt ward, so wurden in den einzelnen Gemeinden Schulen zum Volksunterricht gestiftet um Religion und Gesetz lebendig zu erhalten, was freilich nicht nur wegen des vermehrten Umfanges der Tradition, sondern auch durch die Veränderung der Sprache nothwendig ward. Denn das alte Hebräische verschwand während der nächsten Jahrhunderte nach dem Exil vollständig aus dem Leben, und erhielt sich nur als heilige und gelehrte Sprache, während im Volke das Syrisch-Chaldäische gesprochen wurde.

LXXX.

Gegen die Steigerung peinlicher Gesetzesmacherei und äusserlichen Formenwesens machten sich freiere Richtungen in verschiedener Weise geltend. Die Samarier, ebenso streng monotheistisch wie die Judäer und im letzten Vernichtungskampfe sich ihnen zugesellend, erkannten nur den Pentateuch als Quelle des Gesetzes an, und verwarfen sowohl die übrigen heiligen Schriften, wie die Satzungen der angeblichen Tradition. Sie wurden in Jerusalem von je her als Schismatiker betrachtet, trotzdem liessen sich durch einen persischen Machthaber Leviten zum Dienste bei ihrem kurz vor Alexander dem Grossen erbauten, in der späteren Makkabäerzeit von den Juden zerstörten Tempel auf Garizim bestimmen. Bei den Juden Aegyptens trat, wie die dort entstandene Litteratur bezeugt, unter dem Einflusse griechischer Bildung die Bedeutung des Buchstabens in formeller Gesetzmässigkeit zurück; man fing an die ceremoniellen Gebote wie die religiösen Sagen allegorisch zu deuten. In dem Buch

Kohelet fand der ausgeprägte Skepticismus sogar Eingang in die heilige Litteratur. Die hauptsächliche Opposition gegen die Herrschaft der strengen Partei bildete seit dem dritten Jahrhundert die Secte der Sadducäer, nach einem ihrer hervorragendsten Lehrer Sadok benannt. Nur durch die Theorie verbunden, hielten sie, wie Josephus bemerkt, im Leben nicht zusammen, sondern handelten vereinzelt. Sie gestanden dem Gesetze nur eine bürgerliche Geltung, keine religiöse Bedeutung zu, und bekämpften damit die spätere Tradition in ihrer eigentlichen Grundlage. Indem sie aus diesem praktischen Gesichtspunkte auf den Pentateuch zurückgingen, verwarfen sie consequenter Weise mit der späteren Gesetzgebung auch die spätere Ausbildung der Dogmatik, und bestritten nicht nur die Unsterblichkeit und die Geisterlehre, sondern auch die Vorsehung, Vergeltung und Einwirkung Gottes auf das Handeln und das Schicksal der Menschen. Dadurch traten sie offenbar in einen zu schroffen Gegensatz mit den religiösen Anschauungen des Volkes, als dass ihre Theorie grossen Erfolg hätte gewinnen können, sie wurden bald entschieden als Irrgläubige betrachtet. Seit dem Enthusiasmus der Makkabäerzeit wurden die Eifrigen und Strengen immer ausschliesslicher die Träger des nationalen und religiösen Lebens. Den Gleichgültigen und Gesetzlosen, die von ihnen natürlich zu Sündern gestempelt wurden, hatten sich früh die Chasidim als Fromme oder Treue gegenüber gestellt. Aus ihnen gingen die Pharisäer, die Gesonderten, hervor, welche als Repräsentanten der äussersten Gesetzmässigkeit im Schriftgelehrtenthum und im Volksleben einen grossen Einfluss gewannen, und vorzugsweise die Alles regelnden Satzungen fixirt haben, die später im Talmud gesammelt wurden. Ihre auf das Handeln und Herrschen gerichtete Verbindung konnte nicht verfehlen persönlicher Herrschsucht Vorschub zu thun, und ebenso musste ihre Art und Weise aus der Frömmigkeit gleichsam eine Kunst oder ein Gewerbe zu machen und den Gesetzeseifer in guten Werken zur Schau zu tragen vielfach dahin führen an die Stelle frommer und sittlicher Gesinnung äussere, oft heuchlerische Formen zu setzen, doch ward von den Besseren unter ihnen und im Talmud nicht weniger ernstlich wie im neuen Testament gegen Herrschsucht, geistlichen Hochmuth, Heuchelei und blosse Werkheiligkeit geeifert. Eine andere Erscheinung des tief religiösen Lebens waren die Essäer oder Essener. Diese, von jeder öffentlichen Wirksamkeit abgewendet, nur als Armenpfleger und Heilkundige an den Leiden der Menschen Theil nehmend, führten in den Einöden Judäas und Aegyptens, zum Theil indessen auch in Städten ein zurückgezogenes, beschauliches Leben, dem Dienste Gottes und des Gesetzes gewidmet, welches auf das Innere und Geistige gedeutet wurde. Streng sittlich, die Sünder ausstossend, allen Leidenschaften und Genüssen entsagend, Fleischspeisen und blutige Opfer verwerfend, fleissig und arbeitsam, lebten sie in kleinen Genossenschaften um Bethäuser gesammelt, nicht mehr einem irdischen Reiche des Messias, sondern dem verklärten Jenseits entgegen harrend. Ihre oft bedeutenden Stiftungen und gemeinsames Vermögen wurden von Curatoren verwaltet. Die Einrichtungen und Lebensregeln glichen buddhistischen oder christlichen Mönchsorden, und die fromme Heiligkeit ihres Wandels erregte auch bei Aussenstehenden Bewunderung; Philo schildert sie mit Begeisterung, Josephus schreibt ihnen sogar Voraussicht der Zukunft zu. Dass sie alle ehelos gelebt, wie Plinius behauptet, und sich — seit Jahrtausenden — nur durch die Lebensmüden ergänzt hätten, welche Glückswechsel oder Reue in ihre Gemeinschaft trieben, ist zwar nicht richtig, doch entsagten Viele der Ehe, theils aus ascetischer Selbstverläugnung, zum Theil auch in antiker Geringschätzung der Frauen, deren sündhafte Natur ihnen zu unheilig für die fromme Gemeinde schien, „überzeugt, dass keine derselben einem Manne Treue halten könne."

LXXXI.

Seit dem Exil gab es beträchtliche jüdische Gemeinden in Babylonien und Aegypten. Nach dem Aufstande gegen Ochus wurden abermals viele Gefangene in die östlichen Provinzen des persischen Reiches versetzt. Als der erste Ptolemäer Alexandrien rasch zu bevölkern wünschte, führte er nach einem Einfall in Syrien eine grosse Menge von Juden nach Aegypten, von wo aus sie sich weiter an der Nordküste Afrikas ausbreiteten. Das Glück, welches die Stammgenossen im Auslande machten, die Drangsale der ägyptisch-syrischen Kriege, zuletzt das Drohen und Beginnen des Römerkrieges fügten freiwillige Auswanderungen den gezwungenen hinzu, und so entstanden zahlreiche Judengemeinden ausser in Aegypten namentlich in Syrien und Kleinasien, aber auch in Griechenland und in Italien. Im Auslande, von kriegerischer und politischer Thätigkeit ausgeschlossen, meist in grösseren Städten angesessen, und zunächst wenigstens ohne Grundbesitz warfen sich die Juden nothgedrungen, aber mit grossem Eifer und grossem Erfolge auf Handel und Gewerbe, ein Beispiel, wie meist erst die Lösung vom Staate und die Gleichgültigkeit gegen seine Interessen die Abneigung des Alterthums gegen die industrielle Arbeit überwinden musste. Die Hoffnungen auf kriegerische Herrschaft, die Erwartungen des messianischen Reiches traten mehr zurück, wo sich die Juden in der Fremde, getrennt von den Erinnerungen und Anregungen der Heimath, zugleich in guten materiellen Verhältnissen befanden, wo sie jedenfalls ihre Ansprüche auf die Weltherrschaft aus Klugheit verbargen, und sich gewöhnen mussten die Welt nicht als eine künftige Beute, sondern als den gegenwärtigen Schauplatz fruchtbringender Thätigkeit zu betrachten. Dagegen hielten sie fest an der väterlichen Religion, und waren in dem Eifer ihren Gott und ihr Gesetz zu Ehren zu bringen emsig bemüht Proselyten zu machen; das gelang ihnen auch trotz der nationalen Beschränktheit ihres Standpunktes in ziemlich erheblichem Umfange, denn die polytheistischen Systeme verloren allmälig ihre Kraft, und die Welt begann dem Monotheismus entgegen zu reifen. Tacitus spricht mit Bitterkeit von ihren Bekehrungen, freilich waren es schlechte Bürger, welche die väterlichen Götter verliessen, und die Juden in der That ein Moment in der

Auflösung der antiken Staatsbildung. Wie sie von diesen Zeiten her in der Entwicklung des Handels und der Industrie eine bedeutende Rolle gespielt haben, so bildeten auf dem theoretischen Gebiete die jüdischen Gemeinden in der griechisch-römischen Welt wesentlich die Vermittlung und die Anknüpfungspunkte für die Ausbreitung des christlichen Monotheismus. Alexandrien und Babylon blieben noch in späten Zeiten neben den Schulen Palästinas Hauptsitze jüdischer Bildung und Gelehrsamkeit, die sich freilich in Aegypten dem Einflusse griechischer Litteratur und Philosophie um so weniger verschliessen konnte, als die dortigen Juden auch die neuere Sprache ihres Vaterlandes allmälig vergassen, und daher selbst ihre heiligen Bücher in griechischer Uebersetzung lasen. Da sich überhaupt im Alterthum die Nationalitäten schärfer schieden und bewahrten, als es unter den homogeneren Culturverhältnissen der Neuzeit der Fall ist, versteht es sich von selbst, dass die Juden überall fest zusammenhielten; in den halb orientalischen Städten, wie Alexandrien, Antiochien, Cyrene, bildeten sie abgeschlossene Gemeinwesen mit eigener Verwaltung, an anderen Orten nur religiöse Gemeinden, deren Mittelpunkt ihre Bethäuser und Schulen waren. Ihre fremdartigen Gebräuche, ihre geflissentliche Absonderung, ihr Hochmuth und ihr Fremdenhass, gesteigert durch den Hohn und die Bedrückung, welche sie gelegentlich erfuhren, riefen Widerwillen gegen sie hervor, und der heldenmüthige Widerstand, den sie zuletzt in Judäa leisteten, eine Gegenwehr, wie sie die Römer seit dem Untergange von Carthago und Numantia nicht erfahren hatten, erregte nicht Bewunderung, sondern Abscheu. Tacitus schreibt: unter sich halten sie hartnäckig Treue, und üben Barmherzigkeit, gegen alle Anderen hegen sie feindseligen Hass; und bei Gelegenheit einer Deportation italiänischer Juden nach Sardinien meint er: wenn sie da zu Grunde gingen — ein geringer Schade.*) Mit Jerusalem blieben

---

*) vile damnum.

die Juden in steter Verbindung; es wurden regelmässige Wallfahrten dahin gemacht, oder durch eine Geldzahlung abgekauft, religiöse Entscheidungen von dort angerufen, und sowohl aus dem parthischen, wie aus dem römischen Reiche Steuern zum Tempel entrichtet, welche so erheblich waren, dass zu Ciceros Zeit ein kleinasiatischer Statthalter sich veranlasst fand die Ausfuhr von Gold nach Jerusalem zu verbieten. Durch die Abgaben wurde der Tempel, durch den grossen Fremdenverkehr die Stadt sehr reich.

LXXXII.

Während in der Vereinzelung der Fremde sowohl für die praktische Thätigkeit, wie für die religiösen Hoffnungen die individuellen Interessen des irdischen und des künftigen Lebens in den Vordergrund traten, verlor in Judäa selbst das mächtige Nationalgefühl den Staat und seine religiöspolitische Bestimmung niemals aus den Augen. Man träumte von der grossen Zukunft, man schwelgte in Bildern der Herrschaft und der Rache. Freilich bedurfte es der äussersten Bedrückung, der Antastung des Heiligsten, ehe der zähe Patriotismus gewaltsam ausbrach. Unter der persischen Herrschaft war das Gemeinwesen allmählig an Kraft und Ordnung gewachsen. Während der Kriege der macedonischen Reiche wechselte die Herrschaft, die endlich den syrischen Königen blieb. Schon Antiochus der Grosse war in seiner Geldnoth nach der römischen Niederlage zu Tempelplünderungen geschritten; bald trat zu den Erpressungen ein anderer Druck hinzu. Antiochus Epiphanes wollte die verschiedenartigen Nationalitäten seines weiten Reiches systematisch verschmelzen, griechische Religion und Sitte mit hastiger Rücksichtslosigkeit zur Herrschaft bringen. In diesem Streben weihte er die Tempel von Jerusalem und Garizim dem Zeus, verbot die heiligen Gebräuche, und verhängte grausame Verfolgung über die Widerstrebenden. Sein gewaltthätiges Beginnen rief überall die nationalen Reactionen hervor, durch welche die griechische Herrschaft im Orient gebrochen wurde. Im Osten traten die Parther an die Spitze der empörten Völker, und Iran ging dem Seleuciden-Reiche verloren. In Judäa gewann der Aufstand unter der einsichtigen und festen Leitung des levitischen Heldengeschlechts der Hasmonäer oder Makkabäer, in deren Hause sich dann die hohepriesterliche Würde mit dem weltlichen Fürstenthume vereinigte, nach langen, schweren Kämpfen, in denen allerdings die anderweitigen Bedrängnisse und die zunehmende Auflösung des syrischen Reiches der ausharrenden Tapferkeit der Juden zu Hülfe kamen, ebenfalls den vollständigen Erfolg der nationalen Unabhängigkeit, und der jüdische Staat gewann die weitesten Gränzen des alten Königreichs wieder. In dieser Zeit des Aufstrebens sah man zuversichtlich der Erfüllung der grossen Verheissungen entgegen; das Buch Daniel verkündete das verklärte Ende aller Anstrengungen als nahe bevorstehend; dem Simon Makkabi wurde die Herrschaft ausdrücklich übertragen, bis der „rechte Prophet" erscheine. Aber davidische und salomonische Zeiten wollten nicht wiederkehren, geschweige das Reich des Messias. Die Basis der Makkabäer-Herrschaft blieb schwach, der augenblickliche Enthusiasmus, und als die äussere Noth vorüber war, verzehrten sich die aufgeregten Kräfte in religiösen und politischen Streitigkeiten, die bis zu blutigen Bürgerkriegen ausarteten. Die Machthaber stützten sich bald auf fremde Soldtruppen, mit deren Hülfe sich endlich die idumäische Familie des Herodes der Herrschaft bemächtigte, die sie unter römischem Schutze nach Art des orientalischen Despotismus ohne Rücksicht auf die Sitten und Ueberzeugungen des Volkes übte. Die immer unmittelbarer eingreifende Gewalt der Römer trat in noch schrofferen Gegensatz mit den nationalen Eigenthümlichkeiten. Dem grossen Assimilationsprozesse der römischen Welt leistete kein unterworfenes Volk einen so hartnäckigen Widerstand, wie dieser noch ungebrochene Stamm des orientalischen Wesens, wo jeder Brauch und jeder Anspruch religiös geheiligt, auch in der Knechtschaft der Stolz der künftigen Herrlichkeit bewahrt wurde. Unfügsamkeit und Auf-

Ein Verzeichniß der selbständigen und größeren Arbeiten in den bisher erschienenen Bänden folgt nachstehend.

Inhalt der bisher erschienenen Bände.

Erster Band.

M. Lazarus und H. Steinthal, Einleitende Gedanken über Völkerpsychologie und Sprachwissenschaft. — H. Steinthal, Assimilation und Attraction, psychologisch beleuchtet. — M. Lazarus, Geographie und Psychologie. — Prof. Pott, Ueber Mannichfaltigkeit des sprachlichen Ausdrucks nach Laut und Begriff. — v. Eckstein, Der Sitz der Cultur in der Urwelt. — H. Steinthal, Ueber den Idealismus in der Sprachwissenschaft. — Derselbe, Zur Charakteristik der semitischen Völker. — G. Gerland, Psychologische Anthropologie. — H. Steinthal, Ueber den Wandel der Laute und des Begriffs. — M. Lazarus, Ueber den Ursprung der Sitten. — H. v. Blomberg, Das Theatralische in Art und Kunst der Franzosen. — H. Steinthal, Ueber Substanz und Person.

Zweiter Band.

H. Steinthal, Die ursprüngliche Form der Sage von Prometheus. — M. Lazarus, Verdichtung des Denkens in der Geschichte. Ein Fragment. — G. Gerland, Anthropologie der Naturvölker. — H. Steinthal, Ueber den Aberglauben. — H. Steinthal, Die Sage von Simson. — Dr. L. Tobler, Ueber die dichterische Behandlung der Thiere. — H. Steinthal, Ueber Charakteristik der Sprachen. — W. Lübke, Der gothische Styl und die Nationalitäten. — H. Steinthal, Der Durchbruch der subjektiven Persönlichkeit bei den Griechen. (Ein geschichts-psychologischer Versuch.) — M. Lazarus, Ueber das Verhältniß des Einzelnen zur Gesammtheit.

Dritter Band.

M. Lazarus, Einige synthetische Gedanken zur Völkerpsychologie. — Dr. Ludwig Rüdiger, Ueber Nationalität. — Dr. Paul Laband, Die rechtliche Stellung der Frauen im altrömischen und germanischen Recht. — Dr. L. Tobler, Das Wort in der Geschichte der Religion. — Dr. Berthold Delbrück, Die Entstehung des Mythos bei den indo-germanischen Völkern. Ein psychologischer Versuch. — H. Steinthal, Die Zähl-Methode der Mandenga-Neger. — M. Lazarus, Ueber die Ideen in der Geschichte. — Dr. Berthold Delbrück, Ueber das Verhältniß zwischen Religion und Mythologie.

Vierter Band.

Adolf Tobler, Ueber das volksthümliche Epos der Franzosen. — Richard Böckh, Die statistische Bedeutung der Volksprache als Kennzeichen der Nationalität. — Dr. Hermann Cohen, Die platonische Ideenlehre, psychologisch entwickelt. — H. Steinthal, Zur Stylistik. — M. Lazarus, Zur Geschichte der Naturwissenschaften. — L. Tobler, Geflügelte Worte.

Fünfter Band.

H. Steinthal, Das Epos. — Felix Liebrecht, Hottentottische Märchen. — H. Steinthal, Zum Ursprung der Sprache. — M. Lazarus, Zur Lehre von den Sinnestäuschungen. — A. Bastian, Zur vergleichenden Psychologie. — W. Pistrom, Das russische Volksepos. — A. Bastian, Der Baum in vergleichender Ethnologie. — v. Holtzendorff, Ueber die neueren Sekten in Nordamerika. — Dr. Hermann Cohen, Mythologische Vorstellungen von Gott und Seele.

Sechster Band.

Dr. E. Laspeyres, Zur Moralstatistik. Der Einfluß der Wohnung auf das Betragen. — Dr. Hermann Cohen, Mythologische Vorstellungen von Gott und Seele, psychologisch entwickelt. — W. Pistrom, Das russische Volksepos. II. — Dr. Hermann Cohen, Die dichterische Phantasie und der Mechanismus des Bewußtseins. — H. Steinthal, Poesie und Prosa. — Dr. Kleinpaul, Zur Theorie der Gebeerdensprache. — Georg von der Gabelentz, Ideen zu einer vergleichenden Syntax. — Prof. L. Tobler, Aesthetisches und Ethisches im Sprachgebrauch.

Siebenter Band.

H. Steinthal, Ueber Homer und insbesondere die Odyssee. — Dr. J. Rosenstein, Ueber das altgermanische Königsthum. — v. Holtzendorff, Das Nationalitätsprincip und die italiänische Völkerrechtsliteratur. — Max Jähns, Volksthum und Heerverfassung. — Dr. Hermann Cohen, Zur Controverse zwischen Trendelenburg und Kuno Fischer. — Prof. S. Lefmann, Zur Geschichte der Sprachwissenschaft der neueren Zeit. — Franz Misteli, Syntaktische Lesefrüchte aus dem klassischen Altindisch. — Th. Nöldeke, Der Dual im Semitischen. — Prof. Baron, Die Redlichkeit nach dem Römischen und Preußischen Landrecht.

Kleinere Schriften
von
Jacob Grimm.

Fünf Bände. 1864—1871. gr. 8. Velinpapier. 15 Thlr.

Erster Band. Reden und Abhandlungen. 1864. Velinpapier. gr. 8. geh. 2 Thlr. 15 Sgr.

Inhalt: Selbstbiographie. — Ueber meine entlassung. — *Italienische und skandinavische eindrücke. — Frau Aventiure klopft an Beneckes thür. — Das wort des besitzes (jubelschrift zu Savigny's doctor-jubiläum). — Rede auf Lachmann. — Rede auf Wilhelm Grimm. — Rede über das alter. — Ueber schule, universität, akademie. — Ueber den ursprung der sprache. — †Ueber etymologie und sprachvergleichung. — *Ueber das pedantische in der deutschen sprache. — Rede auf Schiller. — Anhang von kleineren aufsätzen.

Zweiter Band. Abhandlungen zur Mythologie und Sittenkunde. Mit einer photolithographirten Tafel. 1865. Velinpapier. gr. 8. geh. 3 Thlr.

Inhalt: *Ueber zwei entdeckte gedichte aus der zeit des deutschen heidenthums. — *Deutsche grenzalterthümer. — Ueber das finnische epos. — Ueber Marcellus Burdigalensis. — Ueber die Marcellischen formeln. — *Ueber schenken und geben. — Ueber das verbrennen der leichen. — Ueber den liebesgott. — *Ueber eine urkunde des X. jahrhunderts. — Ueber frauennamen aus blumen. — Ueber die namen des donners. — †Ueber das gebet.

Dritter Band. Abhandlungen zur Litteratur und Grammatik. Mit einer photolithographirten Tafel. 1866. Velinpapier. gr. 8. geh. 3 Thlr.

Inhalt: Gedichte des mittelalters auf könig Friedrich I. den Staufen und aus seiner sowie der nächstfolgenden zeit. — *Ueber diphthongen nach weggefallnen consonanten. — *Ueber Jornandes und die Geten. — Ueber den personenwechsel in der rede. — Ueber einige fälle der attraction. — Von vertretung männlicher durch weibliche namensformen. — †Der traum von dem schatz auf der brücke.

Die mit einem * bezeichneten Abhandlungen sind nur in den Schriften der Akademie veröffentlicht worden, die mit einem † bezeichneten waren bisher ungedruckt; die übrigen Abhandlungen sind gröfstentheils nur in einer sehr kleinen Zahl von Einzelabdrücken in den Buchhandel gekommen.

Vierter und fünfter Band. Recensionen und vermischte Aufsätze. 2 Bde. 1869. 1871. Velinpapier. gr. 8. geh. 6 Thlr. 15 Sgr.

Die Sammlung hat eine Ergänzung durch die vorstehenden letzten beiden Bände erhalten, die eine Auswahl aus den zerstreuten vor der Grammatik geschriebenen Abhandlungen und Arbeiten sowie Recensionen aus den Wiener Jahrbüchern und Göttinger Gelehrten-Anzeigen bringen; Band IV bringt zunächst die im Monatsbericht der Akademie abgedruckten Aufsätze. Ein Register über die sämmtlichen 5 Bände, das dem fünften Bande angehängt ist, beschliesst das Ganze.

Ueber die Ideen in der Geschichte.
Rectoratsrede,
am 14. Nov. 1863 gehalten in der Aula der Hochschule zu Bern
von
Prof. M. Lazarus.
Zweite Auflage 1872. geh. 20 Sgr.

Beiträge zur vergleichenden Psychologie
von
A. Bastian,
med. et phil. Dr.
Die Seele und ihre Erscheinungen in der Ethnographie.
1868. Velinpapier. gr. 8. geh. 1 Thlr. 20 Sgr.

Ueber den Ursprung der Sprache
von
Jacob Grimm.
Aus den Abhandlungen der königlichen Akademie der Wissenschaften vom Jahre 1851.
Sechste Auflage. 1866. 8. geh. 10 Sgr.

Philologie, Geschichte und Psychologie
in ihren gegenseitigen Beziehungen.
Ein Vortrag,
gehalten in der Versammlung der Philologen zu Meissen 1863, in erweiternder Ueberarbeitung.
Von
Dr. H. Steinthal.
1864. gr. 8. geh. 15 Sgr.

Ueber den Ursprung der Sitten.
Antrittsvorlesung,
gehalten am 23. März 1860 in der Aula der Hochschule zu Bern
von
Prof. Dr. M. Lazarus.
Zweite Auflage 1867. gr. 8. 8 Sgr.

Cultur und Rechtsleben
von
W. Arnold.
ord. Professor der Rechte an der Universität Marburg.

gr. 8. Preis 2 Thlr. 15 Sgr.

Auf den Zusammenhang des Rechts mit der Cultur überhaupt und zwar nicht blos bei seiner ersten Entstehung, sondern auch im Fortgange und weiteren Verlauf der Entwicklung, auf das lebendige Wechselverhältniß, in welchem es sich jederzeit mit den übrigen Seiten des Volkslebens, insonderheit mit dessen wirthschaftlichen Zuständen befindet, hinzuweisen und versuchsweise die allgemeinsten Wechselwirkungen zwischen dem Rechts- und Culturleben eines Volkes für römisches und deutsches Recht darzuthun, war die Hauptaufgabe, die sich der Verfasser stellte.

Die
statistische Bedeutung der Volkssprache
als Kennzeichen der Nationalität.
Von
Richard Böckh.
1866. gr. 8. geh. 25 Sgr.

Volksthum und Heerwesen.
Vortrag gehalten im wissenschaftlichen Verein zu Berlin am 29. Januar 1870
von
Max Jähns,
Hauptmann.

Abdruck aus der Zeitschrift für Völkerpsychologie und Sprachwissenschaft.
8. geh. 7½ Sgr.

Der Dreissigste
von
G. Homeyer.
Aus den Abhandlungen der Königl. Akademie der Wissenschaften zu Berlin 1864.

1865. gr. 4. cart. 1 Thlr. 22 Sgr.

Der uralte Gebrauch einer dreifsigtägigen Trauer, der sich bereits im Pentateuch erwähnt findet, wird in Verbindung mit der alten Rechtssatzung, dass erst am dreifsigsten Tage nach des Erblassers Tode die Rechte und Pflichten der Erben in volle Wirksamkeit treten, durch eine Reihe von Nationen hindurch verfolgt, und hiermit die Frage beantwortet: Wann und wie schliefst in einem Sterbehause die Zeit der Ruhe und Stille ab und zwar nach der Sitte, der Religion, dem Rechte, zunächst derjenigen Völker, deren Anschauungen für uns bestimmend gewirkt haben, sodann der deutschen Nation selber.

Die Sage vom Polyphem.
Von
Wilhelm Grimm.
Aus den Abhandlungen der Königl. Akademie der Wissenschaften zu Berlin 1857.
gr. 4. geh. 10 Sgr.

Die Korndämonen.
Beitrag zur germanischen Sittenkunde.
Von
Wilhelm Mannhardt.
1868. 8. geh. 12 Sgr.

Die Herabkunft des Feuers und des Göttertranks.
Ein Beitrag zur vergleichenden Mythologie der Indogermanen
von
Prof. Dr. **Adalbert Kuhn.**
1859. gr. 8. geh. 1 Thlr. 20 Sgr.

„Wir begrüfsen dieses gediegene, treffliche Werk als die erste in vollem Detail ausgeführte Monographie auf dem Gebiete der vergleichenden Mythologie der Indogermanen. Waren die bisherigen derartigen Arbeiten *Kuhns*, der als der wahrhaftige Schöpfer dieser neuen Wissenschaft dasteht, vielleicht in etwas zu allgemeinen Umrissen gehalten, um sich die ihnen gebührende Anerkennung und Zustimmung auch in weiteren Kreisen sofort allseitig zu gewinnen, so wird jetzt vor der Fülle der hier für einen einzelnen Fall gebotenen Thatsachen jeder Zweifel, auch der Bedenklichsten, schwinden müssen." *Lit. Centralblatt.*

Deutscher Glaube und Brauch
im Spiegel der heidnischen Vorzeit
von
· **Prof. E. L. Rochholtz.**
Zwei Bände. 8. geh. Preis 3 Thlr.
Erster Band: **Deutscher Unsterblichkeitsglaube.**
Inhalt: Gold, Milch und Blut. — Ohne Schatten, ohne Seele. — Oberdeutsche Leichenbräuche. — Der Knochencultus. — Allerseelenbrod.
Zweiter Band: **Altdeutsches Bürgerleben.**
Inhalt: Deutsche Wochentage. — Alemannisches Wohnhaus. — Roth und Blau, die deutschen Leib- und Nationalfarben. — Deutsche Frauen vor dem Feinde.

Dieses Werk bringt über eine große Anzahl weit verbreiteter, namentlich oberdeutscher Sitten und Gebräuche die merkwürdigsten Mittheilungen und Aufschlüsse. Der Verfasser hat nicht blos mit großem Fleiß aus eigener Beobachtung und aus literarischen Quellen den Stoff zu seiner Arbeit gesammelt, sondern weiß auch denselben geistreich und fesselnd darzustellen.

Ueber die geographische Verbreitung der Baumwolle
und
ihr Verhältniss zur Industrie der Völker alter und neuer Zeit.
Von
Carl Ritter.
Erster Abschnitt. Antiquarischer Theil.
Vorgetragen in der Königl. Akademie der Wissenschaften zu Berlin 1852.
gr. 4. geh. 25 Sgr.

Eran

das Land zwischen dem Indus und Tigris.
Beiträge
zur Kenntniss des Landes und seiner Geschichte
von
Dr. Friedrich Spiegel.
gr. 8. geh. 2 Thlr.

Zunächst behandelt der Verfasser die Lage und die ethnologischen Verhältnisse dieses für die älteste Geschichte Asiens so wichtigen Landes. In den folgenden Abschnitten werden die frühesten Beziehungen der Eranier zu den Indiern und Semiten mit Hülfe des Avesta, des Veda und der Genesis untersucht, dann die Stammverfassung der Eranier, die Regierung des Darius nach den Keilinschriften des alten Eran u. a. m. dargestellt.

Zoroastrische Studien.
Abhandlungen
zur
Mythologie und Sagengeschichte des alten Iran
von
Fr. Windischmann.
Nach dem Tode des Verfassers herausgegeben von
Fr. Spiegel.
gr. 8. geh. 2 Thlr. 20 Sgr.

Dieses Werk, das mehrere Jahre den Gegenstand der eifrigsten Arbeiten des verew. Verf.'s gebildet hat, durch dessen Hinscheiden die orientalischen Studien einen herben Verlust erlitten, behandelt in einer Reihe von Abhandlungen wichtige Punkte aus der iranischen Mythologie und Religionsgeschichte.

Der Herr Herausgeber steht nicht an, in der Vorrede „das Werk als ein höchst bedeutendes zu bezeichnen, das immer einen hohen Rang unter den Schriften einnehmen wird, welche zur Aufklärung des iranischen Alterthums geschrieben worden sind".

Indische Skizzen.

Vier bisher in Zeitschriften zerstreute Vorträge und Abhandlungen

von

Albrecht Weber.

Nebst einer Schrifttafel. gr. 8. geh. 1 Thlr. 6 Sgr.

Diese Aufsätze sind für Jeden, der für Fragen der ältesten Völkergeschichte Sinn hat, von grofsem Interesse. Sie behandeln die neueren Forschungen über das alte Indien, den Buddhismus, die Verbindungen Indiens mit den Ländern im Westen, endlich den semitischen Ursprung des indischen Alphabets.

Ueber den Zusammenhang

indischer Fabeln mit griechischen.

Von

Albrecht Weber.

Separat-Abdruck aus den Indischen Studien III. 2. 3. 1855. gr. 8. geh. 12 Sgr.

Das phönizische Alterthum.

In drei Theilen.

Von

Dr. C. F. Movers,
Professor an der Universität Breslau.

Erster Theil. Politische Geschichte und Staatsverfassung.
gr. 8. geh. 3 Thlr.

Zweiter Theil. Geschichte der Colonien.
Vergriffen.

Dritter Theil. Erste Hälfte. Handel und Schiffahrt.
gr. 8. 1 Thlr. 22½ Sgr.

Mehr ist hiervon in Folge des Todes des Verfassers nicht erschienen.

Neue Studien

von

Karl Frenzel.

1868. gr. 8. geh. 1 Thlr. 20 Sgr.

„Von dem geistvollen Feuilletonisten der National-Zeitung liegt ein Band „Neuer Studien" vor, welchen wir auf das Angelegentlichste Allen empfehlen, die für Kunst und Wissenschaft ein Bildungsinteresse haben. — Die lebensvolle Form der Entwickelung aller Ansichten, welche stets in die volle Wirklichkeit hineingreift, ist nicht der geringste Vorzug des Buches und wird ihre Anziehungskraft auf einen gebildeten Leserkreis bewähren."
Literar. Centralblatt.

Das weströmische Reich

besonders unter den

Kaisern Gratian, Valentinian II. und Maximus

(375—388)

von

Dr. Heinrich Richter.

gr. 8. geh. 3 Thlr. 20 Sgr.

Dieses Werk stellt die Geschichte des römischen Reiches in dem Jahrhundert von Diokletian bis Theodosius dem Großen dar. Es zeigt die Einwirkungen des Christenthums und der Kirche auf den römischen Staat. Vor Allem schildert es, unter welchen mannichfachen Verhältnissen die Germanen damals im römischen Reiche lebten, und zeigt, wie das Germanenthum fast noch mehr als die religiösen Fragen die Politik der Kaiser, die Zustände und Geschicke des Reiches bestimmten. Kurz es beweist, wie seit Diokletian die letzten Ursachen aller wirklich bedeutsamen historischen Erscheinungen die christliche Religion und die Germanen gewesen sind. Im zweiten und dritten Buche wird eine bis dahin flüchtig behandelte Periode unter den Kaisern Gratian, Valentinian II. und Maximus von jenen Gesichtspunkten aus eingehend betrachtet und erhält eine überraschende Bedeutung; denn gerade hier treten die neue Religion und das ins Reich aufgenommene Germanenthum noch deutlicher als die bestimmenden Mächte hervor und verursachen Wirkungen, welche für die Folgezeit und den Untergang des Reiches von außerordentlicher Bedeutung sind.

Das

Criminalrecht der römischen Republik

von

A. W. Zumpt.

Erster Band: Die Beamten und Volksgerichte.

1865—66. Zwei Abtheilungen. gr. 8. geh. 5 Thlr.

Zweiter Band: Die Schwurgerichte von L. Sulla bis zum Ende der Republik.

1868—69. Zwei Abtheilungen. gr. 8. geh. 5 Thlr.

Preis des ganzen Werkes von vier Bänden: 10 Thlr.

Das römische Criminalrecht ist seit langer Zeit von Juristen und Philologen vernachlässigt: seine Erkenntniss beruht bis jetzt wesentlich auf der Darstellung von C. Sigonius. Dieser Lücke der Wissenschaft soll das gegenwärtige Buch abhelfen. Es verfolgt die Entstehung und Entwickelung des Criminalrechtes und Criminalprozesses von den ältesten Zeiten bis zum Untergange der Republik. Dabei mussten die Hauptereignisse der ältesten Römischen Geschichte einer erneuten Erörterung unterzogen werden: es geschiehet dies in einer, von der bisherigen Methode abweichenden, an die Ueberlieferung sich anschliessenden Weise. Die Darstellung ist einfach und auf einen weiteren Leserkreis berechnet.

In dem unterzeichneten Verlage erschien Ende v. J. und ist durch alle Buchhandlungen zu erhalten:

Auswahl
aus den
Kleineren Schriften
von
Jacob Grimm.

Velinpapier. 24 Bogen. 8. in eleg. Umschlag 1 Thlr. 10 Sgr. In Leinwand sauber gebunden 1 Thlr. 20 Sgr.

Inhalt:

Selbstbiographie. — Ueber meine Entlassung. — Italienische und scandinavische Eindrücke. — Das Wort des Besitzes. — Rede auf Lachmann. — Rede auf Wilhelm Grimm. — Rede über das Alter. — Ueber Schule, Universität, Akademie. — Ueber den Ursprung der Sprache. — Ueber das Pedantische in der deutschen Sprache. — Die Sprachpedanten. — Rede auf Schiller. — Anhang: Reden bei der Frankfurter Germanisten-Versammlung. — Wesen der Thierfabel. — Anzeige. — Widmung an Wilhelm Grimm. — Widmung an Gervinus. — Vorwort.

Urtheile angesehener Journale über diese Sammlung:

„Auch Demjenigen, der vielfach theilnehmend mitten in den Interessen unserer Zeit steht, kommt außer dem engeren Kreise seiner Studien heute so viel Kostbares, allgemein zugänglich Gemachtes aus alter und neuester Zeit vor, daß er sich manche Perle, die der Strom des Tages an ihm vorüberführt, muß entgehen lassen. Die Zeit reicht nicht aus, die Perlen alle aufzuheben, geschweige denn, sie in ruhiger Sammlung zu genießen. Es giebt aber noch immer, wie zu allen Zeiten, Solche, die mit oder ohne Diogeneslaterne nach Menschen suchen. Möchte wenigstens von Diesen Keiner sich die obige Auswahl entgehen lassen! Und wer unter den mannigfaltigen Befriedigungsmitteln der Bildung in inniger ganzer Menschheit die schönste Befriedigung findet, der greife nach diesen Schriften. — Aber nicht die Gegenstände machen den Werth der Sammlung aus, sondern der Reichthum und die Einfalt eines großen und edlen Herzens, die sich bei jeder zufälligen Berührung einer inneren Saite wie unwillkürlich bewegen und in harmonischer Fülle, in anmuthiger Regellosigkeit nach einem verborgenen Gesetz erklingen. — Nicht so vornehm stolz und klar wie Göthe hält Jacob Grimm sich von dem eindringenden Fluß der umgebenden Dinge zurück. Der mächtige Geist des Dichters hält die Theile der Strömung auseinander und weist jeder Strömung ihr klar bezeichnetes Bett an. Aber die Schönheit und Reinheit der einzelnen Spiegelung, die Innigkeit und Tiefe ist bei Jacob Grimm so ähnlich Göthe, wie bei keinem zweiten Deutschen."

(Aus den „Grenzboten" 1872, Nr. 14.)

„Eine „Auswahl aus den kleineren Schriften von Jacob Grimm" (Berlin, F. Dümmler. 1871.) rechtfertigen zu wollen, wäre albern, man muß sie vielmehr loben und dafür danken. Bei ihm wie bei kaum Jemandem ähnlichermaßen, gilt es gleich, wovon er spricht oder schreibt, denn daß er allemal von wichtigen Herzensangelegenheiten der Deutschen spricht und schreibt, weiß man zum Voraus. Dem Objecte wie der Auffassung und Behandlung nach sind seine Schriften das nationalste Stück unserer gesammten Nationalliteratur. Ob er vom eigenen Leben erzählt oder vom Bruder und Freunde, ob er unsere Sprache und Sitte preist oder schilt, ob er die blühende Naturpoesie unserer Urväter wieder aufduften läßt, oder die reife Kunst unserer Classiker rühmend genießt, ob er die Academiker anredet oder die Germanisten, in Vorwort und Nachruf, in systematischer Strenge oder in phantastischer Freiheit, überall thut sich uns dieselbe unergründliche Tiefe des deutschen Kindergemüthes auf, immer ist er unschuldig und weise, voller Gedanken und ganz Einfalt; weit offen stehen ihm die Sinne, aber es strömt nur ein, was lauter und schön ist. Wie ein Strauß Feldblumen frisch und anschaulich erscheint seine Rede, alle demselben stillen Anger entsprossen und doch so wundervoll bunt; sie blitzen vom

Morgenthau, den der Geist der Natur selbst heimlich darüber hingesprengt, keine aufschmückende Kunst brächte dessengleichen hervor. Es wäre fürwahr eine gute That, wenn unsere Schulbehörde dies köstliche Bändchen ausgewählter Schriften zum deutschen Lesebuch für die oberen Klassen der Gymnasien und Realschulen erhübe; wer es einmal mit der Rede über das Alter versucht hat, weiß, wie rein und mächtig die Wirkung gewesen."
(„Im neuen Reich" 1871, Nr. 49.)

„Eine im höchsten Grade dankenswerthe Gabe bietet Wilhelm Grimm's Sohn Hermann, der wohlberufene Kunsthistoriker und Schriftsteller, dem ganzen deutschen Volke mit dem vorliegenden, nett ausgestatteten Bande. Derselbe enthält größtentheils die in der Gesammtausgabe der Grimm'schen Schriften im ersten Bande vereinigten: „Reden und Abhandlungen" in gesonderter, wohlfeiler Ausgabe; die Auswahl hebt mit der „Selbstbiographie" an, deren willkommene Ergänzung uns in dem berühmten Aufsatze „über meine Entlassung", in den gedankentiefen Charakteristiken zweier hervorragendster Begründer deutscher Philologie, Lachmann und Wilhelm Grimm, in der Jubelschrift für Savigny: „Das Wort des Besitzes", sowie in den reizenden Reisebeschreibungen „aus Italien und Skandinavien" und der akademischen Rede „über das Alter" entgegentritt. Die „Rede auf Schiller" hat ihre Runde durch ganz Deutschland gemacht. „Ueber Schule, Universität und Akademie", „über den Ursprung der Sprache", „über den Namen der Germanisten" ꝛc. einen Jacob Grimm sich aussprechen zu hören, zählt zu den herzlabendsten Genüssen; was Jacob Grimm schreibt, ist kerndeutsch durch und durch, in kraftbewußter, selbstsicherer Eigenart strömt seine wundervolle Prosa dahin, voll schlichter, erhabener Weisheit, aus hingeworfenen Bemerkungen und Aphorismen athmet dieselbe hohe, allem Gemeinen völlig abgekehrte Gesinnung, die ihn, den stillen Forscher, aus seiner Göttinger Gelehrtenstube forttrieb, um vor dem ganzen deutschen Volke Klage zu erheben über den königlichen Wortbruch; wir können nur wünschen, daß tüchtige Pädagogen diese Aufsätze, ausgezeich=

net durch den Adel und die Größe ihres Gedankengehaltes nicht weniger als durch die im steten Umgang mit deutschen Sprachdenkmalen aller Zeiten und Stämme errungene, herrlich ausgeprägte, classische Prosa, unserer Jugend vermitteln; in der Bibliothek eines Jeden, der an deutscher Gedankenarbeit nur den geringsten Antheil nimmt, wird und soll das treffliche Büchlein nicht fehlen."   Wiener Presse.

„Jacob Grimms Forschung widmet sich zumeist dem Vaterlande und dem vaterländischen Leben. Wer hat Deutschland und alles, was deutsch ist, treuer und wärmer im Herzen getragen, als er? Aber ganz abhold war er jenem einseitig gesteigerten Vaterlandsgefühl, das sich vornehmlich in der Mißachtung dessen äußert, was andere Nationen und fernere Zeitalter gewirkt und geschaffen."   Kölnische Zeitung.

Die hier abgedruckten Urtheile, denen wir noch viele andere anschließen könnten, weisen darauf hin, daß der heranwachsenden Jugend hier eine werthvolle Gabe geboten ist.

Um die Verbreitung des Werkes, dessen Preis wir mit Rücksicht hierauf bereits niedrig gestellt haben, gerade in diesen Kreisen durch möglichstes Entgegenkommen zu fördern, sind wir bereit, auf sechs Exemplare ein Freiexemplar zu geben.

Wir geben uns der Hoffnung hin, daß Alle, die aus eigner Lectüre den bildenden Einfluß dieses Werkes empfangen, gern dazu beitragen werden, denselben in andere Kreise weiter zu tragen, und vor allem in unserer Jugend demselben Eingang zu verschaffen.

Berlin, im September 1872.

Ferd. Dümmler's Verlagsbuchhandlung
Harrwitz und Goßmann.

A. W. Schabe's Buchdruckerei (L. Schabe) in Berlin, Stallschreiberstr. 47.

www.ingramcontent.com/pod-product-compliance
Lightning Source LLC
Chambersburg PA
CBHW030820230426

43667CB00008B/1297